# LETÃO

## VOCABULÁRIO

PORTUGUÊS BRASILEIRO

# PORTUGUÊS LETÃO

Para alargar o seu léxico e apurar
as suas competências linguísticas

## 7000 palavras

# Vocabulário Português Brasileiro-Letão - 7000 palavras

Por Andrey Taranov

Os vocabulários da T&P Books destinam-se a ajudar a aprender, a memorizar, e a rever palavras estrangeiras. O dicionário é dividido em temas, cobrindo todas as principais esferas de atividades quotidianas, negócios, ciência, cultura, etc.

O processo de aprendizagem, utilizando os dicionários baseados em temáticas da T&P Books dá-lhe as seguintes vantagens:

- Informação de origem corretamente agrupada predetermina o sucesso em fases subsequentes da memorização de palavras
- Disponibilização de palavras derivadas da mesma raiz, o que permite a memorização de unidades de texto (em vez de palavras separadas)
- Pequenas unidades de palavras facilitam o processo de estabelecimento de vínculos associativos necessários para a consolidação do vocabulário
- O nível de conhecimento da língua pode ser estimado pelo número de palavras aprendidas

T&P Books Publishing
www.tpbooks.com

ISBN: 978-1-78767-333-5

Este livro também está disponível em formato E-book.
Por favor visite www.tpbooks.com ou as principais livrarias on-line.

# VOCABULÁRIO LETÃO
## palavras mais úteis

Os vocabulários da T&P Books destinam-se a ajudar a aprender, a memorizar, e a rever palavras estrangeiras. O vocabulário contém mais de 7000 palavras de uso comum organizadas tematicamente.

O vocabulário contém as palavras mais comummente usadas

Recomendado como adicional para qualquer curso de línguas

Satisfaz as necessidades dos iniciados e dos alunos avançados de línguas estrangeiras

Conveniente para o uso diário, sessões de revisão e atividades de auto-teste

Permite avaliar o seu vocabulário


**Características especias do vocabulário**

- As palavras estão organizadas de acordo com o seu significado, e não por ordem alfabética
- As palavras são apresentadas em três colunas para facilitar os processos de revisão e auto-teste
- As palavras compostas são divididas em pequenos blocos para facilitar o processo de aprendizagem
- O vocabulário oferece uma transcrição simples e adequada de cada palavra estrangeira


**O vocabulário contém 198 tópicos incluindo:**

Conceitos básicos, Números, Cores, Meses, Estações do ano, Unidades de medida, Roupas & Acessórios, Alimentos & Nutrição, Restaurante, Membros da Família, Parentes, Caráter, Sentimentos, Emoções, Doenças, Cidade, Passeios, Compras, Dinheiro, Casa, Lar, Escritório, Trabalho no Escritório, Importação & Exportação, Marketing, Pesquisa de Emprego, Esportes, Educação, Computador, Internet, Ferramentas, Natureza, Países, Nacionalidades e muito mais ...

# TABELA DE CONTEÚDOS

# GUIA DE PRONUNCIAÇÃO

| Letra | Exemplo Letão | Alfabeto fonético T&P | Exemplo Português |
|-------|---------------|----------------------|-------------------|
| A a | adata | [ɑ] | chamar |
| Ā ā | ābols | [ɑ:] | rapaz |
| E e | egle | [e], [æ] | mover |
| Ē ē | ērglis | [e:], [æ:] | plateia |
| | | | |
| I i | izcelsme | [i] | sinônimo |
| Ī ī | īpašums | [i:] | cair |
| O o | okeāns | [o], [o:] | noite |
| U u | ubags | [u] | bonita |
| Ū ū | ūdens | [u:] | blusa |

## Consoantes

| B b | bads | [b] | barril |
|-----|------|-----|--------|
| C c | cālis | [ts] | tsé-tsé |
| Č č | čaumala | [ʧ] | Tchau! |
| D d | dambis | [d] | dentista |
| F f | flauta | [f] | safári |
| G g | gads | [g] | gosto |
| Ģ ģ | ģitāra | [dʲ] | adiar |
| | | | |
| H h | haizivs | [h] | [h] aspirada |
| J j | janvāris | [j] | Vietnã |
| K k | kabata | [k] | aquilo |
| Ķ ķ | ķilava | [tʲ/ʧ] | semelhante a 't' em 'sitiado' |
| L l | labība | [l] | libra |
| Ļ ļ | ļaudis | [ʎ] | barulho |
| M m | magone | [m] | magnólia |
| N n | nauda | [n] | natureza |
| Ņ ņ | ņaudēt | [ɲ] | ninhada |
| | | | |
| P p | pakavs | [p] | presente |
| R r | ragana | [r] | riscar |
| S s | sadarbība | [s] | sanita |
| Š š | šausmas | [ʃ] | mês |
| T t | tabula | [t] | tulipa |
| V v | vabole | [v] | fava |

| Letra | Exemplo Letão | Alfabeto fonético T&P | Exemplo Português |
|-------|---------------|-----------------------|-------------------|
| Z z | zaglis | [z] | sésamo |
| Ž ž | žagata | [ʒ] | talvez |

## Comentários

* As letras Qq, Ww, Xx, Yy são usadas apenas em estrangeirismos
** O Letão oficial e, com poucas exceções, todos os dialetos da Letônia têm acentuação fixa inicial.

# ABREVIATURAS
## usadas no vocabulário

## Abreviaturas do Português

| | | |
|---|---|---|
| adj | - | adjetivo |
| adv | - | advérbio |
| anim. | - | animado |
| conj. | - | conjunção |
| desp. | - | esporte |
| etc. | - | Etcetera |
| ex. | - | por exemplo |
| f | - | nome feminino |
| f pl | - | feminino plural |
| fem. | - | feminino |
| inanim. | - | inanimado |
| m | - | nome masculino |
| m pl | - | masculino plural |
| m, f | - | masculino, feminino |
| masc. | - | masculino |
| mat. | - | matemática |
| mil. | - | militar |
| pl | - | plural |
| prep. | - | preposição |
| pron. | - | pronome |
| sb. | - | sobre |
| sing. | - | singular |
| v aux | - | verbo auxiliar |
| vi | - | verbo intransitivo |
| vi, vt | - | verbo intransitivo, transitivo |
| vr | - | verbo reflexivo |
| vt | - | verbo transitivo |

## Abreviaturas do Letão

| | | |
|---|---|---|
| s | - | nome feminino |
| s dsk | - | feminino plural |
| v | - | nome masculino |
| v dsk | - | masculino plural |
| v, s | - | masculino, feminino |

# CONCEITOS BÁSICOS

## Conceitos básicos. Parte 1

### 1. Pronomes

| | | |
|---|---|---|
| eu | es | [es] |
| você | tu | [tu] |
| | | |
| ele | viņš | [viɲʃ] |
| ela | viņa | [viɲa] |
| ele, ela (neutro) | tas | [tas] |
| | | |
| nós | mēs | [me:s] |
| vocês | jūs | [ju:s] |
| eles, elas | viņi | [viɲi] |

### 2. Cumprimentos. Saudações. Despedidas

| | | |
|---|---|---|
| Oi! | Sveiki! | [svɛiki!] |
| Olá! | Esiet sveicināts! | [ɛsiɛt svɛitsina:ts!] |
| Bom dia! | Labrīt! | [labri:t!] |
| Boa tarde! | Labdien! | [labdiɛn!] |
| Boa noite! | Labvakar! | [labvakar!] |
| | | |
| cumprimentar (vt) | sveicināt | [svɛitsina:t] |
| Oi! | Čau! | [tʃau!] |
| saudação (f) | sveiciens (v) | [svɛitsiɛns] |
| saudar (vt) | pasveicināt | [pasvɛitsina:t] |
| Tudo bem? | Kā iet? | [ka: iɛt?] |
| E aí, novidades? | Kas jauns? | [kas jauns?] |
| | | |
| Tchau! | Uz redzēšanos! | [uz redze:ʃanɔs!] |
| Até logo! | Atā! | [ata:!] |
| Até breve! | Uz tikšanos! | [uz tikʃanɔs!] |
| Adeus! | Ardievu! | [ardiɛvu!] |
| despedir-se (dizer adeus) | atvadīties | [atvadi:tiɛs] |
| Até mais! | Nu tad pagaidām! | [nu tad pagaida:m!] |
| | | |
| Obrigado! -a! | Paldies! | [paldiɛs!] |
| Muito obrigado! -a! | Liels paldies! | [liɛls paldiɛs!] |
| De nada | Lūdzu | [lu:dzu] |
| Não tem de quê | Nav par ko | [nav par kɔ] |
| Não foi nada! | Nav par ko | [nav par kɔ] |
| | | |
| Desculpa! | Atvaino! | [atvainɔ!] |
| Desculpe! | Atvainojiet! | [atvainɔjiɛt!] |

| | | |
|---|---|---|
| desculpar (vt) | **piedot** | [piɛdɔt] |
| desculpar-se (vr) | **atvainoties** | [atvainɔtiɛs] |
| Me desculpe | **Es atvainojos** | [es atvainɔjɔs] |
| Desculpe! | **Piedodiet!** | [piɛdɔdiɛt!] |
| perdoar (vt) | **piedot** | [piɛdɔt] |
| Não faz mal | **Tas nekas** | [tas nɛkas] |
| por favor | **lūdzu** | [lu:dzu] |

| | | |
|---|---|---|
| Não se esqueça! | **Neaizmirstiet!** | [neaizmirstiɛt!] |
| Com certeza! | **Protams!** | [prɔtams!] |
| Claro que não! | **Protams, ka nē!** | [prɔtams, ka ne:!] |
| Está bem! De acordo! | **Piekrītu!** | [piɛkri:tu!] |
| Chega! | **Pietiek!** | [piɛtiɛk!] |

## 3. Números cardinais. Parte 1

| | | |
|---|---|---|
| zero | **nulle** | [nulle] |
| um | **viens** | [viɛns] |
| dois | **divi** | [divi] |
| três | **trīs** | [tri:s] |
| quatro | **četri** | [tʃetri] |

| | | |
|---|---|---|
| cinco | **pieci** | [piɛtsi] |
| seis | **seši** | [seʃi] |
| sete | **septiņi** | [septiɲi] |
| oito | **astoņi** | [astɔɲi] |
| nove | **deviņi** | [deviɲi] |

| | | |
|---|---|---|
| dez | **desmit** | [desmit] |
| onze | **vienpadsmit** | [viɛnpadsmit] |
| doze | **divpadsmit** | [divpadsmit] |
| treze | **trīspadsmit** | [tri:spadsmit] |
| catorze | **četrpadsmit** | [tʃetrpadsmit] |

| | | |
|---|---|---|
| quinze | **piecpadsmit** | [piɛtspadsmit] |
| dezesseis | **sešpadsmit** | [seʃpadsmit] |
| dezessete | **septiņpadsmit** | [septiɲpadsmit] |
| dezoito | **astoņpadsmit** | [astɔɲpadsmit] |
| dezenove | **deviņpadsmit** | [deviɲpadsmit] |

| | | |
|---|---|---|
| vinte | **divdesmit** | [divdesmit] |
| vinte e um | **divdesmit viens** | [divdesmit viɛns] |
| vinte e dois | **divdesmit divi** | [divdesmit divi] |
| vinte e três | **divdesmit trīs** | [divdesmit tri:s] |

| | | |
|---|---|---|
| trinta | **trīsdesmit** | [tri:sdesmit] |
| trinta e um | **trīsdesmit viens** | [tri:sdesmit viɛns] |
| trinta e dois | **trīsdesmit divi** | [tri:sdesmit divi] |
| trinta e três | **trīsdesmit trīs** | [tri:sdesmit tri:s] |

| | | |
|---|---|---|
| quarenta | **četrdesmit** | [tʃetrdesmit] |
| quarenta e um | **četrdesmit viens** | [tʃetrdesmit viɛns] |
| quarenta e dois | **četrdesmit divi** | [tʃetrdesmit divi] |
| quarenta e três | **četrdesmit trīs** | [tʃetrdesmit tri:s] |

| | | |
|---|---|---|
| cinquenta | **piecdesmit** | [piɛtsdesmit] |
| cinquenta e um | **piecdesmit viens** | [piɛtsdesmit viɛns] |
| cinquenta e dois | **piecdesmit divi** | [piɛtsdesmit divi] |
| cinquenta e três | **piecdesmit trīs** | [piɛtsdesmit tri:s] |
| | | |
| sessenta | **sešdesmit** | [seʃdesmit] |
| sessenta e um | **sešdesmit viens** | [seʃdesmit viɛns] |
| sessenta e dois | **sešdesmit divi** | [seʃdesmit divi] |
| sessenta e três | **sešdesmit trīs** | [seʃdesmit tri:s] |
| | | |
| setenta | **septiņdesmit** | [septiɲdesmit] |
| setenta e um | **septiņdesmit viens** | [septiɲdesmit viɛns] |
| setenta e dois | **septiņdesmit divi** | [septiɲdesmit divi] |
| setenta e três | **septiņdesmit trīs** | [septiɲdesmit tri:s] |
| | | |
| oitenta | **astoņdesmit** | [astɔɲdesmit] |
| oitenta e um | **astoņdesmit viens** | [astɔɲdesmit viɛns] |
| oitenta e dois | **astoņdesmit divi** | [astɔɲdesmit divi] |
| oitenta e três | **astoņdesmit trīs** | [astɔɲdesmit tri:s] |
| | | |
| noventa | **deviņdesmit** | [deviɲdesmit] |
| noventa e um | **deviņdesmit viens** | [deviɲdesmit viɛns] |
| noventa e dois | **deviņdesmit divi** | [deviɲdesmit divi] |
| noventa e três | **deviņdesmit trīs** | [deviɲdesmit tri:s] |

## 4. Números cardinais. Parte 2

| | | |
|---|---|---|
| cem | **simts** | [simts] |
| duzentos | **divsimt** | [divsimt] |
| trezentos | **trīssimt** | [tri:simt] |
| quatrocentos | **četrsimt** | [tʃetrsimt] |
| quinhentos | **piecsimt** | [piɛtsimt] |
| | | |
| seiscentos | **sešsimt** | [seʃsimt] |
| setecentos | **septiņsimt** | [septiɲsimt] |
| oitocentos | **astoņsimt** | [astɔɲsimt] |
| novecentos | **deviņsimt** | [deviɲsimt] |
| | | |
| mil | **tūkstotis** | [tu:kstɔtis] |
| dois mil | **divi tūkstoši** | [divi tu:kstɔʃi] |
| três mil | **trīs tūkstoši** | [tri:s tu:kstɔʃi] |
| dez mil | **desmit tūkstoši** | [desmit tu:kstɔʃi] |
| cem mil | **simt tūkstoši** | [simt tu:kstɔʃi] |
| um milhão | **miljons** (v) | [miljɔns] |
| um bilhão | **miljards** (v) | [miljards] |

## 5. Números. Frações

| | | |
|---|---|---|
| fração (f) | **daļskaitlis** (v) | [dalʲskaitlis] |
| um meio | **puse** | [puse] |
| um terço | **viena trešdaļa** | [viɛna treʃdalʲa] |
| um quarto | **viena ceturtdaļa** | [viɛna tsɛturtdalʲa] |

| um oitavo | **viena astotã** | [viɛna astɔta:] |
| um décimo | **viena desmitã** | [viɛna desmita:] |
| dois terços | **divas trešdaļas** | [divas treʃdalʲas] |
| três quartos | **trīs ceturtdaļas** | [tri:s tsɛturtdalʲas] |

## 6. Números. Operações básicas

| subtração (f) | **atņemšana** (s) | [atɲemʃana] |
| subtrair (vi, vt) | **atņemt** | [atɲemt] |
| divisão (f) | **dalīšana** (s) | [dali:ʃana] |
| dividir (vt) | **dalīt** | [dali:t] |

| adição (f) | **saskaitīšana** (s) | [saskaiti:ʃana] |
| somar (vt) | **saskaitīt** | [saskaiti:t] |
| adicionar (vt) | **pieskaitīt** | [piɛskaiti:t] |
| multiplicação (f) | **reizināšana** (s) | [rɛizina:ʃana] |
| multiplicar (vt) | **reizināt** | [rɛizina:t] |

## 7. Números. Diversos

| algarismo, dígito (m) | **cipars** (v) | [tsipars] |
| número (m) | **skaitlis** (v) | [skaitlis] |
| numeral (m) | **numerālis** (v) | [numɛra:lis] |
| menos (m) | **mīnuss** (v) | [mi:nus] |
| mais (m) | **pluss** (v) | [plus] |
| fórmula (f) | **formula** (s) | [fɔrmula] |

| cálculo (m) | **aprēķināšana** (s) | [apre:tʲina:ʃana] |
| contar (vt) | **skaitīt** | [skaiti:t] |
| calcular (vt) | **sarēķināt** | [sare:tʲina:t] |
| comparar (vt) | **salīdzināt** | [sali:dzina:t] |

| Quanto? | **Cik?** | [tsik?] |
| Quantos? -as? | **Cik daudz?** | [tsik daudz?] |

| soma (f) | **summa** (s) | [summa] |
| resultado (m) | **rezultāts** (v) | [rɛzulta:ts] |
| resto (m) | **atlikums** (v) | [atlikums] |

| alguns, algumas ... | **daži** | [daʒi] |
| pouco (~ tempo) | **maz ...** | [maz ...] |
| poucos, poucas | **daži** | [daʒi] |
| um pouco de ... | **mazliet** | [mazliet] |
| resto (m) | **pārējais** | [pa:re:jais] |

| um e meio | **pusotra** | [pusɔtra] |
| dúzia (f) | **ducis** (v) | [dutsis] |

| ao meio | **uz pusēm** | [uz puse:m] |
| em partes iguais | **vienlīdzīgi** | [viɛnli:dzi:gi] |
| metade (f) | **puse** (s) | [puse] |
| vez (f) | **reize** (s) | [rɛize] |

## 8. Os verbos mais importantes. Parte 1

| | | |
|---|---|---|
| abrir (vt) | atvērt | [atve:rt] |
| acabar, terminar (vt) | beigt | [bɛigt] |
| aconselhar (vt) | dot padomu | [dɔt padɔmu] |
| adivinhar (vt) | uzminēt | [uzmine:t] |
| advertir (vt) | brīdināt | [bri:dina:t] |
| | | |
| ajudar (vt) | palīdzēt | [pali:dze:t] |
| almoçar (vi) | pusdienot | [pusdiɛnɔt] |
| alugar (~ um apartamento) | īrēt | [i:re:t] |
| amar (pessoa) | mīlēt | [mi:le:t] |
| ameaçar (vt) | draudēt | [draude:t] |
| | | |
| anotar (escrever) | pierakstīt | [piɛraksti:t] |
| apressar-se (vr) | steigties | [stɛigtiɛs] |
| arrepender-se (vr) | nožēlot | [nɔʒe:lɔt] |
| assinar (vt) | parakstīt | [paraksti:t] |
| brincar (vi) | jokot | [jɔkɔt] |
| | | |
| brincar, jogar (vi, vt) | spēlēt | [spɛ:le:t] |
| buscar (vt) | meklēt ... | [mekle:t ...] |
| caçar (vi) | medīt | [medi:t] |
| cair (vi) | krist | [krist] |
| cavar (vt) | rakt | [rakt] |
| chamar (~ por socorro) | saukt | [saukt] |
| | | |
| chegar (vi) | atbraukt | [atbraukt] |
| chorar (vi) | raudāt | [rauda:t] |
| começar (vt) | sākt | [sa:kt] |
| comparar (vt) | salīdzināt | [sali:dzina:t] |
| concordar (dizer "sim") | piekrist | [piɛkrist] |
| | | |
| confiar (vt) | uzticēt | [uztitse:t] |
| confundir (equivocar-se) | sajaukt | [sajaukt] |
| conhecer (vt) | pazīt | [pazi:t] |
| contar (fazer contas) | sarēķināt | [sare:t̩ina:t] |
| contar com ... | paļauties uz ... | [paļauties uz ...] |
| continuar (vt) | turpināt | [turpina:t] |
| | | |
| controlar (vt) | kontrolēt | [kɔntrɔle:t] |
| convidar (vt) | ielūgt | [iɛlu:gt] |
| correr (vi) | skriet | [skriɛt] |
| criar (vt) | izveidot | [izvɛidɔt] |
| custar (vt) | maksāt | [maksa:t] |

## 9. Os verbos mais importantes. Parte 2

| | | |
|---|---|---|
| dar (vt) | dot | [dɔt] |
| dar uma dica | dot mājienu | [dɔt ma:jiɛnu] |
| decorar (enfeitar) | izrotāt | [izrɔta:t] |
| defender (vt) | aizstāvēt | [aizsta:ve:t] |
| deixar cair (vt) | nomest | [nɔmest] |

| descer (para baixo) | nokāpt | [nɔka:pt] |
| desculpar (vt) | piedot | [piɛdɔt] |
| desculpar-se (vr) | atvainoties | [atvainɔtiɛs] |
| dirigir (~ uma empresa) | vadīt | [vadi:t] |
| discutir (notícias, etc.) | apspriest | [apspriɛst] |

| disparar, atirar (vi) | šaut | [ʃaut] |
| dizer (vt) | teikt | [tɛikt] |
| duvidar (vt) | šaubīties | [ʃaubi:tiɛs] |
| encontrar (achar) | atrast | [atrast] |
| enganar (vt) | krāpt | [kra:pt] |

| entender (vt) | saprast | [saprast] |
| entrar (na sala, etc.) | ieiet | [iɛiɛt] |
| enviar (uma carta) | sūtīt | [su:ti:t] |
| errar (enganar-se) | kļūdīties | [klʲu:di:tiɛs] |
| escolher (vt) | izvēlēties | [izvɛ:le:tiɛs] |

| esconder (vt) | slēpt | [sle:pt] |
| escrever (vt) | rakstīt | [raksti:t] |
| esperar (aguardar) | gaidīt | [gaidi:t] |
| esperar (ter esperança) | cerēt | [tsɛre:t] |
| esquecer (vt) | aizmirst | [aizmirst] |

| estudar (vt) | pētīt | [pe:ti:t] |
| exigir (vt) | prasīt | [prasi:t] |
| existir (vi) | eksistēt | [eksiste:t] |
| explicar (vt) | paskaidrot | [paskaidrɔt] |

| falar (vi) | runāt | [runa:t] |
| faltar (a la escuela, etc.) | kavēt | [kave:t] |
| fazer (vt) | darīt | [dari:t] |
| ficar em silêncio | klusēt | [kluse:t] |
| gabar-se (vr) | lielīties | [liɛli:tiɛs] |

| gostar (apreciar) | patikt | [patikt] |
| gritar (vi) | kliegt | [kliɛgt] |
| guardar (fotos, etc.) | uzglabāt | [uzglaba:t] |
| informar (vt) | informēt | [informe:t] |
| insistir (vi) | uzstāt | [uzsta:t] |

| insultar (vt) | aizvainot | [aizvainɔt] |
| interessar-se (vr) | interesēties | [intɛrɛse:tiɛs] |
| ir (a pé) | iet | [iɛt] |
| ir nadar | peldēties | [pelde:tiɛs] |
| jantar (vi) | vakariņot | [vakariɲɔt] |

## 10. Os verbos mais importantes. Parte 3

| ler (vt) | lasīt | [lasi:t] |
| libertar, liberar (vt) | atbrīvot | [atbri:vɔt] |
| matar (vt) | nogalināt | [nɔgalina:t] |
| mencionar (vt) | pieminēt | [piɛmine:t] |
| mostrar (vt) | parādīt | [para:di:t] |

| | | |
|---|---|---|
| mudar (modificar) | **mainīt** | [maini:t] |
| nadar (vi) | **peldēt** | [pelde:t] |
| negar-se a … (vr) | **atteikties** | [attɛiktiɛs] |
| objetar (vt) | **iebilst** | [iɛbilst] |

| | | |
|---|---|---|
| observar (vt) | **novērot** | [nɔve:rɔt] |
| ordenar (mil.) | **pavēlēt** | [pavɛ:le:t] |
| ouvir (vt) | **dzirdēt** | [dzirde:t] |
| pagar (vt) | **maksāt** | [maksa:t] |
| parar (vi) | **apstāties** | [apsta:tiɛs] |

| | | |
|---|---|---|
| parar, cessar (vt) | **pārtraukt** | [pa:rtraukt] |
| participar (vi) | **piedalīties** | [piɛdali:tiɛs] |
| pedir (comida, etc.) | **pasūtīt** | [pasu:ti:t] |
| pedir (um favor, etc.) | **lūgt** | [lu:gt] |
| pegar (tomar) | **ņemt** | [ɲemt] |

| | | |
|---|---|---|
| pegar (uma bola) | **ķert** | [tʲert] |
| pensar (vi, vt) | **domāt** | [dɔma:t] |
| perceber (ver) | **pamanīt** | [pamani:t] |
| perdoar (vt) | **piedot** | [piɛdɔt] |
| perguntar (vt) | **jautāt** | [jauta:t] |

| | | |
|---|---|---|
| permitir (vt) | **atļaut** | [atlʲaut] |
| pertencer a … (vi) | **piederēt** | [piɛdɛre:t] |
| planejar (vt) | **plānot** | [pla:nɔt] |
| poder (~ fazer algo) | **spēt** | [spe:t] |
| possuir (uma casa, etc.) | **pārvaldīt** | [pa:rvaldi:t] |

| | | |
|---|---|---|
| preferir (vt) | **dot priekšroku** | [dɔt priɛkʃrɔku] |
| preparar (vt) | **gatavot** | [gatavɔt] |
| prever (vt) | **paredzēt** | [paredze:t] |
| prometer (vt) | **solīt** | [sɔli:t] |
| pronunciar (vt) | **izrunāt** | [izruna:t] |

| | | |
|---|---|---|
| propor (vt) | **piedāvāt** | [piɛda:va:t] |
| punir (castigar) | **sodīt** | [sɔdi:t] |
| quebrar (vt) | **lauzt** | [lauzt] |
| queixar-se de … | **sūdzēties** | [su:dze:tiɛs] |
| querer (desejar) | **gribēt** | [gribe:t] |

## 11. Os verbos mais importantes. Parte 4

| | | |
|---|---|---|
| ralhar, repreender (vt) | **lamāt** | [lama:t] |
| recomendar (vt) | **ieteikt** | [iɛtɛikt] |
| repetir (dizer outra vez) | **atkārtot** | [atka:rtɔt] |
| reservar (~ um quarto) | **rezervēt** | [rɛzerve:t] |
| responder (vt) | **atbildēt** | [atbilde:t] |

| | | |
|---|---|---|
| rezar, orar (vi) | **lūgties** | [lu:gtiɛs] |
| rir (vi) | **smieties** | [smiɛtiɛs] |
| roubar (vt) | **zagt** | [zagt] |
| saber (vt) | **zināt** | [zina:t] |
| sair (~ de casa) | **iziet** | [iziɛt] |

| | | |
|---|---|---|
| salvar (resgatar) | **glābt** | [gla:bt] |
| seguir (~ alguém) | **sekot ...** | [sekɔt ...] |
| sentar-se (vr) | **sēsties** | [se:stiɛs] |
| ser necessário | **būt vajadzīgam** | [bu:t vajadzi:gam] |

| | | |
|---|---|---|
| ser, estar | **būt** | [bu:t] |
| significar (vt) | **nozīmēt** | [nɔzi:me:t] |
| sorrir (vi) | **smaidīt** | [smaidi:t] |
| subestimar (vt) | **par zemu vērtēt** | [par zɛmu ve:rte:t] |
| surpreender-se (vr) | **brīnīties** | [bri:ni:tiɛs] |

| | | |
|---|---|---|
| tentar (~ fazer) | **mēģināt** | [me:dʲina:t] |
| ter (vt) | **būt** | [bu:t] |
| ter fome | **gribēt ēst** | [gribe:t e:st] |

| | | |
|---|---|---|
| ter medo | **baidīties** | [baidi:tiɛs] |
| ter sede | **gribēt dzert** | [gribe:t dzert] |
| tocar (com as mãos) | **pieskarties** | [piɛskartiɛs] |
| tomar café da manhã | **brokastot** | [brɔkastɔt] |
| trabalhar (vi) | **strādāt** | [stra:da:t] |
| traduzir (vt) | **tulkot** | [tulkɔt] |

| | | |
|---|---|---|
| unir (vt) | **apvienot** | [apviɛnot] |
| vender (vt) | **pārdot** | [pa:rdɔt] |
| ver (vt) | **redzēt** | [redze:t] |
| virar (~ para a direita) | **pagriezties** | [pagriɛztiɛs] |
| voar (vi) | **lidot** | [lidɔt] |

## 12. Cores

| | | |
|---|---|---|
| cor (f) | **krāsa** (s) | [kra:sa] |
| tom (m) | **nokrāsa** (s) | [nɔkra:sa] |
| tonalidade (m) | **tonis** (v) | [tɔnis] |
| arco-íris (m) | **varavīksne** (s) | [varavi:ksne] |

| | | |
|---|---|---|
| branco (adj) | **balts** | [balts] |
| preto (adj) | **melns** | [melns] |
| cinza (adj) | **pelēks** | [pɛle:ks] |

| | | |
|---|---|---|
| verde (adj) | **zaļš** | [zaʲʃ] |
| amarelo (adj) | **dzeltens** | [dzeltens] |
| vermelho (adj) | **sarkans** | [sarkans] |

| | | |
|---|---|---|
| azul (adj) | **zils** | [zils] |
| azul claro (adj) | **gaiši zils** | [gaiʃi zils] |
| rosa (adj) | **rozā** | [rɔza:] |
| laranja (adj) | **oranžs** | [ɔranʒs] |
| violeta (adj) | **violets** | [viɔlets] |
| marrom (adj) | **brūns** | [bru:ns] |

| | | |
|---|---|---|
| dourado (adj) | **zelta** | [zelta] |
| prateado (adj) | **sudrabains** | [sudrabains] |
| bege (adj) | **bēšs** | [be:ʃs] |
| creme (adj) | **krēmkrāsas** | [kre:mkra:sas] |

| | | |
|---|---|---|
| turquesa (adj) | **zilganzaļš** | [zilganzalʲʃ] |
| vermelho cereja (adj) | **ķiršu brīns** | [tʲirʃu briːns] |
| lilás (adj) | **lillā** | [lilla:] |
| carmim (adj) | **aveņkrāsas** | [aveŋkra:sas] |
| | | |
| claro (adj) | **gaišs** | [gaiʃs] |
| escuro (adj) | **tumšs** | [tumʃs] |
| vivo (adj) | **spilgts** | [spilgts] |
| | | |
| de cor | **krāsains** | [kra:sains] |
| a cores | **krāsains** | [kra:sains] |
| preto e branco (adj) | **melnbalts** | [melnbalts] |
| unicolor (de uma só cor) | **vienkrāsains** | [viɛnkra:sains] |
| multicolor (adj) | **daudzkrāsains** | [daudzkra:sains] |

## 13. Questões

| | | |
|---|---|---|
| Quem? | **Kas?** | [kas?] |
| O que? | **Kas?** | [kas?] |
| Onde? | **Kur?** | [kur?] |
| Para onde? | **Uz kurieni?** | [uz kuriɛni?] |
| De onde? | **No kurienes?** | [nɔ kuriɛnes?] |
| Quando? | **Kad?** | [kad?] |
| Para quê? | **Kādēļ?** | [ka:de:lʲ?] |
| Por quê? | **Kāpēc?** | [ka:pe:ts?] |
| | | |
| Para quê? | **Kam?** | [kam?] |
| Como? | **Kā?** | [ka:?] |
| Qual (~ é o problema?) | **Kāds?** | [ka:ds?] |
| Qual (~ deles?) | **Kurš?** | [kurʃ?] |
| | | |
| A quem? | **Kam?** | [kam?] |
| De quem? | **Par kuru?** | [par kuru?] |
| Do quê? | **Par ko?** | [par kɔ?] |
| Com quem? | **Ar ko?** | [ar kɔ?] |
| | | |
| Quantos? -as? | **Cik daudz?** | [tsik daudz?] |
| Quanto? | **Cik?** | [tsik?] |
| De quem (~ é isto?) | **Kura? Kuras? Kuru?** | [kura?], [kuras?], [kuru?] |

## 14. Palavras funcionais. Advérbios. Parte 1

| | | |
|---|---|---|
| Onde? | **Kur?** | [kur?] |
| aqui | **šeit** | [ʃɛit] |
| lá, ali | **tur** | [tur] |
| | | |
| em algum lugar | **kaut kur** | [kaut kur] |
| em lugar nenhum | **nekur** | [nɛkur] |
| | | |
| perto de ... | **pie ...** | [piɛ ...] |
| perto da janela | **pie loga** | [piɛ lɔga] |
| Para onde? | **Uz kurieni?** | [uz kuriɛni?] |

| | | |
|---|---|---|
| aqui | šurp | [ʃurp] |
| para lá | turp | [turp] |
| daqui | no šejienes | [nɔ ʃejiɛnes] |
| de lá, dali | no turienes | [nɔ turiɛnes] |

| | | |
|---|---|---|
| perto | tuvu | [tuvu] |
| longe | tālu | [ta:lu] |

| | | |
|---|---|---|
| perto de ... | pie | [piɛ] |
| à mão, perto | blakus | [blakus] |
| não fica longe | netālu | [nɛta:lu] |

| | | |
|---|---|---|
| esquerdo (adj) | kreisais | [krɛisais] |
| à esquerda | pa kreisi | [pa krɛisi] |
| para a esquerda | pa kreisi | [pa krɛisi] |

| | | |
|---|---|---|
| direito (adj) | labais | [labais] |
| à direita | pa labi | [pa labi] |
| para a direita | pa labi | [pa labi] |

| | | |
|---|---|---|
| em frente | priekšā | [priɛkʃa:] |
| da frente | priekšējs | [priɛkʃe:js] |
| adiante (para a frente) | uz priekšu | [uz priɛkʃu] |

| | | |
|---|---|---|
| atrás de ... | mugurpusē | [mugurpuse:] |
| de trás | no mugurpuses | [nɔ mugurpuses] |
| para trás | atpakaļ | [atpakalʲ] |

| | | |
|---|---|---|
| meio (m), metade (f) | vidus (v) | [vidus] |
| no meio | vidū | [vidu:] |

| | | |
|---|---|---|
| do lado | sānis | [sa:nis] |
| em todo lugar | visur | [visur] |
| por todos os lados | apkārt | [apka:rt] |

| | | |
|---|---|---|
| de dentro | no iekšpuses | [nɔ iɛkʃpuses] |
| para algum lugar | kaut kur | [kaut kur] |
| diretamente | taisni | [taisni] |
| de volta | atpakaļ | [atpakalʲ] |

| | | |
|---|---|---|
| de algum lugar | no kaut kurienes | [nɔ kaut kuriɛnes] |
| de algum lugar | nez no kurienes | [nez nɔ kuriɛnes] |

| | | |
|---|---|---|
| em primeiro lugar | pirmkārt | [pirmka:rt] |
| em segundo lugar | otrkārt | [ɔtrka:rt] |
| em terceiro lugar | treškārt | [treʃka:rt] |

| | | |
|---|---|---|
| de repente | pēkšņi | [pe:kʃɲi] |
| no início | sākumā | [sa:kuma:] |
| pela primeira vez | pirmo reizi | [pirmɔ rɛizi] |
| muito antes de ... | ilgu laiku pirms ... | [ilgu laiku pirms ...] |
| de novo | no jauna | [nɔ jauna] |
| para sempre | uz visiem laikiem | [uz visiɛm laikiɛm] |

| | | |
|---|---|---|
| nunca | nekad | [nɛkad] |
| de novo | atkal | [atkal] |

| | | |
|---|---|---|
| agora | **tagad** | [tagad] |
| frequentemente | **bieži** | [biɛʒi] |
| então | **tad** | [tad] |
| urgentemente | **steidzami** | [stɛidzami] |
| normalmente | **parasti** | [parasti] |

| | | |
|---|---|---|
| a propósito, … | **starp citu …** | [starp tsitu …] |
| é possível | **iespējams** | [iɛspe:jams] |
| provavelmente | **ticams** | [titsams] |
| talvez | **varbūt** | [varbu:t] |
| além disso, … | **turklāt, …** | [turkla:t, …] |
| por isso … | **tādēļ …** | [ta:de:lʲ …] |
| apesar de … | **neskatoties uz …** | [neskatɔties uz …] |
| graças a … | **pateicoties …** | [patɛitsɔties …] |

| | | |
|---|---|---|
| que (pron.) | **kas** | [kas] |
| que (conj.) | **kas** | [kas] |
| algo | **kaut kas** | [kaut kas] |
| alguma coisa | **kaut kas** | [kaut kas] |
| nada | **nekas** | [nɛkas] |

| | | |
|---|---|---|
| quem | **kas** | [kas] |
| alguém (~ que …) | **kāds** | [ka:ds] |
| alguém (com ~) | **kāds** | [ka:ds] |

| | | |
|---|---|---|
| ninguém | **neviens** | [neviɛns] |
| para lugar nenhum | **nekur** | [nɛkur] |
| de ninguém | **neviena** | [neviɛna] |
| de alguém | **kāda** | [ka:da] |

| | | |
|---|---|---|
| tão | **tā** | [ta:] |
| também (gostaria ~ de …) | **tāpat** | [ta:pat] |
| também (~ eu) | **arī** | [ari:] |

## 15. Palavras funcionais. Advérbios. Parte 2

| | | |
|---|---|---|
| Por quê? | **Kāpēc?** | [ka:pe:ts?] |
| por alguma razão | **nez kāpēc** | [nez ka:pe:ts] |
| porque … | **tāpēc ka …** | [ta:pe:ts ka …] |
| por qualquer razão | **nez kādēļ** | [nez ka:de:lʲ] |

| | | |
|---|---|---|
| e (tu ~ eu) | **un** | [un] |
| ou (ser ~ não ser) | **vai** | [vai] |
| mas (porém) | **bet** | [bet] |
| para (~ a minha mãe) | **priekš** | [priɛkʃ] |

| | | |
|---|---|---|
| muito, demais | **pārāk** | [pa:ra:k] |
| só, somente | **tikai** | [tikai] |
| exatamente | **tieši** | [tiɛʃi] |
| cerca de (~ 10 kg) | **apmēram** | [apmɛ:ram] |

| | | |
|---|---|---|
| aproximadamente | **aptuveni** | [aptuveni] |
| aproximado (adj) | **aptuvens** | [aptuvens] |
| quase | **gandrīz** | [gandri:z] |

| | | |
|---|---|---|
| resto (m) | **pārējais** | [paːreːjais] |
| o outro (segundo) | **cits** | [tsits] |
| outro (adj) | **cits** | [tsits] |
| cada (adj) | **katrs** | [katrs] |
| qualquer (adj) | **jebkurš** | [jebkurʃ] |
| muito, muitos, muitas | **daudz** | [daudz] |
| muitas pessoas | **daudzi** | [daudzi] |
| todos | **visi** | [visi] |

| | | |
|---|---|---|
| em troca de … | **apmaiņā pret …** | [apmaiɲa: pret …] |
| em troca | **pretī** | [pretiː] |
| à mão | **ar rokām** | [ar rɔkaːm] |
| pouco provável | **diez vai** | [diɛz vai] |

| | | |
|---|---|---|
| provavelmente | **laikam** | [laikam] |
| de propósito | **tīšām** | [tiːʃaːm] |
| por acidente | **nejauši** | [nejauʃi] |

| | | |
|---|---|---|
| muito | **ļoti** | [ʎoti] |
| por exemplo | **piemēram** | [piɛmɛːram] |
| entre | **starp** | [starp] |
| entre (no meio de) | **vidū** | [vidu:] |
| tanto | **tik daudz** | [tik daudz] |
| especialmente | **īpaši** | [iːpaʃi] |

# Conceitos básicos. Parte 2

## 16. Opostos

| | | |
|---|---|---|
| rico (adj) | bagāts | [baga:ts] |
| pobre (adj) | nabags | [nabags] |
| | | |
| doente (adj) | slims | [slims] |
| bem (adj) | vesels | [vɛsɛls] |
| | | |
| grande (adj) | liels | [liɛls] |
| pequeno (adj) | mazs | [mazs] |
| | | |
| rapidamente | ātri | [a:tri] |
| lentamente | lēni | [le:ni] |
| | | |
| rápido (adj) | ātrs | [a:trs] |
| lento (adj) | lēns | [le:ns] |
| | | |
| alegre (adj) | jautrs | [jautrs] |
| triste (adj) | skumjš | [skumjʃ] |
| | | |
| juntos (ir ~) | kopā | [kɔpa:] |
| separadamente | atsevišķi | [atseviʃtʲi] |
| | | |
| em voz alta (ler ~) | skaļi | [skalʲi] |
| para si (em silêncio) | klusībā | [klusi:ba:] |
| | | |
| alto (adj) | garš | [garʃ] |
| baixo (adj) | zems | [zems] |
| | | |
| profundo (adj) | dziļš | [dzilʲʃ] |
| raso (adj) | sekls | [sekls] |
| | | |
| sim | jā | [ja:] |
| não | nē | [ne:] |
| | | |
| distante (adj) | tāls | [ta:ls] |
| próximo (adj) | tuvs | [tuvs] |
| | | |
| longe | tālu | [ta:lu] |
| à mão, perto | blakus | [blakus] |
| | | |
| longo (adj) | garš | [garʃ] |
| curto (adj) | īss | [i:s] |
| | | |
| bom (bondoso) | labs | [labs] |
| mal (adj) | ļauns | [lʲauns] |
| | | |
| casado (adj) | precēts | [pretse:ts] |

| solteiro (adj) | neprecēts | [nepretse:ts] |
| --- | --- | --- |

| proibir (vt) | aizliegt | [aizliɛgt] |
| --- | --- | --- |
| permitir (vt) | atļaut | [atlʲaut] |

| fim (m) | beigas (s dsk) | [bɛigas] |
| --- | --- | --- |
| início (m) | sākums (v) | [sa:kums] |

| esquerdo (adj) | kreisais | [krɛisais] |
| --- | --- | --- |
| direito (adj) | labais | [labais] |

| primeiro (adj) | pirmais | [pirmais] |
| --- | --- | --- |
| último (adj) | pēdējais | [pɛ:de:jais] |

| crime (m) | noziegums (v) | [nɔziɛgums] |
| --- | --- | --- |
| castigo (m) | sods (v) | [sɔds] |

| ordenar (vt) | pavēlēt | [pavɛ:le:t] |
| --- | --- | --- |
| obedecer (vt) | paklausīt | [paklausi:t] |

| reto (adj) | taisns | [taisns] |
| --- | --- | --- |
| curvo (adj) | līks | [li:ks] |

| paraíso (m) | paradīze (s) | [paradi:ze] |
| --- | --- | --- |
| inferno (m) | elle (s) | [elle] |

| nascer (vi) | piedzimt | [piɛdzimt] |
| --- | --- | --- |
| morrer (vi) | nomirt | [nɔmirt] |

| forte (adj) | stiprs | [stiprs] |
| --- | --- | --- |
| fraco, débil (adj) | vājš | [va:jʃ] |

| velho, idoso (adj) | vecs | [vets] |
| --- | --- | --- |
| jovem (adj) | jauns | [jauns] |

| velho (adj) | vecs | [vets] |
| --- | --- | --- |
| novo (adj) | jauns | [jauns] |

| duro (adj) | ciets | [tsiɛts] |
| --- | --- | --- |
| macio (adj) | mīksts | [mi:ksts] |

| quente (adj) | silts | [silts] |
| --- | --- | --- |
| frio (adj) | auksts | [auksts] |

| gordo (adj) | resns | [resns] |
| --- | --- | --- |
| magro (adj) | tievs | [tiɛvs] |

| estreito (adj) | šaurs | [ʃaurs] |
| --- | --- | --- |
| largo (adj) | plats | [plats] |

| bom (adj) | labs | [labs] |
| --- | --- | --- |
| mau (adj) | slikts | [slikts] |

| valente, corajoso (adj) | drosmīgs | [drɔsmi:gs] |
| --- | --- | --- |
| covarde (adj) | gļēvulīgs | [glʲɛ:vuli:gs] |

## 17. Dias da semana

| | | |
|---|---|---|
| segunda-feira (f) | **pirmdiena** (s) | [pirmdiɛna] |
| terça-feira (f) | **otrdiena** (s) | [ɔtrdiɛna] |
| quarta-feira (f) | **trešdiena** (s) | [treʃdiɛna] |
| quinta-feira (f) | **ceturtdiena** (s) | [tsɛturtdiɛna] |
| sexta-feira (f) | **piektdiena** (s) | [piɛktdiɛna] |
| sábado (m) | **sestdiena** (s) | [sestdiɛna] |
| domingo (m) | **svētdiena** (s) | [sve:tdiɛna] |

| | | |
|---|---|---|
| hoje | **šodien** | [ʃɔdiɛn] |
| amanhã | **rīt** | [ri:t] |
| depois de amanhã | **parīt** | [pari:t] |
| ontem | **vakar** | [vakar] |
| anteontem | **aizvakar** | [aizvakar] |

| | | |
|---|---|---|
| dia (m) | **diena** (s) | [diɛna] |
| dia (m) de trabalho | **darba diena** (s) | [darba diɛna] |
| feriado (m) | **svētku diena** (s) | [sve:tku diɛna] |
| dia (m) de folga | **brīvdiena** (s) | [bri:vdiɛna] |
| fim (m) de semana | **brīvdienas** (s dsk) | [bri:vdiɛnas] |

| | | |
|---|---|---|
| o dia todo | **visa diena** | [visa diɛna] |
| no dia seguinte | **nākamajā dienā** | [na:kamaja: diɛna:] |
| há dois dias | **pirms divām dienām** | [pirms diva:m diɛna:m] |
| na véspera | **dienu iepriekš** | [diɛnu iɛpriɛkʃ] |
| diário (adj) | **ikdienas** | [igdiɛnas] |
| todos os dias | **katru dienu** | [katru diɛnu] |

| | | |
|---|---|---|
| semana (f) | **nedēļa** (s) | [nɛdɛ:lʲa] |
| na semana passada | **pagājušajā nedēļā** | [paga:juʃaja: nɛdɛ:lʲa:] |
| semana que vem | **nākamajā nedēļā** | [na:kamaja: nɛdɛ:lʲa:] |
| semanal (adj) | **iknedēļas** | [iknɛdɛ:lʲas] |
| toda semana | **katru nedēļu** | [katru nɛdɛ:lʲu] |
| duas vezes por semana | **divas reizes nedēļā** | [divas rɛizes nɛdɛ:lʲa:] |
| toda terça-feira | **katru otrdienu** | [katru ɔtrdiɛnu] |

## 18. Horas. Dia e noite

| | | |
|---|---|---|
| manhã (f) | **rīts** (v) | [ri:ts] |
| de manhã | **no rīta** | [nɔ ri:ta] |
| meio-dia (m) | **pusdiena** (s) | [pusdiɛna] |
| à tarde | **pēcpusdienā** | [pe:tspusdiɛna:] |

| | | |
|---|---|---|
| tardinha (f) | **vakars** (v) | [vakars] |
| à tardinha | **vakarā** | [vakara:] |
| noite (f) | **nakts** (s) | [nakts] |
| à noite | **naktī** | [nakti:] |
| meia-noite (f) | **pusnakts** (s) | [pusnakts] |

| | | |
|---|---|---|
| segundo (m) | **sekunde** (s) | [sɛkunde] |
| minuto (m) | **minūte** (s) | [minu:te] |
| hora (f) | **stunda** (s) | [stunda] |

| | | |
|---|---|---|
| meia hora (f) | **pusstunda** | [pustunda] |
| quarto (m) de hora | **stundas ceturksnis** (v) | [stundas tsɛturksnis] |
| quinze minutos | **piecpadsmit minūtes** | [piɛtspadsmit minu:tes] |
| vinte e quatro horas | **diennakts** (s) | [diɛnnakts] |
| | | |
| nascer (m) do sol | **saullēkts** (v) | [saulle:kts] |
| amanhecer (m) | **rītausma** (s) | [ri:tausma] |
| madrugada (f) | **agrs rīts** (v) | [agrs ri:ts] |
| pôr-do-sol (m) | **saulriets** (v) | [saulriɛts] |
| | | |
| de madrugada | **agri no rīta** | [agri nɔ ri:ta] |
| esta manhã | **šorīt** | [ʃori:t] |
| amanhã de manhã | **rīt no rīta** | [ri:t nɔ ri:ta] |
| | | |
| esta tarde | **šodien** | [ʃodiɛn] |
| à tarde | **pēcpusdienā** | [pe:tspusdiɛna:] |
| amanhã à tarde | **rīt pēcpusdienā** | [ri:t pe:tspusdiɛna:] |
| | | |
| esta noite, hoje à noite | **šovakar** | [ʃovakar] |
| amanhã à noite | **rītvakar** | [ri:tvakar] |
| | | |
| às três horas em ponto | **tieši trijos** | [tiɛʃi trijos] |
| por volta das quatro | **ap četriem** | [ap tʃetriɛm] |
| às doze | **ap divpadsmitiem** | [ap divpadsmitiɛm] |
| | | |
| em vinte minutos | **pēc divdesmit minūtēm** | [pe:ts divdesmit minu:te:m] |
| em uma hora | **pēc stundas** | [pe:ts stundas] |
| a tempo | **laikā** | [laika:] |
| | | |
| ... um quarto para | **bez ceturkšņa ...** | [bez tsɛturkʃna ...] |
| dentro de uma hora | **stundas laikā** | [stundas laika:] |
| a cada quinze minutos | **katras piecpadsmit minūtes** | [katras piɛtspadsmit minu:tes] |
| as vinte e quatro horas | **caurām dienām** | [tsaura:m diɛna:m] |

## 19. Meses. Estações

| | | |
|---|---|---|
| janeiro (m) | **janvāris** (v) | [janva:ris] |
| fevereiro (m) | **februāris** (v) | [februa:ris] |
| março (m) | **marts** (v) | [marts] |
| abril (m) | **aprīlis** (v) | [apri:lis] |
| maio (m) | **maijs** (v) | [maijs] |
| junho (m) | **jūnijs** (v) | [ju:nijs] |
| | | |
| julho (m) | **jūlijs** (v) | [ju:lijs] |
| agosto (m) | **augusts** (v) | [augusts] |
| setembro (m) | **septembris** (v) | [septembris] |
| outubro (m) | **oktobris** (v) | [ɔktɔbris] |
| novembro (m) | **novembris** (v) | [nɔvembris] |
| dezembro (m) | **decembris** (v) | [detsembris] |
| | | |
| primavera (f) | **pavasaris** (v) | [pavasaris] |
| na primavera | **pavasarī** | [pavasari:] |

| primaveril (adj) | pavasara | [pavasara] |
|---|---|---|
| verão (m) | vasara (s) | [vasara] |
| no verão | vasarā | [vasara:] |
| de verão | vasaras | [vasaras] |

| outono (m) | rudens (v) | [rudens] |
|---|---|---|
| no outono | rudenī | [rudeni:] |
| outonal (adj) | rudens | [rudens] |

| inverno (m) | ziema (s) | [ziɛma] |
|---|---|---|
| no inverno | ziemā | [ziɛma:] |
| de inverno | ziemas | [ziɛmas] |

| mês (m) | mēnesis (v) | [mɛ:nesis] |
|---|---|---|
| este mês | šomēnes | [ʃomɛ:nes] |
| mês que vem | nākamajā mēnesī | [na:kamaja: mɛ:nesi:] |
| no mês passado | pagājušajā mēnesī | [paga:juʃaja: mɛ:nesi:] |

| um mês atrás | pirms mēneša | [pirms mɛ:neʃa] |
|---|---|---|
| em um mês | pēc mēneša | [pe:ts mɛ:neʃa] |
| em dois meses | pēc diviem mēnešiem | [pe:ts diviɛm mɛ:neʃiɛm] |
| todo o mês | visu mēnesi | [visu mɛ:nesi] |
| um mês inteiro | veselu mēnesi | [vesɛlu mɛ:nesi] |

| mensal (adj) | ikmēneša | [ikmɛ:neʃa] |
|---|---|---|
| mensalmente | ik mēnesi | [ik mɛ:nesi] |
| todo mês | katru mēnesi | [katru mɛ:nesi] |
| duas vezes por mês | divas reizes mēnesī | [divas rɛizes mɛ:nesi:] |

| ano (m) | gads (v) | [gads] |
|---|---|---|
| este ano | šogad | [ʃogad] |

| ano que vem | nākamajā gadā | [na:kamaja: gada:] |
|---|---|---|
| no ano passado | pagājušajā gadā | [paga:juʃaja: gada:] |

| há um ano | pirms gada | [pirms gada] |
|---|---|---|
| em um ano | pēc gada | [pe:ts gada] |
| dentro de dois anos | pēc diviem gadiem | [pe:ts diviɛm gadiɛm] |

| todo o ano | visu gadu | [visu gadu] |
|---|---|---|
| um ano inteiro | veselu gadu | [vesɛlu gadu] |

| cada ano | katru gadu | [katru gadu] |
|---|---|---|
| anual (adj) | ikgadējs | [ikgade:js] |

| anualmente | ik gadu | [ik gadu] |
|---|---|---|
| quatro vezes por ano | četras reizes gadā | [tʃetras rɛizes gada:] |

| data (~ de hoje) | datums (v) | [datums] |
|---|---|---|
| data (ex. ~ de nascimento) | datums (v) | [datums] |
| calendário (m) | kalendārs (v) | [kalenda:rs] |

| meio ano | pusgads | [pusgads] |
|---|---|---|
| seis meses | pusgads (v) | [pusgads] |
| estação (f) | gadalaiks (v) | [gadalaiks] |
| século (m) | gadsimts (v) | [gadsimts] |

## 20. Tempo. Diversos

| | | |
|---|---|---|
| tempo (m) | laiks (v) | [laiks] |
| momento (m) | acumirklis (v) | [atsumirklis] |
| instante (m) | moments (v) | [moments] |
| instantâneo (adj) | acumirklīgs | [atsumirkli:gs] |
| lapso (m) de tempo | posms (v) | [posms] |
| vida (f) | mūžs (v) | [mu:ʒs] |
| eternidade (f) | mūžība (s) | [mu:ʒi:ba] |

| | | |
|---|---|---|
| época (f) | laikmets (v) | [laikmets] |
| era (f) | ēra (s) | [ɛ:ra] |
| ciclo (m) | cikls (v) | [tsikls] |
| período (m) | periods (v) | [periods] |
| prazo (m) | termiņš (v) | [termiɲʃ] |

| | | |
|---|---|---|
| futuro (m) | nākotne (s) | [na:kotne] |
| futuro (adj) | nākamais | [na:kamais] |
| da próxima vez | nākamajā reizē | [na:kamaja: rɛize:] |
| passado (m) | pagātne (s) | [paga:tne] |
| passado (adj) | pagājušais | [paga:juʃais] |
| na última vez | pagājušā reizē | [paga:juʃa: rɛize:] |

| | | |
|---|---|---|
| mais tarde | vēlāk | [vɛ:la:k] |
| depois de ... | pēc tam | [pe:ts tam] |
| atualmente | tagad | [tagad] |
| agora | tūlīt | [tu:li:t] |
| imediatamente | nekavējoties | [nɛkave:jotiɛs] |
| em breve | drīz | [dri:z] |
| de antemão | iepriekš | [iɛpriɛkʃ] |

| | | |
|---|---|---|
| há muito tempo | sen | [sen] |
| recentemente | nesen | [nɛsen] |
| destino (m) | liktenis (v) | [liktenis] |
| recordações (f pl) | atmiņas (s dsk) | [atmiɲas] |
| arquivo (m) | arhīvs (v) | [arxi:vs] |

| | | |
|---|---|---|
| durante ... | laikā ... | [laika: ...] |
| durante muito tempo | ilgi | [ilgi] |
| pouco tempo | neilgi | [nɛilgi] |
| cedo (levantar-se ~) | agri | [agri] |
| tardo (deitar-se ~) | vēlu | [vɛ:lu] |

| | | |
|---|---|---|
| para sempre | uz visiem laikiem | [uz visiɛm laikiɛm] |
| começar (vt) | sākt | [sa:kt] |
| adiar (vt) | atlikt | [atlikt] |

| | | |
|---|---|---|
| ao mesmo tempo | vienlaicīgi | [viɛnlaitsi:gi] |
| permanentemente | pastāvīgi | [pasta:vi:gi] |
| constante (~ ruído, etc.) | pastāvīgas | [pasta:vi:gas] |
| temporário (adj) | pagaidu | [pagaidu] |

| | | |
|---|---|---|
| às vezes | dažreiz | [daʒrɛiz] |
| raras vezes, raramente | reti | [reti] |
| frequentemente | bieži | [biɛʒi] |

## 21. Linhas e formas

| | | |
|---|---|---|
| quadrado (m) | kvadrāts (v) | [kvadra:ts] |
| quadrado (adj) | kvadrātisks | [kvadra:tisks] |
| círculo (m) | aplis (v) | [aplis] |
| redondo (adj) | apaļš | [apaliʃ] |
| triângulo (m) | trīsstūris (v) | [tri:stu:ris] |
| triangular (adj) | trīsstūrains | [tri:stu:rains] |
| | | |
| oval (f) | ovāls (v) | [ɔva:ls] |
| oval (adj) | ovāls | [ɔva:ls] |
| retângulo (m) | taisnstūris (v) | [taisnstu:ris] |
| retangular (adj) | taisnstūru | [taisnstu:ru] |
| | | |
| pirâmide (f) | piramīda (s) | [pirami:da] |
| losango (m) | rombs (v) | [rɔmbs] |
| trapézio (m) | trapece (s) | [trapetse] |
| cubo (m) | kubs (v) | [kubs] |
| prisma (m) | prizma (s) | [prizma] |
| | | |
| circunferência (f) | aploce (s) | [aplɔtse] |
| esfera (f) | sfēra (s) | [sfɛ:ra] |
| globo (m) | lode (s) | [lɔde] |
| diâmetro (m) | diametrs (v) | [diametrs] |
| raio (m) | rādiuss (v) | [ra:dius] |
| perímetro (m) | perimetrs (v) | [perimetrs] |
| centro (m) | centrs (v) | [tsentrs] |
| | | |
| horizontal (adj) | horizontāls | [xɔrizɔnta:ls] |
| vertical (adj) | vertikāls | [vertika:ls] |
| paralela (f) | paralēle (s) | [paralɛ:le] |
| paralelo (adj) | paralēls | [paralɛ:ls] |
| | | |
| linha (f) | līnija (s) | [li:nija] |
| traço (m) | svītra (s) | [svi:tra] |
| reta (f) | taisne (s) | [taisne] |
| curva (f) | līkne (s) | [li:kne] |
| fino (linha ~a) | tievs | [tiɛvs] |
| contorno (m) | kontūrs (v) | [kɔntu:rs] |
| | | |
| interseção (f) | krustošanās (s) | [krustɔʃana:s] |
| ângulo (m) reto | taisns leņķis (v) | [taisns leɲtʲis] |
| segmento (m) | segments (v) | [segments] |
| setor (m) | sektors (v) | [sektɔrs] |
| lado (de um triângulo, etc.) | mala (s) | [mala] |
| ângulo (m) | leņķis (v) | [leɲtʲis] |

## 22. Unidades de medida

| | | |
|---|---|---|
| peso (m) | svars (v) | [svars] |
| comprimento (m) | garums (v) | [garums] |
| largura (f) | platums (v) | [platums] |
| altura (f) | augstums (v) | [augstums] |

| | | |
|---|---|---|
| profundidade (f) | dziļums (v) | [dziļums] |
| volume (m) | apjoms (v) | [apjoms] |
| área (f) | laukums (v) | [laukums] |

| | | |
|---|---|---|
| grama (m) | grams (v) | [grams] |
| miligrama (m) | miligrams (v) | [miligrams] |
| quilograma (m) | kilograms (v) | [kilograms] |
| tonelada (f) | tonna (s) | [tonna] |
| libra (453,6 gramas) | mārciņa (s) | [ma:rtsiņa] |
| onça (f) | unce (s) | [untse] |

| | | |
|---|---|---|
| metro (m) | metrs (v) | [metrs] |
| milímetro (m) | milimetrs (v) | [milimetrs] |
| centímetro (m) | centimetrs (v) | [tsentimetrs] |
| quilômetro (m) | kilometrs (v) | [kilometrs] |
| milha (f) | jūdze (s) | [ju:dze] |

| | | |
|---|---|---|
| polegada (f) | colla (s) | [tsolla] |
| pé (304,74 mm) | pēda (s) | [pɛ:da] |
| jarda (914,383 mm) | jards (v) | [jards] |

| | | |
|---|---|---|
| metro (m) quadrado | kvadrātmetrs (v) | [kvadra:tmetrs] |
| hectare (m) | hektārs (v) | [xekta:rs] |

| | | |
|---|---|---|
| litro (m) | litrs (v) | [litrs] |
| grau (m) | grāds (v) | [gra:ds] |
| volt (m) | volts (v) | [volts] |
| ampère (m) | ampērs (v) | [ampɛ:rs] |
| cavalo (m) de potência | zirgspēks (v) | [zirgspe:ks] |

| | | |
|---|---|---|
| quantidade (f) | daudzums (v) | [daudzums] |
| um pouco de ... | nedaudz ... | [nɛdaudz ...] |
| metade (f) | puse (s) | [puse] |
| dúzia (f) | ducis (v) | [dutsis] |
| peça (f) | gabals (v) | [gabals] |

| | | |
|---|---|---|
| tamanho (m), dimensão (f) | izmērs (v) | [izmɛ:rs] |
| escala (f) | mērogs (v) | [me:rogs] |

| | | |
|---|---|---|
| mínimo (adj) | minimāls | [minima:ls] |
| menor, mais pequeno | vismazākais | [vismaza:kais] |
| médio (adj) | vidējs | [vide:js] |
| máximo (adj) | maksimāls | [maksima:ls] |
| maior, mais grande | vislielākais | [vɪslielɑ:kais] |

## 23. Recipientes

| | | |
|---|---|---|
| pote (m) de vidro | burka (s) | [burka] |
| lata (~ de cerveja) | bundža (s) | [bundʒa] |
| balde (m) | spainis (v) | [spainis] |
| barril (m) | muca (s) | [mutsa] |

| | | |
|---|---|---|
| bacia (~ de plástico) | bļoda (s) | [bļoda] |
| tanque (m) | tvertne (s) | [tvertne] |

| | | |
|---|---|---|
| cantil (m) de bolso | blašķe (s) | [blaʃťe] |
| galão (m) de gasolina | kanna (s) | [kanna] |
| cisterna (f) | cisterna (s) | [tsisterna] |

| | | |
|---|---|---|
| caneca (f) | krūze (s) | [kru:ze] |
| xícara (f) | tase (s) | [tase] |
| pires (m) | apakštase (s) | [apakʃtase] |
| copo (m) | glāze (s) | [gla:ze] |
| taça (f) de vinho | pokāls (v) | [pɔka:ls] |
| panela (f) | kastrolis (v) | [kastrɔlis] |

| | | |
|---|---|---|
| garrafa (f) | pudele (s) | [pudɛle] |
| gargalo (m) | kakliņš (v) | [kakliɲʃ] |

| | | |
|---|---|---|
| jarra (f) | karafe (s) | [karafe] |
| jarro (m) | krūka (s) | [kru:ka] |
| recipiente (m) | trauks (v) | [trauks] |
| pote (m) | pods (v) | [pɔds] |
| vaso (m) | vāze (s) | [va:ze] |

| | | |
|---|---|---|
| frasco (~ de perfume) | flakons (v) | [flakɔns] |
| frasquinho (m) | pudelīte (s) | [pudeli:te] |
| tubo (m) | tūbiņa (s) | [tu:biɲa] |

| | | |
|---|---|---|
| saco (ex. ~ de açúcar) | maiss (v) | [mais] |
| sacola (~ plastica) | maisiņš (v) | [maisiɲʃ] |
| maço (de cigarros, etc.) | paciņa (s) | [patsiɲa] |

| | | |
|---|---|---|
| caixa (~ de sapatos, etc.) | kārba (s) | [ka:rba] |
| caixote (~ de madeira) | kastīte (s) | [kasti:te] |
| cesto (m) | grozs (v) | [grɔzs] |

## 24. Materiais

| | | |
|---|---|---|
| material (m) | materiāls (v) | [materia:ls] |
| madeira (f) | koks (v) | [kɔks] |
| de madeira | koka | [kɔka] |

| | | |
|---|---|---|
| vidro (m) | stikls (v) | [stikls] |
| de vidro | stikla | [stikla] |

| | | |
|---|---|---|
| pedra (f) | akmens (v) | [akmens] |
| de pedra | akmeņu | [akmɛɲu] |

| | | |
|---|---|---|
| plástico (m) | plastmasa (s) | [plastmasa] |
| plástico (adj) | plastmasas | [plastmasas] |

| | | |
|---|---|---|
| borracha (f) | gumija (s) | [gumija] |
| de borracha | gumijas | [gumijas] |

| | | |
|---|---|---|
| tecido, pano (m) | audums (v) | [audums] |
| de tecido | auduma | [auduma] |
| papel (m) | papīrs (v) | [papi:rs] |
| de papel | papīra | [papi:ra] |

| papelão (m) | kartons (v) | [kartɔns] |
| de papelão | kartona | [kartɔna] |

| polietileno (m) | polietilēns (v) | [pɔliɛtile:ns] |
| celofane (m) | celofāns (v) | [tselɔfa:ns] |
| linóleo (m) | linolejs (v) | [linɔlejs] |
| madeira (f) compensada | finieris (v) | [finiɛris] |

| porcelana (f) | porcelāns (v) | [pɔrtsɛla:ns] |
| de porcelana | porcelāna | [pɔrtsɛla:na] |
| argila (f), barro (m) | māls (v) | [ma:ls] |
| de barro | māla | [ma:la] |
| cerâmica (f) | keramika (s) | [kɛramika] |
| de cerâmica | keramikas | [kɛramikas] |

## 25. Metais

| metal (m) | metāls (v) | [mɛta:ls] |
| metálico (adj) | metāla | [mɛta:la] |
| liga (f) | sakausējums (v) | [sakause:jums] |

| ouro (m) | zelts (v) | [zelts] |
| de ouro | zelta | [zelta] |
| prata (f) | sudrabs (v) | [sudrabs] |
| de prata | sudraba | [sudraba] |

| ferro (m) | dzelzs (s) | [dzelzs] |
| de ferro | dzelzs | [dzelzs] |
| aço (m) | tērauds (v) | [tɛ:rauds] |
| de aço (adj) | tērauda | [tɛ:rauda] |
| cobre (m) | varš (v) | [varʃ] |
| de cobre | vara | [vara] |

| alumínio (m) | alumīnijs (v) | [alumi:nijs] |
| de alumínio | alumīnija | [alumi:nija] |
| bronze (m) | bronza (s) | [brɔnza] |
| de bronze | bronzas | [brɔnzas] |

| latão (m) | misiņš (v) | [misiɲʃ] |
| níquel (m) | niķelis (v) | [nit'elis] |
| platina (f) | platīns (v) | [plati:ns] |
| mercúrio (m) | dzīvsudrabs (v) | [dzi:vsudrabs] |
| estanho (m) | alva (s) | [alva] |
| chumbo (m) | svins (v) | [svins] |
| zinco (m) | cinks (v) | [tsinks] |

# O SER HUMANO

## O ser humano. O corpo

### 26. Humanos. Conceitos básicos

| | | |
|---|---|---|
| ser (m) humano | cilvēks (v) | [tsilve:ks] |
| homem (m) | vīrietis (v) | [vi:riɛtis] |
| mulher (f) | sieviete (s) | [siɛviɛte] |
| criança (f) | bērns (v) | [be:rns] |
| | | |
| menina (f) | meitene (s) | [mɛitɛne] |
| menino (m) | puika (v) | [puika] |
| adolescente (m) | pusaudzis (v) | [pusaudzis] |
| velho (m) | vecītis (v) | [vetsi:tis] |
| velha (f) | vecenīte (s) | [vetseni:te] |

### 27. Anatomia humana

| | | |
|---|---|---|
| organismo (m) | organisms (v) | [ɔrganisms] |
| coração (m) | sirds (s) | [sirds] |
| sangue (m) | asins (s) | [asins] |
| artéria (f) | artērija (s) | [arte:rija] |
| veia (f) | vēna (s) | [vɛ:na] |
| | | |
| cérebro (m) | smadzenes (s dsk) | [smadzɛnes] |
| nervo (m) | nervs (v) | [nervs] |
| nervos (m pl) | nervi (v dsk) | [nervi] |
| vértebra (f) | skriemelis (v) | [skriɛmelis] |
| coluna (f) vertebral | mugurkauls (v) | [mugurkauls] |
| | | |
| estômago (m) | kuņģis (v) | [kuɲdʲis] |
| intestinos (m pl) | zarnu trakts (v) | [zarnu trakts] |
| intestino (m) | zarna (s) | [zarna] |
| fígado (m) | aknas (s dsk) | [aknas] |
| rim (m) | niere (s) | [niɛre] |
| | | |
| osso (m) | kauls (v) | [kauls] |
| esqueleto (m) | skelets (v) | [skɛlets] |
| costela (f) | riba (s) | [riba] |
| crânio (m) | galvaskauss (v) | [galvaskaus] |
| | | |
| músculo (m) | muskulis (v) | [muskulis] |
| bíceps (m) | bicepss (v) | [bitseps] |
| tríceps (m) | tricepss (v) | [tritseps] |
| tendão (m) | cīpsla (s) | [tsi:psla] |
| articulação (f) | locītava (s) | [lɔtsi:tava] |

| pulmões (m pl) | plaušas (s dsk) | [plauʃas] |
| órgãos (m pl) genitais | dzimumorgāni (v dsk) | [dzimumɔrga:ni] |
| pele (f) | āda (s) | [a:da] |

## 28. Cabeça

| cabeça (f) | galva (s) | [galva] |
| rosto, cara (f) | seja (s) | [seja] |
| nariz (m) | deguns (v) | [dɛguns] |
| boca (f) | mute (s) | [mute] |

| olho (m) | acs (s) | [ats] |
| olhos (m pl) | acis (s dsk) | [atsis] |
| pupila (f) | acs zīlīte (s) | [ats zi:li:te] |
| sobrancelha (f) | uzacs (s) | [uzats] |
| cílio (f) | skropsta (s) | [skrɔpsta] |
| pálpebra (f) | plakstiņš (v) | [plakstiɲʃ] |

| língua (f) | mēle (s) | [mɛ:le] |
| dente (m) | zobs (v) | [zɔbs] |
| lábios (m pl) | lūpas (s dsk) | [lu:pas] |
| maçãs (f pl) do rosto | vaigu kauli (v dsk) | [vaigu kauli] |
| gengiva (f) | smaganas (s dsk) | [smaganas] |
| palato (m) | aukslējas (s dsk) | [auksle:jas] |

| narinas (f pl) | nāsis (s dsk) | [na:sis] |
| queixo (m) | zods (v) | [zɔds] |
| mandíbula (f) | žoklis (v) | [ʒɔklis] |
| bochecha (f) | vaigs (v) | [vaigs] |

| testa (f) | piere (s) | [piɛre] |
| têmpora (f) | deniņi (v dsk) | [deniɲi] |
| orelha (f) | auss (s) | [aus] |
| costas (f pl) da cabeça | pakausis (v) | [pakausis] |
| pescoço (m) | kakls (v) | [kakls] |
| garganta (f) | rīkle (s) | [ri:kle] |

| cabelo (m) | mati (v dsk) | [mati] |
| penteado (m) | frizūra (s) | [frizu:ra] |
| corte (m) de cabelo | matu griezums (v) | [matu griɛzums] |
| peruca (f) | parūka (s) | [paru:ka] |

| bigode (m) | ūsas (s dsk) | [u:sas] |
| barba (f) | bārda (s) | [ba:rda] |
| ter (~ barba, etc.) | ir | [ir] |
| trança (f) | bize (s) | [bize] |
| suíças (f pl) | vaigubārda (s) | [vaiguba:rda] |

| ruivo (adj) | ruds | [ruds] |
| grisalho (adj) | sirms | [sirms] |
| careca (adj) | plikgalvains | [plikgalvains] |
| calva (f) | plika galva (s) | [plika galva] |
| rabo-de-cavalo (m) | zirgaste (s) | [zirgaste] |
| franja (f) | mati uz pieres (v) | [mati uz piɛres] |

## 29. Corpo humano

| mão (f) | delna (s) | [delna] |
| braço (m) | roka (s) | [rɔka] |

| dedo (m) | pirksts (v) | [pirksts] |
| dedo (m) do pé | kājas īkšķis (v) | [ka:jas i:kʃtⁱis] |
| polegar (m) | īkšķis (v) | [i:kʃtⁱis] |
| dedo (m) mindinho | mazais pirkstiņš (v) | [mazais pirkstiɲʃ] |
| unha (f) | nags (v) | [nags] |

| punho (m) | dūre (s) | [du:re] |
| palma (f) | plauksta (s) | [plauksta] |
| pulso (m) | plaukstas locītava (s) | [plaukstas lɔtsi:tava] |
| antebraço (m) | apakšdelms (v) | [apakʃdelms] |
| cotovelo (m) | elkonis (v) | [elkɔnis] |
| ombro (m) | augšdelms (v) | [augʃdelms] |

| perna (f) | kāja (s) | [ka:ja] |
| pé (m) | pēda (s) | [pɛ:da] |
| joelho (m) | celis (v) | [tselis] |
| panturrilha (f) | apakšstilbs (v) | [apakʃstilbs] |
| quadril (m) | gurns (v) | [gurns] |
| calcanhar (m) | papēdis (v) | [pape:dis] |

| corpo (m) | ķermenis (v) | [tⁱermenis] |
| barriga (f), ventre (m) | vēders (v) | [vɛ:dɛrs] |
| peito (m) | krūškurvis (v) | [kru:ʃkurvis] |
| seio (m) | krūts (s) | [kru:ts] |
| lado (m) | sāns (v) | [sa:ns] |
| costas (dorso) | mugura (s) | [mugura] |
| região (f) lombar | krusti (v dsk) | [krusti] |
| cintura (f) | viduklis (v) | [viduklis] |

| umbigo (m) | naba (s) | [naba] |
| nádegas (f pl) | gūžas (s dsk) | [gu:ʒas] |
| traseiro (m) | dibens (v) | [dibens] |

| sinal (m), pinta (f) | dzimumzīme (s) | [dzimumzi:me] |
| sinal (m) de nascença | dzimumzīme (s) | [dzimumzi:me] |
| tatuagem (f) | tetovējums (v) | [tetɔve:jums] |
| cicatriz (f) | rēta (s) | [rɛ:ta] |

# Vestuário & Acessórios

## 30. Roupa exterior. Casacos

| | | |
|---|---|---|
| roupa (f) | apģērbs (v) | [apdˈeːrbs] |
| roupa (f) exterior | virsdrēbes (s dsk) | [virsdrɛːbes] |
| roupa (f) de inverno | ziemas drēbes (s dsk) | [ziɛmas drɛːbes] |
| | | |
| sobretudo (m) | mētelis (v) | [mɛːtelis] |
| casaco (m) de pele | kažoks (v) | [kaʒɔks] |
| jaqueta (f) de pele | puskažoks (v) | [puskaʒɔks] |
| casaco (m) acolchoado | dūnu mētelis (v) | [duːnu mɛːtelis] |
| | | |
| casaco (m), jaqueta (f) | jaka (s) | [jaka] |
| impermeável (m) | apmetnis (v) | [apmetnis] |
| a prova d'água | ūdensnecaurlaidīgs | [uːdensnetsaurlaidiːgs] |

## 31. Vestuário de homem & mulher

| | | |
|---|---|---|
| camisa (f) | krekls (v) | [krekls] |
| calça (f) | bikses (s dsk) | [bikses] |
| jeans (m) | džinsi (v dsk) | [dʒinsi] |
| paletó, terno (m) | žakete (s) | [ʒakɛte] |
| terno (m) | uzvalks (v) | [uzvalks] |
| | | |
| vestido (ex. ~ de noiva) | kleita (s) | [klɛita] |
| saia (f) | svārki (v dsk) | [svaːrki] |
| blusa (f) | blūze (s) | [bluːze] |
| casaco (m) de malha | vilnaina jaka (s) | [vilnaina jaka] |
| casaco, blazer (m) | žakete (s) | [ʒakɛte] |
| | | |
| camiseta (f) | sporta krekls (v) | [spɔrta krekls] |
| short (m) | šorti (v dsk) | [ʃɔrti] |
| training (m) | sporta tērps (v) | [spɔrta teːrps] |
| roupão (m) de banho | halāts (v) | [xalaːts] |
| pijama (m) | pidžama (s) | [pidʒama] |
| | | |
| suéter (m) | svīteris (v) | [sviːteris] |
| pulôver (m) | pulovers (v) | [pulɔvɛrs] |
| | | |
| colete (m) | veste (s) | [veste] |
| fraque (m) | fraka (s) | [fraka] |
| smoking (m) | smokings (v) | [smɔkiŋgs] |
| | | |
| uniforme (m) | uniforma (s) | [uniforma] |
| roupa (f) de trabalho | darba apģērbs (v) | [darba apdˈeːrbs] |
| macacão (m) | kombinezons (v) | [kɔmbinezɔns] |
| jaleco (m), bata (f) | halāts (v) | [xalaːts] |

## 32. Vestuário. Roupa interior

| | | |
|---|---|---|
| roupa (f) íntima | veļa (s) | [vɛlʲa] |
| cueca boxer (f) | bokseršorti (v dsk) | [bokserʃorti] |
| calcinha (f) | biksītes (s dsk) | [biksi:tes] |
| camiseta (f) | apakškrekls (v) | [apakʃkrekls] |
| meias (f pl) | zeķes (s dsk) | [zɛtʲes] |
| | | |
| camisola (f) | naktskrekls (v) | [naktskrekls] |
| sutiã (m) | krūšturis (v) | [kru:ʃturis] |
| meias longas (f pl) | pusgarās zeķes (s dsk) | [pusgara:s zɛtʲes] |
| meias-calças (f pl) | zeķubikses (s dsk) | [zɛtʲubikses] |
| meias (~ de nylon) | sieviešu zeķes (s dsk) | [siɛviɛʃu zɛtʲes] |
| maiô (m) | peldkostīms (v) | [peldkɔsti:ms] |

## 33. Adereços de cabeça

| | | |
|---|---|---|
| chapéu (m), touca (f) | cepure (s) | [tsɛpure] |
| chapéu (m) de feltro | platmale (s) | [platmale] |
| boné (m) de beisebol | beisbola cepure (s) | [bɛisbɔla tsɛpure] |
| boina (~ italiana) | žokejcepure (s) | [ʒɔkejtsɛpure] |
| | | |
| boina (ex. ~ basca) | berete (s) | [bɛrɛte] |
| capuz (m) | kapuce (s) | [kaputse] |
| chapéu panamá (m) | panama (s) | [panama] |
| touca (f) | adīta cepurīte (s) | [adi:ta tsɛpuri:te] |
| | | |
| lenço (m) | lakats (v) | [lakats] |
| chapéu (m) feminino | cepurīte (s) | [tsɛpuri:te] |
| | | |
| capacete (m) de proteção | ķivere (s) | [tʲivɛre] |
| bíbico (m) | laiviņa (s) | [laiviɲa] |
| capacete (m) | bruņu cepure (s) | [bruɲu tsɛpure] |
| | | |
| chapéu-coco (m) | katliņš (v) | [katliɲʃ] |
| cartola (f) | cilindrs (v) | [tsilindrs] |

## 34. Calçado

| | | |
|---|---|---|
| calçado (m) | apavi (v dsk) | [apavi] |
| botinas (f pl), sapatos (m pl) | puszābaki (v dsk) | [pusza:baki] |
| sapatos (de salto alto, etc.) | kurpes (s dsk) | [kurpes] |
| botas (f pl) | zābaki (v dsk) | [za:baki] |
| pantufas (f pl) | čības (s dsk) | [tʃi:bas] |
| | | |
| tênis (~ Nike, etc.) | sporta kurpes (s dsk) | [spɔrta kurpes] |
| tênis (~ Converse) | kedas (s dsk) | [kɛdas] |
| sandálias (f pl) | sandales (s dsk) | [sandales] |
| | | |
| sapateiro (m) | kurpnieks (v) | [kurpniɛks] |
| salto (m) | papēdis (v) | [pape:dis] |

| par (m) | pāris (v) | [pa:ris] |
| cadarço (m) | aukla (s) | [aukla] |
| amarrar os cadarços | saitēt | [saite:t] |
| calçadeira (f) | kurpju velkamais (v) | [kurpju velkamais] |
| graxa (f) para calçado | apavu krēms (v) | [apavu kre:ms] |

## 35. Têxtil. Tecidos

| algodão (m) | kokvilna (s) | [kɔkvilna] |
| de algodão | kokvilnas | [kɔkvilnas] |
| linho (m) | lini (v dsk) | [lini] |
| de linho | lina | [lina] |

| seda (f) | zīds (v) | [zi:ds] |
| de seda | zīda | [zi:da] |
| lã (f) | vilna (s) | [vilna] |
| de lã | vilnas | [vilnas] |

| veludo (m) | samts (v) | [samts] |
| camurça (f) | zamšāda (s) | [zamʃa:da] |
| veludo (m) cotelê | velvets (v) | [velvets] |

| nylon (m) | neilons (v) | [nɛilɔns] |
| de nylon | neilona | [nɛilɔna] |
| poliéster (m) | poliesteris (v) | [poliɛsteris] |
| de poliéster | poliestera | [poliɛstɛra] |

| couro (m) | āda (s) | [a:da] |
| de couro | no ādas | [nɔ a:das] |
| pele (f) | kažokāda (s) | [kaʒɔka:da] |
| de pele | kažokādas | [kaʒɔka:das] |

## 36. Acessórios pessoais

| luva (f) | cimdi (v dsk) | [tsimdi] |
| mitenes (f pl) | dūraiņi (v dsk) | [du:raiɲi] |
| cachecol (m) | šalle (s) | [ʃalle] |

| óculos (m pl) | brilles (s dsk) | [brilles] |
| armação (f) | ietvars (v) | [iɛtvars] |
| guarda-chuva (m) | lietussargs (v) | [liɛtusargs] |
| bengala (f) | spieķis (v) | [spiɛtˡis] |
| escova (f) para o cabelo | matu suka (s) | [matu suka] |
| leque (m) | vēdeklis (v) | [vɛ:deklis] |

| gravata (f) | kaklasaite (s) | [kaklasaite] |
| gravata-borboleta (f) | tauriņš (v) | [tauriɲʃ] |
| suspensórios (m pl) | bikšturi (v dsk) | [bikʃturi] |
| lenço (m) | kabatlakatiņš (v) | [kabatlakatiɲʃ] |

| pente (m) | ķemme (s) | [tˡemme] |
| fivela (f) para cabelo | matu sprādze (s) | [matu spra:dze] |

| | | |
|---|---|---|
| grampo (m) | **matadata** (s) | [matadata] |
| fivela (f) | **sprādze** (s) | [spra:dze] |
| | | |
| cinto (m) | **josta** (s) | [jɔsta] |
| alça (f) de ombro | **siksna** (s) | [siksna] |
| | | |
| bolsa (f) | **soma** (s) | [sɔma] |
| bolsa (feminina) | **somiņa** (s) | [sɔmiɲa] |
| mochila (f) | **mugursoma** (s) | [mugursɔma] |

## 37. Vestuário. Diversos

| | | |
|---|---|---|
| moda (f) | **mode** (s) | [mɔde] |
| na moda (adj) | **moderns** | [mɔderns] |
| estilista (m) | **modelētājs** (v) | [mɔdɛlɛ:ta:js] |
| | | |
| colarinho (m) | **apkakle** (s) | [apkakle] |
| bolso (m) | **kabata** (s) | [kabata] |
| de bolso | **kabatas** | [kabatas] |
| manga (f) | **piedurkne** (s) | [piɛdurkne] |
| ganchinho (m) | **pakaramais** (v) | [pakaramais] |
| bragueta (f) | **bikšu priekša** | [bikʃu priɛkʃa] |
| | | |
| zíper (m) | **rāvējslēdzējs** (v) | [ra:ve:jsle:dze:js] |
| colchete (m) | **aizdare** (s) | [aizdare] |
| botão (m) | **poga** (s) | [pɔga] |
| botoeira (casa de botão) | **pogcaurums** (v) | [pɔgtsaurums] |
| soltar-se (vr) | **atrauties** | [atrautiɛs] |
| | | |
| costurar (vi) | **šūt** | [ʃu:t] |
| bordar (vt) | **izšūt** | [izʃu:t] |
| bordado (m) | **izšūšana** (s) | [izʃu:ʃana] |
| agulha (f) | **adata** (s) | [adata] |
| fio, linha (f) | **diegs** (v) | [diɛgs] |
| costura (f) | **šuve** (s) | [ʃuve] |
| | | |
| sujar-se (vr) | **notraipīties** | [nɔtraipi:tiɛs] |
| mancha (f) | **traips** (v) | [traips] |
| amarrotar-se (vr) | **saburzīties** | [saburzi:tiɛs] |
| rasgar (vt) | **saplēst** | [saple:st] |
| traça (f) | **kode** (s) | [kɔde] |

## 38. Cuidados pessoais. Cosméticos

| | | |
|---|---|---|
| pasta (f) de dente | **zobu pasta** (s) | [zɔbu pasta] |
| escova (f) de dente | **zobu suka** (s) | [zɔbu suka] |
| escovar os dentes | **tīrīt zobus** | [ti:ri:t zɔbus] |
| | | |
| gilete (f) | **skuveklis** (v) | [skuveklis] |
| creme (m) de barbear | **skūšanas krēms** (v) | [sku:ʃanas kre:ms] |
| barbear-se (vr) | **skūties** | [sku:tiɛs] |
| sabonete (m) | **ziepes** (s dsk) | [ziɛpes] |

| | | |
|---|---|---|
| xampu (m) | **šampūns** (v) | [ʃampu:ns] |
| tesoura (f) | **šķēres** (s dsk) | [ʃtʲɛ:res] |
| lixa (f) de unhas | **nagu vīlīte** (s) | [nagu vi:li:te] |
| corta-unhas (m) | **knaiblītes** (s dsk) | [knaibli:tes] |
| pinça (f) | **pincete** (s) | [pintsɛte] |

| | | |
|---|---|---|
| cosméticos (m pl) | **kosmētika** (s) | [kɔsme:tika] |
| máscara (f) | **maska** (s) | [maska] |
| manicure (f) | **manikīrs** (v) | [maniki:rs] |
| fazer as unhas | **taisīt manikīru** | [taisi:t maniki:ru] |
| pedicure (f) | **pedikīrs** (v) | [pediki:rs] |

| | | |
|---|---|---|
| bolsa (f) de maquiagem | **kosmētikas somiņa** (s) | [kɔsme:tikas sɔmiɲa] |
| pó (de arroz) | **pūderis** (v) | [pu:deris] |
| pó (m) compacto | **pūdernīca** (s) | [pu:derni:tsa] |
| blush (m) | **vaigu sārtums** (v) | [vaigu sa:rtums] |

| | | |
|---|---|---|
| perfume (m) | **smaržas** (s dsk) | [smarʒas] |
| água-de-colônia (f) | **tualetes ūdens** (v) | [tualɛtes u:dens] |
| loção (f) | **losjons** (v) | [lɔsjɔns] |
| colônia (f) | **odekolons** (v) | [ɔdekɔlɔns] |

| | | |
|---|---|---|
| sombra (f) de olhos | **acu ēnas** (s dsk) | [atsu ɛ:nas] |
| delineador (m) | **acu zīmulis** (v) | [atsu zi:mulis] |
| máscara (f), rímel (m) | **skropstu tuša** (s) | [skrɔpstu tuʃa] |

| | | |
|---|---|---|
| batom (m) | **lūpu krāsa** (s) | [lu:pu kra:sa] |
| esmalte (m) | **nagu laka** (s) | [nagu laka] |
| laquê (m), spray fixador (m) | **matu laka** (s) | [matu laka] |
| desodorante (m) | **dezodorants** (v) | [dezodorants] |

| | | |
|---|---|---|
| creme (m) | **krēms** (v) | [kre:ms] |
| creme (m) de rosto | **sejas krēms** (v) | [sejas kre:ms] |
| creme (m) de mãos | **rokas krēms** (v) | [rɔkas kre:ms] |
| creme (m) antirrugas | **pretgrumbu krēms** (v) | [pretgrumbu kre:ms] |
| creme (m) de dia | **dienas krēms** (v) | [diɛnas kre:ms] |
| creme (m) de noite | **nakts krēms** (v) | [nakts kre:ms] |
| de dia | **dienas** | [diɛnas] |
| da noite | **nakts** | [nakts] |

| | | |
|---|---|---|
| absorvente (m) interno | **tampons** (v) | [tampɔns] |
| papel (m) higiênico | **tualetes papīrs** (v) | [tualɛtes papi:rs] |
| secador (m) de cabelo | **fēns** (v) | [fe:ns] |

## 39. Joalheria

| | | |
|---|---|---|
| joias (f pl) | **dārglietas** (s dsk) | [da:rgliɛtas] |
| precioso (adj) | **dārgs** | [da:rgs] |
| marca (f) de contraste | **prove** (s) | [prɔve] |

| | | |
|---|---|---|
| anel (m) | **gredzens** (v) | [gredzens] |
| aliança (f) | **laulības gredzens** (v) | [lauli:bas gredzens] |
| pulseira (f) | **aproce** (s) | [aprɔtse] |
| brincos (m pl) | **auskari** (v dsk) | [auskari] |

| colar (m) | kaklarota (s) | [kaklarota] |
| coroa (f) | kronis (v) | [kronis] |
| colar (m) de contas | krelles (s dsk) | [krelles] |

| diamante (m) | briljants (v) | [briljants] |
| esmeralda (f) | smaragds (v) | [smaragds] |
| rubi (m) | rubīns (v) | [rubi:ns] |
| safira (f) | safīrs (v) | [safi:rs] |
| pérola (f) | pērles (s dsk) | [pe:rles] |
| âmbar (m) | dzintars (v) | [dzintars] |

## 40. Relógios de pulso. Relógios

| relógio (m) de pulso | rokas pulkstenis (v) | [rokas pulkstenis] |
| mostrador (m) | ciparnīca (s) | [tsiparni:tsa] |
| ponteiro (m) | bultiņa (s) | [bultiņa] |
| bracelete (em aço) | metāla siksniņa (s) | [mɛta:la siksniņa] |
| bracelete (em couro) | siksniņa (s) | [siksniņa] |

| pilha (f) | baterija (s) | [baterija] |
| acabar (vi) | izlādēties | [izla:de:tiɛs] |
| trocar a pilha | nomainīt bateriju | [nomaini:t bateriju] |
| estar adiantado | steigties | [stɛigtiɛs] |
| estar atrasado | atpalikt | [atpalikt] |

| relógio (m) de parede | sienas pulkstenis (v) | [siɛnas pulkstenis] |
| ampulheta (f) | smilšu pulkstenis (v) | [smilʃu pulkstenis] |
| relógio (m) de sol | saules pulkstenis (v) | [saules pulkstenis] |
| despertador (m) | modinātājs (v) | [modina:ta:js] |
| relojoeiro (m) | pulksteņmeistars (v) | [pulksteņmɛistars] |
| reparar (vt) | remontēt | [remonte:t] |

# Alimentação. Nutrição

## 41. Comida

| | | |
|---|---|---|
| carne (f) | gaļa (s) | [gaļa] |
| galinha (f) | vista (s) | [vista] |
| frango (m) | cālis (v) | [tsa:lis] |
| pato (m) | pīle (s) | [pi:le] |
| ganso (m) | zoss (s) | [zɔs] |
| caça (f) | medījums (v) | [medi:jums] |
| peru (m) | tītars (v) | [ti:tars] |
| | | |
| carne (f) de porco | cūkgaļa (s) | [tsu:kgaļa] |
| carne (f) de vitela | teļa gaļa (s) | [tɛļa gaļa] |
| carne (f) de carneiro | jēra gaļa (s) | [je:ra gaļa] |
| carne (f) de vaca | liellopu gaļa (s) | [liɛllopu gaļa] |
| carne (f) de coelho | trusis (v) | [trusis] |
| | | |
| linguiça (f), salsichão (m) | desa (s) | [dɛsa] |
| salsicha (f) | cīsiņš (v) | [tsi:siɲʃ] |
| bacon (m) | bekons (v) | [bekɔns] |
| presunto (m) | šķiņķis (v) | [ʃʲiɲtʲis] |
| pernil (m) de porco | šķiņķis (v) | [ʃʲiɲtʲis] |
| | | |
| patê (m) | pastēte (s) | [pastɛ:te] |
| fígado (m) | aknas (s dsk) | [aknas] |
| guisado (m) | malta gaļa (s) | [malta gaļa] |
| língua (f) | mēle (s) | [mɛ:le] |
| | | |
| ovo (m) | ola (s) | [ɔla] |
| ovos (m pl) | olas (s dsk) | [ɔlas] |
| clara (f) de ovo | baltums (v) | [baltums] |
| gema (f) de ovo | dzeltenums (v) | [dzeltenums] |
| | | |
| peixe (m) | zivs (s) | [zivs] |
| mariscos (m pl) | jūras produkti (v dsk) | [ju:ras prɔdukti] |
| crustáceos (m pl) | vēžveidīgie (v dsk) | [ve:ʒvɛidi:giɛ] |
| caviar (m) | ikri (v dsk) | [ikri] |
| | | |
| caranguejo (m) | krabis (v) | [krabis] |
| camarão (m) | garnele (s) | [garnɛle] |
| ostra (f) | austere (s) | [austɛre] |
| lagosta (f) | langusts (v) | [laŋgusts] |
| polvo (m) | astoņkājis (v) | [astɔɲka:jis] |
| lula (f) | kalmārs (v) | [kalma:rs] |
| | | |
| esturjão (m) | store (s) | [stɔre] |
| salmão (m) | lasis (v) | [lasis] |
| halibute (m) | āte (s) | [a:te] |
| bacalhau (m) | menca (s) | [mentsa] |

| | | |
|---|---|---|
| cavala, sarda (f) | skumbrija (s) | [skumbrija] |
| atum (m) | tuncis (v) | [tuntsis] |
| enguia (f) | zutis (v) | [zutis] |
| | | |
| truta (f) | forele (s) | [fɔrɛle] |
| sardinha (f) | sardīne (s) | [sardi:ne] |
| lúcio (m) | līdaka (s) | [li:daka] |
| arenque (m) | siļķe (s) | [silʲtʲe] |
| | | |
| pão (m) | maize (s) | [maize] |
| queijo (m) | siers (v) | [siɛrs] |
| açúcar (m) | cukurs (v) | [tsukurs] |
| sal (m) | sāls (v) | [sa:ls] |
| | | |
| arroz (m) | rīsi (v dsk) | [ri:si] |
| massas (f pl) | makaroni (v dsk) | [makarɔni] |
| talharim, miojo (m) | nūdeles (s dsk) | [nu:dɛles] |
| | | |
| manteiga (f) | sviests (v) | [sviɛsts] |
| óleo (m) vegetal | augu eļļa (s) | [augu ellʲa] |
| óleo (m) de girassol | saulespuķu eļļa (s) | [saulesputʲu ellʲa] |
| margarina (f) | margarīns (v) | [margari:ns] |
| | | |
| azeitonas (f pl) | olīvas (s dsk) | [ɔli:vas] |
| azeite (m) | olīveļļa (s) | [ɔli:vellʲa] |
| | | |
| leite (m) | piens (v) | [piɛns] |
| leite (m) condensado | kondensētais piens (v) | [kɔndensɛ:tais piɛns] |
| iogurte (m) | jogurts (v) | [jɔgurts] |
| creme (m) azedo | krējums (v) | [kre:jums] |
| creme (m) de leite | salds krējums (v) | [salds kre:jums] |
| | | |
| maionese (f) | majonēze (s) | [majɔnɛ:ze] |
| creme (m) | krēms (v) | [kre:ms] |
| | | |
| grãos (m pl) de cereais | putraimi (v dsk) | [putraimi] |
| farinha (f) | milti (v dsk) | [milti] |
| enlatados (m pl) | konservi (v dsk) | [kɔnservi] |
| | | |
| flocos (m pl) de milho | kukurūzas pārslas (s dsk) | [kukuru:zas pa:rslas] |
| mel (m) | medus (v) | [mɛdus] |
| geleia (m) | džems, ievārījums (v) | [dʒems], [iɛva:ri:jums] |
| chiclete (m) | košļājamā gumija (s) | [kɔʃlʲa:jama: gumija] |

## 42. Bebidas

| | | |
|---|---|---|
| água (f) | ūdens (v) | [u:dens] |
| água (f) potável | dzeramais ūdens (v) | [dzɛramais u:dens] |
| água (f) mineral | minerālūdens (v) | [minɛra:lu:dens] |
| | | |
| sem gás (adj) | negāzēts | [nɛga:ze:ts] |
| gaseificada (adj) | gāzēts | [ga:ze:ts] |
| com gás | dzirkstošs | [dzirkstɔʃs] |
| gelo (m) | ledus (v) | [lɛdus] |

| com gelo | ar ledu | [ar lɛdu] |
| não alcoólico (adj) | bezalkoholisks | [bɛzalkɔxɔlisks] |
| refrigerante (m) | bezalkoholiskais dzēriens (v) | [bɛzalkɔxɔliskais dze:riɛns] |

| refresco (m) | atspirdzinošs dzēriens (v) | [atspirdzinɔʃs dze:riɛns] |
| limonada (f) | limonāde (s) | [limɔna:de] |

| bebidas (f pl) alcoólicas | alkoholiskie dzērieni (v dsk) | [alkɔxɔliskiɛ dze:riɛni] |
| vinho (m) | vīns (v) | [vi:ns] |
| vinho (m) branco | baltvīns (v) | [baltvi:ns] |
| vinho (m) tinto | sarkanvīns (v) | [sarkanvi:ns] |

| licor (m) | liķieris (v) | [litʲiɛris] |
| champanhe (m) | šampanietis (v) | [ʃampaniɛtis] |
| vermute (m) | vermuts (v) | [vermuts] |

| uísque (m) | viskijs (v) | [viskijs] |
| vodca (f) | degvīns (v) | [degvi:ns] |
| gim (m) | džins (v) | [dʒins] |
| conhaque (m) | konjaks (v) | [kɔnjaks] |
| rum (m) | rums (v) | [rums] |

| café (m) | kafija (s) | [kafija] |
| café (m) preto | melnā kafija (s) | [melna: kafija] |
| café (m) com leite | kafija (s) ar pienu | [kafija ar piɛnu] |
| cappuccino (m) | kapučīno (v) | [kaputʃi:nɔ] |
| café (m) solúvel | šķīstošā kafija (s) | [ʃtʲi:stɔʃa: kafija] |

| leite (m) | piens (v) | [piɛns] |
| coquetel (m) | kokteilis (v) | [kɔktɛilis] |
| batida (f), milkshake (m) | piena kokteilis (v) | [piɛna kɔktɛilis] |

| suco (m) | sula (s) | [sula] |
| suco (m) de tomate | tomātu sula (s) | [tɔma:tu sula] |
| suco (m) de laranja | apelsīnu sula (s) | [apɛlsi:nu sula] |
| suco (m) fresco | svaigi spiesta sula (s) | [svaigi spiɛsta sula] |

| cerveja (f) | alus (v) | [alus] |
| cerveja (f) clara | gaišais alus (v) | [gaiʃais alus] |
| cerveja (f) preta | tumšais alus (v) | [tumʃais alus] |

| chá (m) | tēja (s) | [te:ja] |
| chá (m) preto | melnā tēja (s) | [melna: te:ja] |
| chá (m) verde | zaļā tēja (s) | [zalʲa: te:ja] |

## 43. Vegetais

| vegetais (m pl) | dārzeņi (v dsk) | [da:rzeɲi] |
| verdura (f) | zaļumi (v dsk) | [zalʲumi] |

| tomate (m) | tomāts (v) | [tɔma:ts] |
| pepino (m) | gurķis (v) | [gurtʲis] |
| cenoura (f) | burkāns (v) | [burka:ns] |
| batata (f) | kartupelis (v) | [kartupelis] |

| | | |
|---|---|---|
| cebola (f) | **sīpols** (v) | [si:pɔls] |
| alho (m) | **ķiploks** (v) | [tʲiplɔks] |

| | | |
|---|---|---|
| couve (f) | **kāposti** (v dsk) | [ka:pɔsti] |
| couve-flor (f) | **puķkāposti** (v dsk) | [putʲka:pɔsti] |
| couve-de-bruxelas (f) | **Briseles kāposti** (v dsk) | [brisɛles ka:pɔsti] |
| brócolis (m pl) | **brokolis** (v) | [brɔkɔlis] |

| | | |
|---|---|---|
| beterraba (f) | **biete** (s) | [biɛte] |
| berinjela (f) | **baklažāns** (v) | [baklaʒa:ns] |
| abobrinha (f) | **kabacis** (v) | [kabatsis] |
| abóbora (f) | **ķirbis** (v) | [tʲirbis] |
| nabo (m) | **rācenis** (v) | [ra:tsenis] |

| | | |
|---|---|---|
| salsa (f) | **pētersīlis** (v) | [pɛ:tɛrsi:lis] |
| endro, aneto (m) | **dilles** (s dsk) | [dilles] |
| alface (f) | **dārza salāti** (v dsk) | [da:rza sala:ti] |
| aipo (m) | **selerija** (s) | [sɛlerija] |
| aspargo (m) | **sparģelis** (v) | [spardʲelis] |
| espinafre (m) | **spināti** (v dsk) | [spina:ti] |

| | | |
|---|---|---|
| ervilha (f) | **zirnis** (v) | [zirnis] |
| feijão (~ soja, etc.) | **pupas** (s dsk) | [pupas] |
| milho (m) | **kukurūza** (s) | [kukuru:za] |
| feijão (m) roxo | **pupiņas** (s dsk) | [pupiɲas] |

| | | |
|---|---|---|
| pimentão (m) | **graudu pipars** (v) | [graudu pipars] |
| rabanete (m) | **redīss** (v) | [redi:s] |
| alcachofra (f) | **artišoks** (v) | [artiʃɔks] |

## 44. Frutos. Nozes

| | | |
|---|---|---|
| fruta (f) | **auglis** (v) | [auglis] |
| maçã (f) | **ābols** (v) | [a:bɔls] |
| pera (f) | **bumbieris** (v) | [bumbiɛris] |
| limão (m) | **citrons** (v) | [tsitrɔns] |
| laranja (f) | **apelsīns** (v) | [apɛlsi:ns] |
| morango (m) | **zemene** (s) | [zɛmɛne] |

| | | |
|---|---|---|
| tangerina (f) | **mandarīns** (v) | [mandari:ns] |
| ameixa (f) | **plūme** (s) | [plu:me] |
| pêssego (m) | **persiks** (v) | [pɛrsiks] |
| damasco (m) | **aprikoze** (s) | [aprikɔze] |
| framboesa (f) | **avene** (s) | [avɛne] |
| abacaxi (m) | **ananāss** (v) | [anana:s] |

| | | |
|---|---|---|
| banana (f) | **banāns** (v) | [bana:ns] |
| melancia (f) | **arbūzs** (v) | [arbu:zs] |
| uva (f) | **vīnoga** (s) | [vi:nɔga] |
| ginja (f) | **skābais ķirsis** (v) | [ska:bais tʲirsis] |
| cereja (f) | **saldais ķirsis** (v) | [saldais tʲirsis] |
| melão (m) | **melone** (s) | [melɔne] |
| toranja (f) | **greipfrūts** (v) | [grɛipfru:ts] |
| abacate (m) | **avokado** (v) | [avɔkadɔ] |

| | | |
|---|---|---|
| mamão (m) | **papaija** (s) | [papaija] |
| manga (f) | **mango** (v) | [maŋgɔ] |
| romã (f) | **granātābols** (v) | [grana:ta:bɔls] |

| | | |
|---|---|---|
| groselha (f) vermelha | **sarkanā jāņoga** (s) | [sarkana: ja:ɲɔga] |
| groselha (f) negra | **upene** (s) | [upɛne] |
| groselha (f) espinhosa | **ērkšķoga** (s) | [e:rkʃtʲɔga] |
| mirtilo (m) | **mellene** (s) | [mellɛne] |
| amora (f) silvestre | **kazene** (s) | [kazɛne] |

| | | |
|---|---|---|
| passa (f) | **rozīne** (s) | [rɔzi:ne] |
| figo (m) | **vīģe** (s) | [vi:dʲe] |
| tâmara (f) | **datele** (s) | [datɛle] |

| | | |
|---|---|---|
| amendoim (m) | **zemesrieksts** (v) | [zɛmesriɛksts] |
| amêndoa (f) | **mandeles** (s dsk) | [mandɛles] |
| noz (f) | **valrieksts** (v) | [valriɛksts] |
| avelã (f) | **lazdu rieksts** (v) | [lazdu riɛksts] |
| coco (m) | **kokosrieksts** (v) | [kɔkɔsriɛksts] |
| pistaches (m pl) | **pistācijas** (s dsk) | [pista:tsijas] |

## 45. Pão. Bolaria

| | | |
|---|---|---|
| pastelaria (f) | **konditorejas izstrādājumi** (v dsk) | [kɔnditɔrejas izstra:da:jumi] |
| pão (m) | **maize** (s) | [maize] |
| biscoito (m), bolacha (f) | **cepumi** (v dsk) | [tsɛpumi] |

| | | |
|---|---|---|
| chocolate (m) | **šokolāde** (s) | [ʃɔkɔla:de] |
| de chocolate | **šokolādes** | [ʃɔkɔla:des] |
| bala (f) | **konfekte** (s) | [kɔnfekte] |
| doce (bolo pequeno) | **kūka** (s) | [ku:ka] |
| bolo (m) de aniversário | **torte** (s) | [tɔrte] |

| | | |
|---|---|---|
| torta (f) | **pīrāgs** (v) | [pi:ra:gs] |
| recheio (m) | **pildījums** (v) | [pildi:jums] |

| | | |
|---|---|---|
| geleia (m) | **ievārījums** (v) | [iɛva:ri:jums] |
| marmelada (f) | **marmelāde** (s) | [marmɛla:de] |
| wafers (m pl) | **vafeles** (s dsk) | [vafɛles] |
| sorvete (m) | **saldējums** (v) | [salde:jums] |
| pudim (m) | **pudiņš** (v) | [pudiɲʃ] |

## 46. Pratos cozinhados

| | | |
|---|---|---|
| prato (m) | **ēdiens** (v) | [e:diɛns] |
| cozinha (~ portuguesa) | **virtuve** (s) | [virtuve] |
| receita (f) | **recepte** (s) | [retsepte] |
| porção (f) | **porcija** (s) | [pɔrtsija] |

| | | |
|---|---|---|
| salada (f) | **salāti** (v dsk) | [sala:ti] |
| sopa (f) | **zupa** (s) | [zupa] |

| caldo (m) | buljons (v) | [buljɔns] |
| sanduíche (m) | sviestmaize (s) | [sviɛstmaize] |
| ovos (m pl) fritos | ceptas olas (s dsk) | [tseptas ɔlas] |

| hambúrguer (m) | hamburgers (v) | [xamburgɛrs] |
| bife (m) | bifšteks (v) | [bifʃteks] |

| acompanhamento (m) | piedeva (s) | [piɛdɛva] |
| espaguete (m) | spageti (v dsk) | [spageti] |
| purê (m) de batata | kartupeļu biezenis (v) | [kartupɛļu biɛzenis] |
| pizza (f) | pica (s) | [pitsa] |
| mingau (m) | biezputra (s) | [biɛzputra] |
| omelete (f) | omlete (s) | [ɔmlɛte] |

| fervido (adj) | vārīts | [va:ri:ts] |
| defumado (adj) | kūpināts | [ku:pina:ts] |
| frito (adj) | cepts | [tsepts] |
| seco (adj) | žāvēts | [ʒa:ve:ts] |
| congelado (adj) | sasaldēts | [sasalde:ts] |
| em conserva (adj) | marinēts | [marine:ts] |

| doce (adj) | salds | [salds] |
| salgado (adj) | sāļš | [sa:ļʃ] |
| frio (adj) | auksts | [auksts] |
| quente (adj) | karsts | [karsts] |
| amargo (adj) | rūgts | [ru:gts] |
| gostoso (adj) | garšīgs | [garʃi:gs] |

| cozinhar em água fervente | vārīt | [va:ri:t] |
| preparar (vt) | gatavot | [gatavɔt] |
| fritar (vt) | cept | [tsept] |
| aquecer (vt) | uzsildīt | [uzsildi:t] |

| salgar (vt) | piebērt sāli | [piɛbe:rt sa:li] |
| apimentar (vt) | piparot | [piparɔt] |
| ralar (vt) | rīvēt | [ri:ve:t] |
| casca (f) | miza (s) | [miza] |
| descascar (vt) | mizot | [mizɔt] |

## 47. Especiarias

| sal (m) | sāls (v) | [sa:ls] |
| salgado (adj) | sāļš | [sa:ļʃ] |
| salgar (vt) | piebērt sāli | [piɛbe:rt sa:li] |

| pimenta-do-reino (f) | melnie pipari (v dsk) | [melniɛ pipari] |
| pimenta (f) vermelha | paprika (s) | [paprika] |
| mostarda (f) | sinepes (s dsk) | [sinɛpes] |
| raiz-forte (f) | mārrutki (v dsk) | [ma:rrutki] |

| condimento (m) | piedeva (s) | [piɛdɛva] |
| especiaria (f) | garšviela (s) | [garʃviɛla] |
| molho (~ inglês) | mērce (s) | [me:rtse] |
| vinagre (m) | etiķis (v) | [ɛtiťis] |

| | | |
|---|---|---|
| anis estrelado (m) | anīss (v) | [ani:s] |
| manjericão (m) | baziliks (v) | [baziliks] |
| cravo (m) | krustnagliņas (s dsk) | [krustnagliņas] |
| gengibre (m) | ingvers (v) | [iŋgvɛrs] |
| coentro (m) | koriandrs (v) | [koriandrs] |
| canela (f) | kanēlis (v) | [kane:lis] |

| | | |
|---|---|---|
| gergelim (m) | sezams (v) | [sɛzams] |
| folha (f) de louro | lauru lapa (s) | [lauru lapa] |
| páprica (f) | paprika (s) | [paprika] |
| cominho (m) | ķimenes (s dsk) | [tʲimɛnes] |
| açafrão (m) | safrāns (v) | [safra:ns] |

## 48. Refeições

| | | |
|---|---|---|
| comida (f) | ēdiens (v) | [e:diɛns] |
| comer (vt) | ēst | [ɛ:st] |

| | | |
|---|---|---|
| café (m) da manhã | brokastis (s dsk) | [brɔkastis] |
| tomar café da manhã | brokastot | [brɔkastɔt] |
| almoço (m) | pusdienas (s dsk) | [pusdiɛnas] |
| almoçar (vi) | pusdienot | [pusdiɛnɔt] |
| jantar (m) | vakariņas (s dsk) | [vakariņas] |
| jantar (vi) | vakariņot | [vakariņɔt] |

| | | |
|---|---|---|
| apetite (m) | apetīte (s) | [apeti:te] |
| Bom apetite! | Labu apetīti! | [labu apeti:ti!] |

| | | |
|---|---|---|
| abrir (~ uma lata, etc.) | atvērt | [atve:rt] |
| derramar (~ líquido) | izliet | [izliɛt] |
| derramar-se (vr) | izlieties | [izliɛtiɛs] |

| | | |
|---|---|---|
| ferver (vi) | vārīties | [va:ri:tiɛs] |
| ferver (vt) | vārīt | [va:ri:t] |
| fervido (adj) | vārīts | [va:ri:ts] |
| esfriar (vt) | atdzesēt | [atdzɛse:t] |
| esfriar-se (vr) | atdzesēties | [atdzɛse:tiɛs] |

| | | |
|---|---|---|
| sabor, gosto (m) | garša (s) | [garʃa] |
| fim (m) de boca | piegarša (s) | [piɛgarʃa] |

| | | |
|---|---|---|
| emagrecer (vi) | tievēt | [tiɛve:t] |
| dieta (f) | diēta (s) | [diɛ:ta] |
| vitamina (f) | vitamīns (v) | [vitami:ns] |
| caloria (f) | kalorija (s) | [kalorija] |
| vegetariano (m) | veģetārietis (v) | [vɛdʲeta:riɛtis] |
| vegetariano (adj) | veģetāriešu | [vɛdʲeta:riɛʃu] |

| | | |
|---|---|---|
| gorduras (f pl) | tauki (v dsk) | [tauki] |
| proteínas (f pl) | olbaltumvielas (s dsk) | [ɔlbaltumviɛlas] |
| carboidratos (m pl) | ogļhidrāti (v dsk) | [ɔglʲxidra:ti] |
| fatia (~ de limão, etc.) | šķēlīte (s) | [ʃtʲe:li:te] |
| pedaço (~ de bolo) | gabals (v) | [gabals] |
| migalha (f), farelo (m) | gabaliņš (v) | [gabaliņʃ] |

## 49. Por a mesa

| | | |
|---|---|---|
| colher (f) | karote (s) | [karɔte] |
| faca (f) | nazis (v) | [nazis] |
| garfo (m) | dakša (s) | [dakʃa] |
| | | |
| xícara (f) | tase (s) | [tase] |
| prato (m) | šķīvis (v) | [ʃtʲiːvis] |
| pires (m) | apakštase (s) | [apakʃtase] |
| guardanapo (m) | salvete (s) | [salvɛte] |
| palito (m) | zobu bakstāmais (v) | [zɔbu bakstaːmais] |

## 50. Restaurante

| | | |
|---|---|---|
| restaurante (m) | restorāns (v) | [restɔraːns] |
| cafeteria (f) | kafejnīca (s) | [kafejniːtsa] |
| bar (m), cervejaria (f) | bārs (v) | [baːrs] |
| salão (m) de chá | tēju nams (v) | [teːju nams] |
| | | |
| garçom (m) | oficiants (v) | [ɔfitsiants] |
| garçonete (f) | oficiante (s) | [ɔfitsiante] |
| barman (m) | bārmenis (v) | [baːrmenis] |
| | | |
| cardápio (m) | ēdienkarte (s) | [eːdiɛnkarte] |
| lista (f) de vinhos | vīnu karte (s) | [viːnu karte] |
| reservar uma mesa | rezervēt galdiņu | [rɛzerveːt galdiɲu] |
| | | |
| prato (m) | ēdiens (v) | [eːdiɛns] |
| pedir (vt) | pasūtīt | [pasuːtiːt] |
| fazer o pedido | pasūtīt | [pasuːtiːt] |
| | | |
| aperitivo (m) | aperitīvs (v) | [aperitiːvs] |
| entrada (f) | uzkožamais (v) | [uzkɔʒamais] |
| sobremesa (f) | deserts (v) | [dɛserts] |
| | | |
| conta (f) | rēķins (v) | [reːtʲins] |
| pagar a conta | samaksāt rēķinu | [samaksaːt reːtʲinu] |
| dar o troco | iedot atlikumu | [iɛdɔt atlikumu] |
| gorjeta (f) | dzeramnauda (s) | [dzɛramnauda] |

# Família, parentes e amigos

## 51. Informação pessoal. Formulários

| | | |
|---|---|---|
| nome (m) | **vārds** (v) | [va:rds] |
| sobrenome (m) | **uzvārds** (v) | [uzva:rds] |
| data (f) de nascimento | **dzimšanas datums** (v) | [dzimʃanas datums] |
| local (m) de nascimento | **dzimšanas vieta** (s) | [dzimʃanas viɛta] |
| | | |
| nacionalidade (f) | **tautība** (s) | [tauti:ba] |
| lugar (m) de residência | **dzīves vieta** (s) | [dzi:ves viɛta] |
| país (m) | **valsts** (s) | [valsts] |
| profissão (f) | **profesija** (s) | [prɔfesija] |
| | | |
| sexo (m) | **dzimums** (v) | [dzimums] |
| estatura (f) | **augums** (v) | [augums] |
| peso (m) | **svars** (v) | [svars] |

## 52. Membros da família. Parentes

| | | |
|---|---|---|
| mãe (f) | **māte** (s) | [ma:te] |
| pai (m) | **tēvs** (v) | [te:vs] |
| filho (m) | **dēls** (v) | [dɛ:ls] |
| filha (f) | **meita** (s) | [mɛita] |
| | | |
| caçula (f) | **jaunākā meita** (s) | [jauna:ka: mɛita] |
| caçula (m) | **jaunākais dēls** (v) | [jauna:kais dɛ:ls] |
| filha (f) mais velha | **vecākā meita** (s) | [vetsa:ka: mɛita] |
| filho (m) mais velho | **vecākais dēls** (v) | [vetsa:kais dɛ:ls] |
| | | |
| irmão (m) | **brālis** (v) | [bra:lis] |
| irmão (m) mais velho | **vecākais brālis** (v) | [vetsa:kais bra:lis] |
| irmão (m) mais novo | **jaunākais brālis** (v) | [jauna:kais bra:lis] |
| irmã (f) | **māsa** (s) | [ma:sa] |
| irmã (f) mais velha | **vecākā māsa** (s) | [vetsa:ka: ma:sa] |
| irmã (f) mais nova | **jaunākā māsa** (s) | [jauna:ka: ma:sa] |
| | | |
| primo (m) | **brālēns** (v) | [bra:le:ns] |
| prima (f) | **māsīca** (s) | [ma:si:tsa] |
| mamãe (f) | **māmiņa** (s) | [ma:miɲa] |
| papai (m) | **tētis** (v) | [te:tis] |
| pais (pl) | **vecāki** (v dsk) | [vetsa:ki] |
| criança (f) | **bērns** (v) | [be:rns] |
| crianças (f pl) | **bērni** (v dsk) | [be:rni] |
| | | |
| avó (f) | **vecmāmiņa** (s) | [vetsma:miɲa] |
| avô (m) | **vectēvs** (v) | [vetste:vs] |
| neto (m) | **mazdēls** (v) | [mazdɛ:ls] |

| | | |
|---|---|---|
| neta (f) | mazmeita (s) | [mazmɛita] |
| netos (pl) | mazbērni (v dsk) | [mazbe:rni] |

| | | |
|---|---|---|
| tio (m) | onkulis (v) | [ɔnkulis] |
| tia (f) | tante (s) | [tante] |
| sobrinho (m) | brāļadēls, māsasdēls (v) | [bra:ľadɛ:ls], [ma:sasdɛ:ls] |
| sobrinha (f) | brāļameita, māsasmeita (s) | [bra:ľamɛita], [ma:sasmɛita] |

| | | |
|---|---|---|
| sogra (f) | sievasmāte, vīramāte (s) | [siɛvasma:te], [vi:rama:te] |
| sogro (m) | sievastēvs, vīratēvs (v) | [siɛvaste:vs], [vi:rate:vs] |
| genro (m) | znots (v) | [znɔts] |
| madrasta (f) | pamāte (s) | [pama:te] |
| padrasto (m) | patēvs (v) | [pate:vs] |

| | | |
|---|---|---|
| criança (f) de colo | krūts bērns (v) | [kru:ts be:rns] |
| bebê (m) | zīdainis (v) | [zi:dainis] |
| menino (m) | mazulis (v) | [mazulis] |

| | | |
|---|---|---|
| mulher (f) | sieva (s) | [siɛva] |
| marido (m) | vīrs (v) | [vi:rs] |
| esposo (m) | dzīvesbiedrs (v) | [dzi:vesbiɛdrs] |
| esposa (f) | dzīvesbiedre (s) | [dzi:vesbiɛdre] |

| | | |
|---|---|---|
| casado (adj) | precējies | [pretse:jiɛs] |
| casada (adj) | precējusies | [pretse:jusiɛs] |
| solteiro (adj) | neprecējies | [nepretse:jiɛs] |
| solteirão (m) | vecpuisis (v) | [vetspuisis] |
| divorciado (adj) | šķīries | [ʃťi:riɛs] |
| viúva (f) | atraitne (s) | [atraitne] |
| viúvo (m) | atraitnis (v) | [atraitnis] |

| | | |
|---|---|---|
| parente (m) | radinieks (v) | [radiniɛks] |
| parente (m) próximo | tuvs radinieks (v) | [tuvs radiniɛks] |
| parente (m) distante | tāls radinieks (v) | [ta:ls radiniɛks] |
| parentes (m pl) | radi (v dsk) | [radi] |

| | | |
|---|---|---|
| órfão (m) | bārenis (v) | [ba:renis] |
| órfã (f) | bārene (s) | [ba:rɛne] |
| tutor (m) | aizbildnis (v) | [aizbildnis] |
| adotar (um filho) | adoptēt zēnu | [adɔpte:t zɛ:nu] |
| adotar (uma filha) | adoptēt meiteni | [adɔpte:t mɛiteni] |

## 53. Amigos. Colegas de trabalho

| | | |
|---|---|---|
| amigo (m) | draugs (v) | [draugs] |
| amiga (f) | draudzene (s) | [draudzɛne] |
| amizade (f) | draudzība (s) | [draudzi:ba] |
| ser amigos | draudzēties | [draudze:tiɛs] |

| | | |
|---|---|---|
| amigo (m) | draugs (v) | [draugs] |
| amiga (f) | draudzene (s) | [draudzɛne] |
| parceiro (m) | partneris (v) | [partneris] |
| chefe (m) | šefs (v) | [ʃefs] |
| superior (m) | priekšnieks (v) | [priɛkʃniɛks] |

| | | |
|---|---|---|
| proprietário (m) | **īpašnieks** (v) | [i:paʃniɛks] |
| subordinado (m) | **padotais** (v) | [padɔtais] |
| colega (m, f) | **kolēģis** (v) | [kɔle:dʲis] |

| | | |
|---|---|---|
| conhecido (m) | **paziņa (s, v)** | [paziɳa] |
| companheiro (m) de viagem | **ceļabiedrs** (v) | [tsɛlʲabiɛdrs] |
| colega (m) de classe | **klases biedrs** (v) | [klases biɛdrs] |

| | | |
|---|---|---|
| vizinho (m) | **kaimiņš** (v) | [kaimiɳʃ] |
| vizinha (f) | **kaimiņiene** (s) | [kaimiɳiɛne] |
| vizinhos (pl) | **kaimiņi** (v dsk) | [kaimiɳi] |

## 54. Homem. Mulher

| | | |
|---|---|---|
| mulher (f) | **sieviete** (s) | [siɛviɛte] |
| menina (f) | **jauniete** (s) | [jauniɛte] |
| noiva (f) | **līgava** (s) | [li:gava] |

| | | |
|---|---|---|
| bonita, bela (adj) | **skaista** | [skaista] |
| alta (adj) | **augsta** | [augsta] |
| esbelta (adj) | **slaida** | [slaida] |
| baixa (adj) | **neliela auguma** | [neliɛla auguma] |

| | | |
|---|---|---|
| loira (f) | **blondīne** (s) | [blɔndi:ne] |
| morena (f) | **brunete** (s) | [brunɛte] |

| | | |
|---|---|---|
| de senhora | **dāmu** | [da:mu] |
| virgem (f) | **jaunava** (s) | [jaunava] |
| grávida (adj) | **grūta** | [gru:ta] |

| | | |
|---|---|---|
| homem (m) | **vīrietis** (v) | [vi:riɛtis] |
| loiro (m) | **blondīns** (v) | [blɔndi:ns] |
| moreno (m) | **brunets** (v) | [brunets] |
| alto (adj) | **augsts** | [augsts] |
| baixo (adj) | **neliela auguma** | [neliɛla auguma] |

| | | |
|---|---|---|
| rude (adj) | **rupjš** | [rupjʃ] |
| atarracado (adj) | **drukns** | [drukns] |
| robusto (adj) | **spēcīgs** | [spe:tsi:gs] |
| forte (adj) | **spēcīgs** | [spe:tsi:gs] |
| força (f) | **spēks** (v) | [spe:ks] |

| | | |
|---|---|---|
| gordo (adj) | **tukls** | [tukls] |
| moreno (adj) | **melnīgsnējs** | [melni:gsne:js] |
| esbelto (adj) | **slaids** | [slaids] |
| elegante (adj) | **elegants** | [elɛgants] |

## 55. Idade

| | | |
|---|---|---|
| idade (f) | **vecums** (v) | [vetsums] |
| juventude (f) | **jaunība** (s) | [jauni:ba] |
| jovem (adj) | **jauns** | [jauns] |

| | | |
|---|---|---|
| mais novo (adj) | jaunāks | [jauna:ks] |
| mais velho (adj) | vecāks | [vetsa:ks] |

| | | |
|---|---|---|
| jovem (m) | jauneklis (v) | [jauneklis] |
| adolescente (m) | pusaudzis (v) | [pusaudzis] |
| rapaz (m) | puisis (v) | [puisis] |

| | | |
|---|---|---|
| velho (m) | vecītis (v) | [vetsi:tis] |
| velha (f) | vecenīte (s) | [vetseni:te] |

| | | |
|---|---|---|
| adulto | pieaudzis | [piɛaudzis] |
| de meia-idade | pusmūža gados | [pusmu:ʒa gadɔs] |
| idoso, de idade (adj) | pavecs | [pavets] |
| velho (adj) | vecs | [vets] |

| | | |
|---|---|---|
| aposentadoria (f) | pensionēšanās (s) | [pensiɔne:ʃana:s] |
| aposentar-se (vr) | aiziet pensijā | [aiziɛt pensija:] |
| aposentado (m) | pensionārs (v) | [pensiɔna:rs] |

## 56. Crianças

| | | |
|---|---|---|
| criança (f) | bērns (v) | [be:rns] |
| crianças (f pl) | bērni (v dsk) | [be:rni] |
| gêmeos (m pl), gêmeas (f pl) | dvīņi (v dsk) | [dvi:ɲi] |

| | | |
|---|---|---|
| berço (m) | šūpulis (v) | [ʃu:pulis] |
| chocalho (m) | grābeklis (v) | [gra:beklis] |
| fralda (f) | paklājiņš (v) | [pakla:jiɳʃ] |

| | | |
|---|---|---|
| chupeta (f), bico (m) | knupis (v) | [knupis] |
| carrinho (m) de bebê | bērnu ratiņi (v dsk) | [be:rnu ratiɲi] |
| jardim (m) de infância | bērnudārzs (v) | [be:rnuda:rzs] |
| babysitter, babá (f) | aukle (s) | [aukle] |

| | | |
|---|---|---|
| infância (f) | bērnība (s) | [be:rni:ba] |
| boneca (f) | lelle (s) | [lelle] |
| brinquedo (m) | rotaļlieta (s) | [rɔtalʲliɛta] |
| jogo (m) de montar | konstruktors (v) | [kɔnstruktɔrs] |

| | | |
|---|---|---|
| bem-educado (adj) | audzināts | [audzina:ts] |
| malcriado (adj) | neaudzināts | [neaudzina:ts] |
| mimado (adj) | izlutināts | [izlutina:ts] |

| | | |
|---|---|---|
| ser travesso | draiskoties | [draiskɔtiɛs] |
| travesso, traquinas (adj) | draiskulīgs | [draiskuli:gs] |
| travessura (f) | draiskulība (s) | [draiskuli:ba] |
| criança (f) travessa | draiskulis (v) | [draiskulis] |

| | | |
|---|---|---|
| obediente (adj) | paklausīgs | [paklausi:gs] |
| desobediente (adj) | nepaklausīgs | [nɛpaklausi:gs] |

| | | |
|---|---|---|
| dócil (adj) | saprātīgs | [sapra:ti:gs] |
| inteligente (adj) | gudrs | [gudrs] |
| prodígio (m) | brīnumbērns (v) | [bri:numbe:rns] |

## 57. Casais. Vida de família

| | | |
|---|---|---|
| beijar (vt) | skūpstīt | [sku:psti:t] |
| beijar-se (vr) | skūpstīties | [sku:psti:tiɛs] |
| família (f) | ģimene (s) | [dʲimɛne] |
| familiar (vida ~) | ģimenes | [dʲimɛnes] |
| casal (m) | pāris (v) | [pa:ris] |
| matrimônio (m) | laulība (s) | [lauli:ba] |
| lar (m) | ģimenes pavards (v) | [dʲimɛnes pavards] |
| dinastia (f) | dinastija (s) | [dinastija] |
| | | |
| encontro (m) | randiņš (v) | [randiɲʃ] |
| beijo (m) | skūpsts (v) | [sku:psts] |
| | | |
| amor (m) | mīlestība (s) | [mi:lesti:ba] |
| amar (pessoa) | mīlēt | [mi:le:t] |
| amado, querido (adj) | mīļotais | [mi:lʲotais] |
| | | |
| ternura (f) | maigums (v) | [maigums] |
| afetuoso (adj) | maigs | [maigs] |
| fidelidade (f) | uzticība (s) | [uztitsi:ba] |
| fiel (adj) | uzticīgs | [uztitsi:gs] |
| cuidado (m) | rūpes (s dsk) | [ru:pes] |
| carinhoso (adj) | rūpīgs | [ru:pi:gs] |
| | | |
| recém-casados (pl) | jaunlaulātie (v dsk) | [jaunlaula:tiɛ] |
| lua (f) de mel | medus mēnesis (v) | [mɛdus mɛ:nesis] |
| casar-se (com um homem) | apprecēties | [appretse:tiɛs] |
| casar-se (com uma mulher) | apprecēties | [appretse:tiɛs] |
| | | |
| casamento (m) | kāzas (s dsk) | [ka:zas] |
| bodas (f pl) de ouro | zelta kāzas (s dsk) | [zelta ka:zas] |
| aniversário (m) | gadadiena (s) | [gadadiɛna] |
| | | |
| amante (m) | mīļākais (v) | [mi:lʲa:kais] |
| amante (f) | mīļākā (s) | [mi:lʲa:ka:] |
| | | |
| adultério (m), traição (f) | nodevība (s) | [nɔdevi:ba] |
| cometer adultério | nodot | [nɔdɔt] |
| ciumento (adj) | greizsirdīgs | [grɛizsirdi:gs] |
| ser ciumento, -a | būt greizsirdīgam | [bu:t grɛizsirdi:gam] |
| divórcio (m) | šķiršanās (s) | [ʃtʲirʃana:s] |
| divorciar-se (vr) | šķirties | [ʃtʲirtiɛs] |
| | | |
| brigar (discutir) | strīdēties | [stri:de:tiɛs] |
| fazer as pazes | līgt mieru | [li:gt miɛru] |
| juntos (ir ~) | kopā | [kɔpa:] |
| sexo (m) | sekss (v) | [seks] |
| | | |
| felicidade (f) | laime (s) | [laime] |
| feliz (adj) | laimīgs | [laimi:gs] |
| infelicidade (f) | nelaime (s) | [nɛlaime] |
| infeliz (adj) | nelaimīgs | [nɛlaimi:gs] |

# Caráter. Sentimentos. Emoções

## 58. Sentimentos. Emoções

| | | |
|---|---|---|
| sentimento (m) | sajūta (s) | [saju:ta] |
| sentimentos (m pl) | jūtas (s dsk) | [ju:tas] |
| sentir (vt) | just | [just] |
| | | |
| fome (f) | izsalkums (v) | [izsalkums] |
| ter fome | gribēt ēst | [gribe:t e:st] |
| sede (f) | slāpes (s dsk) | [sla:pes] |
| ter sede | gribēt dzert | [gribe:t dzert] |
| sonolência (f) | miegainība (s) | [miɛgaini:ba] |
| estar sonolento | justies miegainam | [justies miɛgainam] |
| | | |
| cansaço (m) | nogurums (v) | [nɔgurums] |
| cansado (adj) | noguris | [nɔguris] |
| ficar cansado | nogurt | [nɔgurt] |
| | | |
| humor (m) | garastāvoklis (v) | [garasta:vɔklis] |
| tédio (m) | garlaicība (s) | [garlaitsi:ba] |
| entediar-se (vr) | garlaikoties | [garlaikɔtiɛs] |
| reclusão (isolamento) | vientulība (s) | [viɛntuli:ba] |
| isolar-se (vr) | nošķirties | [nɔʃtʲirtiɛs] |
| | | |
| preocupar (vt) | uztraukt | [uztraukt] |
| estar preocupado | uztraukties | [uztrauktiɛs] |
| preocupação (f) | satraukums (v) | [satraukums] |
| ansiedade (f) | nemiers (v) | [nemiɛrs] |
| preocupado (adj) | noraizējies | [nɔraize:jiɛs] |
| estar nervoso | nervozēt | [nervɔze:t] |
| entrar em pânico | padoties panikai | [padɔties panikai] |
| | | |
| esperança (f) | cerība (s) | [tseri:ba] |
| esperar (vt) | cerēt | [tsɛre:t] |
| | | |
| certeza (f) | pārliecība (s) | [pa:rliɛtsi:ba] |
| certo, seguro de ... | pārliecināts | [pa:rliɛtsina:ts] |
| indecisão (f) | nedrošība (s) | [nedrɔʃi:ba] |
| indeciso (adj) | nedrošs | [nedrɔʃs] |
| | | |
| bêbado (adj) | piedzēries | [piɛdze:riɛs] |
| sóbrio (adj) | nedzēris | [nedze:ris] |
| fraco (adj) | vājš | [va:jʃ] |
| feliz (adj) | laimīgs | [laimi:gs] |
| assustar (vt) | nobiedēt | [nɔbiɛde:t] |
| fúria (f) | trakums (v) | [trakums] |
| ira, raiva (f) | niknums (v) | [niknums] |
| depressão (f) | depresija (s) | [depresija] |
| desconforto (m) | diskomforts (v) | [diskɔmfɔrts] |

| conforto (m) | komforts (v) | [kɔmfɔrts] |
| arrepender-se (vr) | nožēlot | [nɔʒe:lɔt] |
| arrependimento (m) | nožēla (s) | [nɔʒɛ:la] |
| azar (m), má sorte (f) | neveiksme (s) | [nevɛiksme] |
| tristeza (f) | sarūgtinājums (v) | [saru:gtina:jums] |

| vergonha (f) | kauns (v) | [kauns] |
| alegria (f) | jautrība (s) | [jautri:ba] |
| entusiasmo (m) | entuziasms (v) | [entuziasms] |
| entusiasta (m) | entuziasts (v) | [entuziasts] |
| mostrar entusiasmo | izrādīt entuziasmu | [izra:di:t entuziasmu] |

## 59. Caráter. Personalidade

| caráter (m) | raksturs (v) | [raksturs] |
| falha (f) de caráter | trūkums (v) | [tru:kums] |
| mente (f) | prāts (v) | [pra:ts] |
| razão (f) | saprāts (v) | [sapra:ts] |

| consciência (f) | sirdsapziņa (s) | [sirdsapziɲa] |
| hábito, costume (m) | ieradums (v) | [iɛradums] |
| habilidade (f) | spēja (s) | [spe:ja] |
| saber (~ nadar, etc.) | prast | [prast] |

| paciente (adj) | pacietīgs | [patsiɛti:gs] |
| impaciente (adj) | nepacietīgs | [nɛpatsiɛti:gs] |
| curioso (adj) | ziņkārīgs | [ziɲka:ri:gs] |
| curiosidade (f) | ziņkārība (s) | [ziɲka:ri:ba] |

| modéstia (f) | kautrība (s) | [kautri:ba] |
| modesto (adj) | kautrīgs | [kautri:gs] |
| imodesto (adj) | nekautrīgs | [nɛkautri:gs] |

| preguiça (f) | slinkums (v) | [slinkums] |
| preguiçoso (adj) | slinks | [slinks] |
| preguiçoso (m) | sliņķis (v) | [sliɲťis] |

| astúcia (f) | viltība (s) | [vilti:ba] |
| astuto (adj) | viltīgs | [vilti:gs] |
| desconfiança (f) | neuzticība (s) | [nɛuztitsi:ba] |
| desconfiado (adj) | neuzticīgs | [nɛuztitsi:gs] |

| generosidade (f) | devība (s) | [devi:ba] |
| generoso (adj) | devīgs | [devi:gs] |
| talentoso (adj) | talantīgs | [talanti:gs] |
| talento (m) | talants (v) | [talants] |

| corajoso (adj) | drosmīgs | [drɔsmi:gs] |
| coragem (f) | drosme (s) | [drɔsme] |
| honesto (adj) | godīgs | [gɔdi:gs] |
| honestidade (f) | godīgums (v) | [gɔdi:gums] |

| prudente, cuidadoso (adj) | piesardzīgs | [piɛsardzi:gs] |
| valoroso (adj) | drošsirdīgs | [drɔʃsirdi:gs] |

| | | |
|---|---|---|
| sério (adj) | **nopietns** | [nɔpiɛtns] |
| severo (adj) | **stingrs** | [stiŋgrs] |

| | | |
|---|---|---|
| decidido (adj) | **apņēmīgs** | [apɲe:mi:gs] |
| indeciso (adj) | **neapņēmīgs** | [neapɲe:mi:gs] |
| tímido (adj) | **bikls** | [bikls] |
| timidez (f) | **biklums** (v) | [biklums] |

| | | |
|---|---|---|
| confiança (f) | **uzticība** (s) | [uztitsi:ba] |
| confiar (vt) | **uzticēt** | [uztitse:t] |
| crédulo (adj) | **lētticīgs** | [le:ttitsi:gs] |

| | | |
|---|---|---|
| sinceramente | **vaļsirdīgi** | [valʲsirdi:gi] |
| sincero (adj) | **vaļsirdīgs** | [valʲsirdi:gs] |
| sinceridade (f) | **vaļsirdība** (s) | [valʲsirdi:ba] |
| aberto (adj) | **atklāts** | [atkla:ts] |

| | | |
|---|---|---|
| calmo (adj) | **mierīgs** | [miɛri:gs] |
| franco (adj) | **klajš** | [klajʃ] |
| ingênuo (adj) | **naivs** | [naivs] |
| distraído (adj) | **izklaidīgs** | [izklaidi:gs] |
| engraçado (adj) | **smieklīgs** | [smiɛkli:gs] |

| | | |
|---|---|---|
| ganância (f) | **alkatība** (s) | [alkati:ba] |
| ganancioso (adj) | **alkatīgs** | [alkati:gs] |
| avarento, sovina (adj) | **skops** | [skɔps] |
| mal (adj) | **ļauns** | [lʲauns] |
| teimoso (adj) | **stūrgalvīgs** | [stu:rgalvi:gs] |
| desagradável (adj) | **nepatīkams** | [nɛpati:kams] |

| | | |
|---|---|---|
| egoísta (m) | **egoists** (v) | [egɔists] |
| egoísta (adj) | **egoistisks** | [egɔistisks] |
| covarde (m) | **gļēvulis** (v) | [glʲɛ:vulis] |
| covarde (adj) | **gļēvulīgs** | [glʲɛ:vuli:gs] |

## 60. O sono. Sonhos

| | | |
|---|---|---|
| dormir (vi) | **gulēt** | [gule:t] |
| sono (m) | **miegs** (v) | [miɛgs] |
| sonho (m) | **sapnis** (v) | [sapnis] |
| sonhar (ver sonhos) | **sapņot** | [sapɲot] |
| sonolento (adj) | **miegains** | [miɛgains] |

| | | |
|---|---|---|
| cama (f) | **gulta** (s) | [gulta] |
| colchão (m) | **matracis** (v) | [matratsis] |
| cobertor (m) | **sega** (s) | [sɛga] |
| travesseiro (m) | **spilvens** (v) | [spilvens] |
| lençol (m) | **palags** (v) | [palags] |

| | | |
|---|---|---|
| insônia (f) | **bezmiegs** (v) | [bezmiɛgs] |
| sem sono (adj) | **bezmiega** | [bezmiɛga] |
| sonífero (m) | **miegazāles** (s dsk) | [miɛgaza:les] |
| tomar um sonífero | **iedzert miegazāles** | [iɛdzert miɛgaza:les] |
| estar sonolento | **justies miegainam** | [justies miɛgainam] |

| bocejar (vi) | žāvāties | [ʒa:va:tiɛs] |
| ir para a cama | iet gulēt | [iɛt gule:t] |
| fazer a cama | saklāt gultu | [sakla:t gultu] |
| adormecer (vi) | aizmigt | [aizmigt] |

| pesadelo (m) | murgi (v dsk) | [murgi] |
| ronco (m) | krākšana (s) | [kra:kʃana] |
| roncar (vi) | krākt | [kra:kt] |

| despertador (m) | modinātājs (v) | [mɔdina:ta:js] |
| acordar, despertar (vt) | uzmodināt | [uzmɔdina:t] |
| acordar (vi) | uzmosties | [uzmɔstiɛs] |
| levantar-se (vr) | piecelties no gultas | [piɛtselties nɔ gultas] |
| lavar-se (vr) | mazgāties | [mazga:tiɛs] |

## 61. Humor. Riso. Alegria

| humor (m) | humors (v) | [xumɔrs] |
| senso (m) de humor | humora izjūta (s) | [xumɔra izju:ta] |
| divertir-se (vr) | līksmot | [li:ksmɔt] |
| alegre (adj) | jautrs | [jautrs] |
| diversão (f) | jautrība (s) | [jautri:ba] |

| sorriso (m) | smaids (v) | [smaids] |
| sorrir (vi) | smaidīt | [smaidi:t] |
| começar a rir | iesmieties | [iɛsmiɛtiɛs] |
| rir (vi) | smieties | [smiɛtiɛs] |
| riso (m) | smiekli (v dsk) | [smiɛkli] |

| anedota (f) | anekdote (s) | [anegdɔte] |
| engraçado (adj) | smieklīgs | [smiɛkli:gs] |
| ridículo, cômico (adj) | jocīgs | [jɔtsi:gs] |

| brincar (vi) | jokot | [jɔkɔt] |
| piada (f) | joks (v) | [jɔks] |
| alegria (f) | prieks (v) | [priɛks] |
| regozijar-se (vr) | priecāties | [priɛtsa:tiɛs] |
| alegre (adj) | priecīgs | [priɛtsi:gs] |

## 62. Discussão, conversação. Parte 1

| comunicação (f) | sazināšanās (s) | [sazina:ʃana:s] |
| comunicar-se (vr) | saieties | [saiɛtiɛs] |

| conversa (f) | saruna (s) | [saruna] |
| diálogo (m) | dialogs (v) | [dialɔgs] |
| discussão (f) | diskusija (s) | [diskusija] |
| debate (m) | strīds (v) | [stri:ds] |
| debater (vt) | strīdēties | [stri:de:tiɛs] |

| interlocutor (m) | sarunu biedrs (v) | [sarunu biɛdrs] |
| tema (m) | temats (v) | [tɛmats] |

| | | |
|---|---|---|
| ponto (m) de vista | viedoklis (v) | [viɛdɔklis] |
| opinião (f) | uzskats (v) | [uzskats] |
| discurso (m) | runa (s) | [runa] |

| | | |
|---|---|---|
| discussão (f) | apspriešana (s) | [apspriɛʃana] |
| discutir (vt) | apspriest | [apspriɛst] |
| conversa (f) | saruna (s) | [saruna] |
| conversar (vi) | sarunāties | [saruna:tiɛs] |
| reunião (f) | satikšanās (s) | [satikʃana:s] |
| encontrar-se (vr) | satikt | [satikt] |

| | | |
|---|---|---|
| provérbio (m) | sakāmvārds (v) | [saka:mva:rds] |
| ditado, provérbio (m) | paruna (s) | [paruna] |
| adivinha (f) | mīkla (s) | [mi:kla] |
| dizer uma adivinha | uzdot mīklu | [uzdɔt mi:klu] |
| senha (f) | parole (s) | [parɔle] |
| segredo (m) | noslēpums (v) | [nɔslɛ:pums] |

| | | |
|---|---|---|
| juramento (m) | zvērests (v) | [zvɛ:rests] |
| jurar (vi) | zvērēt | [zvɛ:re:t] |
| promessa (f) | solījums (v) | [sɔli:jums] |
| prometer (vt) | solīt | [sɔli:t] |

| | | |
|---|---|---|
| conselho (m) | padoms (v) | [padɔms] |
| aconselhar (vt) | dot padomu | [dɔt padɔmu] |
| seguir o conselho | sekot padomam | [sekɔt padɔmam] |
| escutar (~ os conselhos) | klausīt padomam | [klausi:t padɔmam] |

| | | |
|---|---|---|
| novidade, notícia (f) | jaunums (v) | [jaunums] |
| sensação (f) | sensācija (s) | [sensa:tsija] |
| informação (f) | ziņas (s dsk) | [ziɲas] |
| conclusão (f) | secinājums (v) | [setsina:jums] |
| voz (f) | balss (v) | [bals] |
| elogio (m) | kompliments (v) | [kɔmpliments] |
| amável, querido (adj) | laipns | [laipns] |

| | | |
|---|---|---|
| palavra (f) | vārds (v) | [va:rds] |
| frase (f) | frāze (s) | [fra:ze] |
| resposta (f) | atbilde (s) | [atbilde] |
| verdade (f) | patiesība (s) | [patiɛsi:ba] |
| mentira (f) | meli (v dsk) | [meli] |

| | | |
|---|---|---|
| pensamento (m) | doma (s) | [dɔma] |
| ideia (f) | ideja (s), doma (s) | [ideja], [dɔma] |
| fantasia (f) | fantāzija (s) | [fanta:zija] |

## 63. Discussão, conversação. Parte 2

| | | |
|---|---|---|
| estimado, respeitado (adj) | cienījams | [tsiɛni:jams] |
| respeitar (vt) | cienīt | [tsiɛni:t] |
| respeito (m) | cieņa (s) | [tsiɛɲa] |
| Estimado ..., Caro ... | Cienījamais ... | [tsiɛni:jamais ...] |
| apresentar | iepazīstināt | [iɛpazi:stina:t] |
| (alguém a alguém) | | |

| conhecer (vt) | iepazīties | [iɛpazi:tiɛs] |
| intenção (f) | nodoms (v) | [nɔdɔms] |
| tencionar (~ fazer algo) | domāt | [dɔma:t] |
| desejo (de boa sorte) | novēlējums (v) | [nɔvɛ:le:jums] |
| desejar (ex. ~ boa sorte) | novēlēt | [nɔvɛ:le:t] |

| surpresa (f) | izbrīns (v) | [izbri:ns] |
| surpreender (vt) | pārsteigt | [pa:rstɛigt] |
| surpreender-se (vr) | brīnīties | [bri:ni:tiɛs] |

| dar (vt) | dot | [dɔt] |
| pegar (tomar) | paņemt | [paɲemt] |
| devolver (vt) | atdot atpakaļ | [atdɔt atpakalʲ] |
| retornar (vt) | atdot | [atdɔt] |

| desculpar-se (vr) | atvainoties | [atvainɔtiɛs] |
| desculpa (f) | atvainošanās (s dsk) | [atvainɔʃana:s] |
| perdoar (vt) | piedot | [piɛdɔt] |

| falar (vi) | sarunāties | [saruna:tiɛs] |
| escutar (vt) | klausīt | [klausi:t] |
| ouvir até o fim | noklausīties | [nɔklausi:tiɛs] |
| entender (compreender) | saprast | [saprast] |

| mostrar (vt) | parādīt | [para:di:t] |
| olhar para ... | skatīties uz ... | [skati:ties uz ...] |
| chamar (alguém para ...) | saukt | [saukt] |
| perturbar, distrair (vt) | traucēt | [trautse:t] |
| perturbar (vt) | traucēt | [trautse:t] |
| entregar (~ em mãos) | nodot | [nɔdɔt] |

| pedido (m) | lūgums (v) | [lu:gums] |
| pedir (ex. ~ ajuda) | lūgt | [lu:gt] |
| exigência (f) | pieprasījums (v) | [piɛprasi:jums] |
| exigir (vt) | prasīt | [prasi:t] |

| insultar (chamar nomes) | kaitināt | [kaitina:t] |
| zombar (vt) | zoboties | [zɔbɔtiɛs] |
| zombaria (f) | izsmiekls (v) | [izsmiɛkls] |
| alcunha (f), apelido (m) | iesauka (s) | [iɛsauka] |

| insinuação (f) | netiešs norādījums (v) | [netiɛʃs nɔra:di:jums] |
| insinuar (vt) | netieši norādīt | [netiɛʃi nɔra:di:t] |
| querer dizer | domāt | [dɔma:t] |

| descrição (f) | raksturojums (v) | [raksturɔjums] |
| descrever (vt) | aprakstīt | [apraksti:t] |
| elogio (m) | uzslava (s) | [uzslava] |
| elogiar (vt) | slavēt | [slave:t] |

| desapontamento (m) | vilšanās (s) | [vilʃana:s] |
| desapontar (vt) | likt vilties | [likt viltiɛs] |
| desapontar-se (vr) | vilties | [viltiɛs] |

| suposição (f) | pieņēmums (v) | [piɛɲe:mums] |
| supor (vt) | pieņemt | [piɛɲemt] |

| advertência (f) | brīdinājums (v) | [bri:dina:jums] |
|---|---|---|
| advertir (vt) | brīdināt | [bri:dina:t] |

## 64. Discussão, conversação. Parte 3

| convencer (vt) | pierunāt | [piɛruna:t] |
|---|---|---|
| acalmar (vt) | nomierināt | [nɔmiɛrina:t] |

| silêncio (o ~ é de ouro) | klusēšana (s) | [kluse:ʃana] |
|---|---|---|
| ficar em silêncio | klusēt | [kluse:t] |
| sussurrar (vt) | iečukstēt | [iɛtʃukste:t] |
| sussurro (m) | čuksts (v) | [tʃuksts] |

| francamente | vaļsirdīgi | [valʲsirdi:gi] |
|---|---|---|
| na minha opinião ... | manuprāt ... | [manupra:t ...] |

| detalhe (~ da história) | sīkums (v) | [si:kums] |
|---|---|---|
| detalhado (adj) | sīks | [si:ks] |
| detalhadamente | sīki | [si:ki] |

| dica (f) | priekšā teikšana (s) | [priɛkʃa: tɛikʃana] |
|---|---|---|
| dar uma dica | dot mājienu | [dɔt ma:jiɛnu] |

| olhar (m) | skatiens (v) | [skatiɛns] |
|---|---|---|
| dar uma olhada | paskatīties | [paskati:tiɛs] |
| fixo (olhada ~a) | stingrs skatiens | [stiŋgrs skatiɛns] |
| piscar (vi) | mirkšķināt | [mirkʃtʲina:t] |
| piscar (vt) | pamirkšķināt | [pamirkʃtʲina:t] |
| acenar com a cabeça | pamāt ar galvu | [pama:t ar galvu] |

| suspiro (m) | nopūta (s) | [nɔpu:ta] |
|---|---|---|
| suspirar (vi) | nopūsties | [nɔpu:stiɛs] |
| estremecer (vi) | satrūkties | [satru:ktiɛs] |
| gesto (m) | žests (v) | [ʒests] |
| tocar (com as mãos) | pieskarties | [piɛskartiɛs] |
| agarrar (~ pelo braço) | tvert | [tvert] |
| bater de leve | blīkšķināt | [bli:kʃtʲina:t] |

| Cuidado! | Uzmanīgi! | [uzmani:gi!] |
|---|---|---|
| Sério? | Vai tiešām? | [vai tiɛʃa:m?] |
| Tem certeza? | Vai esi pārliecināts? | [vai esi pa:rliɛtsina:ts?] |
| Boa sorte! | Veiksmi! | [vɛiksmi!] |
| Entendi! | Skaidrs! | [skaidrs!] |
| Que pena! | Žēl! | [ʒe:l!] |

## 65. Acordo. Recusa

| consentimento (~ mútuo) | piekrišana (s) | [piɛkriʃana] |
|---|---|---|
| consentir (vi) | piekrist | [piɛkrist] |
| aprovação (f) | aprobēšana (s) | [aprɔbe:ʃana] |
| aprovar (vt) | aprobēt | [aprobe:t] |
| recusa (f) | atteice (s) | [attɛitse] |

| | | |
|---|---|---|
| negar-se a ... | **atteikties** | [attɛiktiɛs] |
| Ótimo! | **Lieliski!** | [liɛliski!] |
| Tudo bem! | **Labi!** | [labi!] |
| Está bem! De acordo! | **Lai ir!** | [lai ir!] |

| | | |
|---|---|---|
| proibido (adj) | **aizliegts** | [aizliɛgts] |
| é proibido | **nedrīkst** | [nedri:kst] |
| é impossível | **nav iespējams** | [nav iɛspe:jams] |
| incorreto (adj) | **nepareizs** | [nɛparɛizs] |

| | | |
|---|---|---|
| rejeitar (~ um pedido) | **noraidīt** | [nɔraidi:t] |
| apoiar (vt) | **atbalstīt** | [atbalsti:t] |
| aceitar (desculpas, etc.) | **pieņemt** | [piɛɲemt] |

| | | |
|---|---|---|
| confirmar (vt) | **apstiprināt** | [apstiprina:t] |
| confirmação (f) | **apstiprinājums** (v) | [apstiprina:jums] |
| permissão (f) | **atļaušana** (s) | [atlʲauʃana] |
| permitir (vt) | **atļaut** | [atlʲaut] |
| decisão (f) | **lēmums** (v) | [lɛ:mums] |
| não dizer nada | **noklusēt** | [nɔkluse:t] |

| | | |
|---|---|---|
| condição (com uma ~) | **nosacījums** (v) | [nɔsatsi:jums] |
| pretexto (m) | **atruna** (s) | [atruna] |
| elogio (m) | **uzslava** (s) | [uzslava] |
| elogiar (vt) | **slavēt** | [slave:t] |

## 66. Sucesso. Boa sorte. Insucesso

| | | |
|---|---|---|
| êxito, sucesso (m) | **sekmes** (s dsk) | [sekmes] |
| com êxito | **sekmīgi** | [sekmi:gi] |
| bem sucedido (adj) | **sekmīgs** | [sekmi:gs] |

| | | |
|---|---|---|
| sorte (fortuna) | **veiksme** (s) | [vɛiksme] |
| Boa sorte! | **Veiksmi!** | [vɛiksmi!] |
| de sorte | **veiksmīgs** | [vɛiksmi:gs] |
| sortudo, felizardo (adj) | **laimīgs** | [laimi:gs] |

| | | |
|---|---|---|
| fracasso (m) | **neveiksme** (s) | [nevɛiksme] |
| pouca sorte (f) | **neveiksme** (s) | [nevɛiksme] |
| azar (m), má sorte (f) | **neveiksme** (s) | [nevɛiksme] |

| | | |
|---|---|---|
| mal sucedido (adj) | **neveiksmīgs** | [nevɛiksmi:gs] |
| catástrofe (f) | **katastrofa** (s) | [katastrɔfa] |

| | | |
|---|---|---|
| orgulho (m) | **lepnums** (v) | [lepnums] |
| orgulhoso (adj) | **lepns** | [lepns] |
| estar orgulhoso, -a | **lepoties** | [lepɔtiɛs] |

| | | |
|---|---|---|
| vencedor (m) | **uzvarētājs** (v) | [uzvarɛ:ta:js] |
| vencer (vi, vt) | **uzvarēt** | [uzvare:t] |
| perder (vt) | **zaudēt** | [zaude:t] |
| tentativa (f) | **mēģinājums** (v) | [me:dʲina:jums] |
| tentar (vt) | **mēģināt** | [me:dʲina:t] |
| chance (m) | **izdevība** (s) | [izdevi:ba] |

## 67. Conflitos. Emoções negativas

| | | |
|---|---|---|
| grito (m) | kliedziens (v) | [kliɛdziɛns] |
| gritar (vi) | kliegt | [kliɛgt] |
| começar a gritar | iekliegties | [iɛkliɛgtiɛs] |

| | | |
|---|---|---|
| discussão (f) | ķilda (s) | [tʲilda] |
| brigar (discutir) | strīdēties | [stri:de:tiɛs] |
| escândalo (m) | skandāls (v) | [skanda:ls] |
| criar escândalo | skandalēt | [skandale:t] |
| conflito (m) | konflikts (v) | [konflikts] |
| mal-entendido (m) | pārpratums (v) | [pa:rpratums] |

| | | |
|---|---|---|
| insulto (m) | apvainošana (s) | [apvainɔʃana] |
| insultar (vt) | aizvainot | [aizvainɔt] |
| insultado (adj) | apvainotais | [apvainɔtais] |
| ofensa (f) | aizvainojums (v) | [aizvainɔjums] |
| ofender (vt) | aizvainot | [aizvainɔt] |
| ofender-se (vr) | aizvainoties | [aizvainɔtiɛs] |

| | | |
|---|---|---|
| indignação (f) | sašutums (v) | [saʃutums] |
| indignar-se (vr) | paust sašutumu | [paust saʃutumu] |
| queixa (f) | sūdzība (s) | [su:dzi:ba] |
| queixar-se (vr) | sūdzēties | [su:dze:tiɛs] |

| | | |
|---|---|---|
| desculpa (f) | atvainošanās (s dsk) | [atvainɔʃana:s] |
| desculpar-se (vr) | atvainoties | [atvainɔtiɛs] |
| pedir perdão | lūgt piedošanu | [lu:gt piɛdɔʃanu] |

| | | |
|---|---|---|
| crítica (f) | kritika (s) | [kritika] |
| criticar (vt) | kritizēt | [kritize:t] |
| acusação (f) | apsūdzība (s) | [apsu:dzi:ba] |
| acusar (vt) | apsūdzēt | [apsu:dze:t] |

| | | |
|---|---|---|
| vingança (f) | atriebība (s) | [atriɛbi:ba] |
| vingar (vt) | atriebties | [atriɛbtiɛs] |
| vingar-se de | atmaksāt | [atmaksa:t] |

| | | |
|---|---|---|
| desprezo (m) | nicinājums (v) | [nitsina:jums] |
| desprezar (vt) | nicināt | [nitsina:t] |
| ódio (m) | naids (v) | [naids] |
| odiar (vt) | ienīst | [iɛni:st] |

| | | |
|---|---|---|
| nervoso (adj) | nervozs | [nervɔzs] |
| estar nervoso | nervozēt | [nervɔze:t] |
| zangado (adj) | dusmīgs | [dusmi:gs] |
| zangar (vt) | sadusmot | [sadusmɔt] |

| | | |
|---|---|---|
| humilhação (f) | pazemošana (s) | [pazemɔʃana] |
| humilhar (vt) | pazemot | [pazemɔt] |
| humilhar-se (vr) | pazemoties | [pazemɔtiɛs] |

| | | |
|---|---|---|
| choque (m) | šoks (v) | [ʃoks] |
| chocar (vt) | šokēt | [ʃoke:t] |
| aborrecimento (m) | nepatikšanas (s dsk) | [nɛpatikʃanas] |

| | | |
|---|---|---|
| desagradável (adj) | **nepatīkams** | [nɛpati:kams] |
| medo (m) | **bailes** (s dsk) | [bailes] |
| terrível (tempestade, etc.) | **baigs** | [baigs] |
| assustador (ex. história ~a) | **šausmīgs** | [ʃausmi:gs] |
| horror (m) | **šausmas** (s dsk) | [ʃausmas] |
| horrível (crime, etc.) | **briesmīgs** | [briɛsmi:gs] |
| | | |
| começar a tremer | **iedrebēties** | [iɛdrɛbe:tiɛs] |
| chorar (vi) | **raudāt** | [rauda:t] |
| começar a chorar | **ieraudāties** | [iɛrauda:tiɛs] |
| lágrima (f) | **asara** (s) | [asara] |
| | | |
| falta (f) | **vaina** (s) | [vaina] |
| culpa (f) | **vaina** (s) | [vaina] |
| desonra (f) | **kauns** (v) | [kauns] |
| protesto (m) | **protests** (v) | [prɔtests] |
| estresse (m) | **stress** (v) | [stres] |
| | | |
| perturbar (vt) | **traucēt** | [trautse:t] |
| zangar-se com ... | **niknoties** | [niknɔtiɛs] |
| zangado (irritado) | **nikns** | [nikns] |
| terminar (vt) | **pārtraukt** | [pa:rtraukt] |
| praguejar | **lamāties** | [lama:tiɛs] |
| | | |
| assustar-se | **baidīties** | [baidi:tiɛs] |
| golpear (vt) | **iesist** | [iɛsist] |
| brigar (na rua, etc.) | **kauties** | [kautiɛs] |
| | | |
| resolver (o conflito) | **nokārtot** | [nɔka:rtɔt] |
| descontente (adj) | **neapmierināts** | [neapmiɛrina:ts] |
| furioso (adj) | **sīvs** | [si:vs] |
| | | |
| Não está bem! | **Tas nav labi!** | [tas nav labi!] |
| É ruim! | **Tas ir slikti!** | [tas ir slikti!] |

# Medicina

## 68. Doenças

| | | |
|---|---|---|
| doença (f) | slimība (s) | [slimi:ba] |
| estar doente | slimot | [slimɔt] |
| saúde (f) | veselība (s) | [vɛseli:ba] |

| | | |
|---|---|---|
| nariz (m) escorrendo | iesnas (s dsk) | [iɛsnas] |
| amigdalite (f) | angīna (s) | [aŋgi:na] |
| resfriado (m) | saaukstēšanās (s) | [saaukste:ʃana:s] |
| ficar resfriado | saaukstēties | [saaukste:tiɛs] |

| | | |
|---|---|---|
| bronquite (f) | bronhīts (v) | [brɔnxi:ts] |
| pneumonia (f) | plaušu karsonis (v) | [plauʃu karsɔnis] |
| gripe (f) | gripa (s) | [gripa] |

| | | |
|---|---|---|
| míope (adj) | tuvredzīgs | [tuvredzi:gs] |
| presbita (adj) | tālredzīgs | [ta:lredzi:gs] |
| estrabismo (m) | šķielēšana (s) | [ʃtʲiɛle:ʃana] |
| estrábico, vesgo (adj) | šķielējošs | [ʃtʲiɛle:jɔʃs] |
| catarata (f) | katarakta (s) | [katarakta] |
| glaucoma (m) | glaukoma (s) | [glaukɔma] |

| | | |
|---|---|---|
| AVC (m), apoplexia (f) | insults (v) | [insults] |
| ataque (m) cardíaco | infarkts (v) | [infarkts] |
| enfarte (m) do miocárdio | miokarda infarkts (v) | [miɔkarda infarkts] |
| paralisia (f) | paralīze (s) | [parali:ze] |
| paralisar (vt) | paralizēt | [paralize:t] |

| | | |
|---|---|---|
| alergia (f) | alerģija (s) | [alerdʲija] |
| asma (f) | astma (s) | [astma] |
| diabetes (f) | diabēts (v) | [diabe:ts] |

| | | |
|---|---|---|
| dor (f) de dente | zobu sāpes (s dsk) | [zɔbu sa:pes] |
| cárie (f) | kariess (v) | [kariɛs] |

| | | |
|---|---|---|
| diarreia (f) | caureja (s) | [tsaureja] |
| prisão (f) de ventre | aizcietējums (v) | [aiztsiɛte:jums] |
| desarranjo (m) intestinal | gremošanas traucējumi (v dsk) | [gremɔʃanas trautse:jumi] |
| intoxicação (f) alimentar | saindēšanās (s) | [sainde:ʃana:s] |
| intoxicar-se | saindēties | [sainde:tiɛs] |

| | | |
|---|---|---|
| artrite (f) | artrīts (v) | [artri:ts] |
| raquitismo (m) | rahīts (v) | [raxi:ts] |
| reumatismo (m) | reimatisms (v) | [rɛimatisms] |
| arteriosclerose (f) | ateroskleroze (s) | [aterɔsklerɔze] |
| gastrite (f) | gastrīts (v) | [gastri:ts] |
| apendicite (f) | apendicīts (v) | [apenditsi:ts] |

| colecistite (f) | holecistīts (v) | [xɔletsisti:ts] |
| úlcera (f) | čūla (s) | [tʃu:la] |

| sarampo (m) | masalas (s dsk) | [masalas] |
| rubéola (f) | masaliņas (s dsk) | [masaliņas] |
| icterícia (f) | dzeltenā kaite (s) | [dzeltɛna: kaite] |
| hepatite (f) | hepatīts (v) | [xɛpati:ts] |

| esquizofrenia (f) | šizofrēnija (s) | [ʃizɔfre:nija] |
| raiva (f) | trakumsērga (s) | [trakumse:rga] |
| neurose (f) | neiroze (s) | [nɛirɔze] |
| contusão (f) cerebral | smadzeņu satricinājums (v) | [smadzɛņu satritsina:jums] |

| câncer (m) | vēzis (v) | [ve:zis] |
| esclerose (f) | skleroze (s) | [sklerɔze] |
| esclerose (f) múltipla | multiplā skleroze (s) | [multipla: sklerɔze] |

| alcoolismo (m) | alkoholisms (v) | [alkɔxɔlisms] |
| alcoólico (m) | alkoholiķis (v) | [alkɔxɔlitʲis] |
| sífilis (f) | sifiliss (v) | [sifilis] |
| AIDS (f) | AIDS (v) | [aids] |

| tumor (m) | audzējs (v) | [audze:js] |
| maligno (adj) | ļaundabīgs | [lʲaundabi:gs] |
| benigno (adj) | labdabīgs | [labdabi:gs] |
| febre (f) | drudzis (v) | [drudzis] |
| malária (f) | malārija (s) | [mala:rija] |
| gangrena (f) | gangrēna (s) | [gaŋgrɛ:na] |
| enjoo (m) | jūras slimība (s) | [ju:ras slimi:ba] |
| epilepsia (f) | epilepsija (s) | [epilepsija] |

| epidemia (f) | epidēmija (s) | [epide:mija] |
| tifo (m) | tīfs (v) | [ti:fs] |
| tuberculose (f) | tuberkuloze (s) | [tuberkulɔze] |
| cólera (f) | holēra (s) | [xɔlɛ:ra] |
| peste (f) bubônica | mēris (v) | [me:ris] |

## 69. Sintomas. Tratamentos. Parte 1

| sintoma (m) | simptoms (v) | [simptɔms] |
| temperatura (f) | temperatūra (s) | [tempɛratu:ra] |
| febre (f) | augsta temperatūra (s) | [augsta tempɛratu:ra] |
| pulso (m) | pulss (v) | [puls] |

| vertigem (f) | galvas reibšana (s) | [galvas rɛibʃana] |
| quente (testa, etc.) | karsts | [karsts] |
| calafrio (m) | drebuļi (v dsk) | [drɛbulʲi] |
| pálido (adj) | bāls | [ba:ls] |

| tosse (f) | klepus (v) | [klɛpus] |
| tossir (vi) | klepot | [klepɔt] |
| espirrar (vi) | šķaudīt | [ʃtʲaudi:t] |
| desmaio (m) | ģībonis (v) | [dʲi:bɔnis] |
| desmaiar (vi) | paģībt | [padʲi:bt] |

| | | |
|---|---|---|
| mancha (f) preta | zilums (v) | [zilums] |
| galo (m) | puns (v) | [puns] |
| machucar-se (vr) | atsisties | [atsistiɛs] |
| contusão (f) | sasitums (v) | [sasitums] |
| machucar-se (vr) | sasisties | [sasistiɛs] |
| | | |
| mancar (vi) | klibot | [klibɔt] |
| deslocamento (f) | izmežģījums (v) | [izmeʒdʲi:jums] |
| deslocar (vt) | izmežģīt | [izmeʒdʲi:t] |
| fratura (f) | lūzums (v) | [lu:zums] |
| fraturar (vt) | dabūt lūzumu | [dabu:t lu:zumu] |
| | | |
| corte (m) | iegriezums (v) | [iɛgriɛzums] |
| cortar-se (vr) | sagriezties | [sagriɛztiɛs] |
| hemorragia (f) | asiņošana (s) | [asiɲoʃana] |
| | | |
| queimadura (f) | apdegums (v) | [apdɛgums] |
| queimar-se (vr) | apdedzināties | [apdedzina:tiɛs] |
| | | |
| picar (vt) | sadurt | [sadurt] |
| picar-se (vr) | sadurties | [sadurtiɛs] |
| lesionar (vt) | sabojāt | [sabɔja:t] |
| lesão (m) | traumēšana (s) | [traume:ʃana] |
| ferida (f), ferimento (m) | ievainojums (v) | [iɛvainojums] |
| trauma (m) | trauma (s) | [trauma] |
| | | |
| delirar (vi) | murgot | [murgɔt] |
| gaguejar (vi) | stostīties | [stɔsti:tiɛs] |
| insolação (f) | saules dūriens (v) | [saules du:riɛns] |

## 70. Sintomas. Tratamentos. Parte 2

| | | |
|---|---|---|
| dor (f) | sāpes (s dsk) | [sa:pes] |
| farpa (no dedo, etc.) | skabarga (s) | [skabarga] |
| | | |
| suor (m) | sviedri (v dsk) | [sviɛdri] |
| suar (vi) | svīst | [svi:st] |
| vômito (m) | vemšana (s) | [vemʃana] |
| convulsões (f pl) | krampji (v dsk) | [krampji] |
| | | |
| grávida (adj) | grūta | [gru:ta] |
| nascer (vi) | piedzimt | [piɛdzimt] |
| parto (m) | dzemdības (s dsk) | [dzemdi:bas] |
| dar à luz | dzemdēt | [dzemde:t] |
| aborto (m) | aborts (v) | [abɔrts] |
| | | |
| respiração (f) | elpošana (s) | [elpoʃana] |
| inspiração (f) | ieelpa (s) | [iɛelpa] |
| expiração (f) | izelpa (s) | [izelpa] |
| expirar (vi) | izelpot | [izelpɔt] |
| inspirar (vi) | ieelpot | [iɛelpɔt] |
| | | |
| inválido (m) | invalīds (v) | [invali:ds] |
| aleijado (m) | kroplis (v) | [krɔplis] |

| drogado (m) | narkomāns (v) | [narkɔma:ns] |
| surdo (adj) | kurls | [kurls] |
| mudo (adj) | mēms | [me:ms] |
| surdo-mudo (adj) | kurlmēms | [kurlme:ms] |

| louco, insano (adj) | traks | [traks] |
| louco (m) | trakais (v) | [trakais] |
| louca (f) | traka (s) | [traka] |
| ficar louco | zaudēt prātu | [zaude:t pra:tu] |

| gene (m) | gēns (v) | [ge:ns] |
| imunidade (f) | imunitāte (s) | [imunita:te] |
| hereditário (adj) | mantojams | [mantɔjams] |
| congênito (adj) | iedzimts | [iɛdzimts] |

| vírus (m) | vīruss (v) | [vi:rus] |
| micróbio (m) | mikrobs (v) | [mikrɔbs] |
| bactéria (f) | baktērija (s) | [bakte:rija] |
| infecção (f) | infekcija (s) | [infektsija] |

## 71. Sintomas. Tratamentos. Parte 3

| hospital (m) | slimnīca (s) | [slimni:tsa] |
| paciente (m) | pacients (v) | [patsiɛnts] |

| diagnóstico (m) | diagnoze (s) | [diagnɔze] |
| cura (f) | ārstēšana (s) | [a:rste:ʃana] |
| tratamento (m) médico | ārstēšana (s) | [a:rste:ʃana] |
| curar-se (vr) | ārstēties | [a:rste:tiɛs] |
| tratar (vt) | ārstēt | [a:rste:t] |
| cuidar (pessoa) | apkopt | [apkɔpt] |
| cuidado (m) | apkope (s) | [apkɔpe] |

| operação (f) | operācija (s) | [ɔpɛra:tsija] |
| enfaixar (vt) | pārsiet | [pa:rsiɛt] |
| enfaixamento (m) | pārsiešana (s) | [pa:rsiɛʃana] |

| vacinação (f) | potēšana (s) | [pɔte:ʃana] |
| vacinar (vt) | potēt | [pɔte:t] |
| injeção (f) | injekcija (s) | [injektsija] |
| dar uma injeção | injicēt | [injitse:t] |

| ataque (~ de asma, etc.) | lēkme (s) | [le:kme] |
| amputação (f) | amputācija (s) | [amputa:tsija] |
| amputar (vt) | amputēt | [ampute:t] |
| coma (f) | koma (s) | [kɔma] |
| estar em coma | būt komā | [bu:t kɔma:] |
| reanimação (f) | reanimācija (s) | [reanima:tsija] |

| recuperar-se (vr) | atveseļoties | [atvɛseļɔtiɛs] |
| estado (~ de saúde) | stāvoklis (v) | [sta:vɔklis] |
| consciência (perder a ~) | apziņa (s) | [apziņa] |
| memória (f) | atmiņa (s) | [atmiņa] |
| tirar (vt) | izraut | [izraut] |

| | | |
|---|---|---|
| obturação (f) | plomba (s) | [plɔmba] |
| obturar (vt) | plombēt | [plɔmbe:t] |

| | | |
|---|---|---|
| hipnose (f) | hipnoze (s) | [xipnɔze] |
| hipnotizar (vt) | hipnotizēt | [xipnɔtize:t] |

## 72. Médicos

| | | |
|---|---|---|
| médico (m) | ārsts (v) | [a:rsts] |
| enfermeira (f) | medmāsa (s) | [medma:sa] |
| médico (m) pessoal | personīgais ārsts (v) | [pɛrsɔni:gais a:rsts] |

| | | |
|---|---|---|
| dentista (m) | dentists (v) | [dentists] |
| oculista (m) | okulists (v) | [ɔkulists] |
| terapeuta (m) | terapeits (v) | [tɛrapɛits] |
| cirurgião (m) | ķirurgs (v) | [tʲirurgs] |

| | | |
|---|---|---|
| psiquiatra (m) | psihiatrs (v) | [psixiatrs] |
| pediatra (m) | pediatrs (v) | [pediatrs] |
| psicólogo (m) | psihologs (v) | [psixɔlɔgs] |
| ginecologista (m) | ginekologs (v) | [ginekɔlɔgs] |
| cardiologista (m) | kardiologs (v) | [kardiɔlɔgs] |

## 73. Medicina. Drogas. Acessórios

| | | |
|---|---|---|
| medicamento (m) | zāles (s dsk) | [za:les] |
| remédio (m) | līdzeklis (v) | [li:dzeklis] |
| receitar (vt) | izrakstīt | [izraksti:t] |
| receita (f) | recepte (s) | [retsepte] |

| | | |
|---|---|---|
| comprimido (m) | tablete (s) | [tablɛte] |
| unguento (m) | ziede (s) | [ziɛde] |
| ampola (f) | ampula (s) | [ampula] |
| solução, preparado (m) | mikstūra (s) | [mikstu:ra] |
| xarope (m) | sīrups (v) | [si:rups] |
| cápsula (f) | zāļu kapsula (s) | [za:lʲu kapsula] |
| pó (m) | pulveris (v) | [pulveris] |

| | | |
|---|---|---|
| atadura (f) | saite (s) | [saite] |
| algodão (m) | vate (s) | [vate] |
| iodo (m) | jods (v) | [jɔds] |

| | | |
|---|---|---|
| curativo (m) adesivo | plāksteris (v) | [pla:ksteris] |
| conta-gotas (m) | pipete (s) | [pipɛte] |
| termômetro (m) | termometrs (v) | [termɔmetrs] |
| seringa (f) | šļirce (s) | [ʃlʲirtse] |

| | | |
|---|---|---|
| cadeira (f) de rodas | ratiņkrēsls (v) | [ratiŋkre:sls] |
| muletas (f pl) | kruķi (v dsk) | [krutʲi] |

| | | |
|---|---|---|
| analgésico (m) | pretsāpju līdzeklis (v) | [pretsa:pju li:dzeklis] |
| laxante (m) | caurejas līdzeklis (v) | [tsaurejas li:dzeklis] |

| álcool (m) | spirts (v) | [spirts] |
| ervas (f pl) medicinais | zāle (s) | [za:le] |
| de ervas (chá ~) | zāļu | [za:lʲu] |

## 74. Fumar. Produtos tabágicos

| tabaco (m) | tabaka (s) | [tabaka] |
| cigarro (m) | cigarete (s) | [tsigarɛte] |
| charuto (m) | cigārs (v) | [tsiga:rs] |
| cachimbo (m) | pīpe (s) | [pi:pe] |
| maço (~ de cigarros) | paciņa (s) | [patsiɲa] |

| fósforos (m pl) | sērkociņi (v dsk) | [se:rkɔtsiɲi] |
| caixa (f) de fósforos | sērkociņu kastīte (s) | [se:rkɔtsiɲu kasti:te] |
| isqueiro (m) | šķiltavas (s dsk) | [ʃtʲiltavas] |
| cinzeiro (m) | pelnu trauks (v) | [pelnu trauks] |
| cigarreira (f) | etvija (s) | [ɛtvija] |

| piteira (f) | iemutis (v) | [iɛmutis] |
| filtro (m) | filtrs (v) | [filtrs] |

| fumar (vi, vt) | smēķēt | [smɛ:tʲe:t] |
| acender um cigarro | uzsmēķēt | [uzsmɛ:tʲe:t] |
| tabagismo (m) | smēķēšana (s) | [smɛ:tʲe:ʃana] |
| fumante (m) | smēķētājs (v) | [smɛ:tʲɛ:ta:js] |

| bituca (f) | izsmēķis (v) | [izsme:tʲis] |
| fumaça (f) | dūmi (v dsk) | [du:mi] |
| cinza (f) | pelni (v dsk) | [pelni] |

# HABITAT HUMANO

## Cidade

### 75. Cidade. Vida na cidade

| | | |
|---|---|---|
| cidade (f) | pilsēta (s) | [pilsɛ:ta] |
| capital (f) | galvaspilsēta (s) | [galvaspilsɛ:ta] |
| aldeia (f) | ciems (v) | [tsiɛms] |
| | | |
| mapa (m) da cidade | pilsētas plāns (v) | [pilsɛ:tas pla:ns] |
| centro (m) da cidade | pilsētas centrs (v) | [pilsɛ:tas tsentrs] |
| subúrbio (m) | piepilsēta (s) | [piɛpilsɛ:ta] |
| suburbano (adj) | piepilsētas | [piɛpilsɛ:tas] |
| | | |
| periferia (f) | nomale (s) | [nɔmale] |
| arredores (m pl) | apkārtnes (s dsk) | [apka:rtnes] |
| quarteirão (m) | kvartāls (v) | [kvarta:ls] |
| quarteirão (m) residencial | dzīvojamais kvartāls (v) | [dzi:vɔjamais kvarta:ls] |
| | | |
| tráfego (m) | satiksme (s) | [satiksme] |
| semáforo (m) | luksofors (v) | [luksɔfors] |
| transporte (m) público | sabiedriskais transports (v) | [sabiɛdriskais transpɔrts] |
| cruzamento (m) | krustojums (v) | [krustɔjums] |
| | | |
| faixa (f) | gājēju pāreja (s) | [ga:je:ju pa:reja] |
| túnel (m) subterrâneo | pazemes pāreja (s) | [pazɛmes pa:reja] |
| cruzar, atravessar (vt) | pāriet | [pa:riɛt] |
| pedestre (m) | kājāmgājējs (v) | [ka:ja:mga:je:js] |
| calçada (f) | trotuārs (v) | [trɔtua:rs] |
| | | |
| ponte (f) | tilts (v) | [tilts] |
| margem (f) do rio | krastmala (s) | [krastmala] |
| fonte (f) | strūklaka (s) | [stru:klaka] |
| | | |
| alameda (f) | gatve (s) | [gatve] |
| parque (m) | parks (v) | [parks] |
| bulevar (m) | bulvāris (v) | [bulva:ris] |
| praça (f) | laukums (v) | [laukums] |
| avenida (f) | prospekts (v) | [prɔspekts] |
| rua (f) | iela (s) | [iɛla] |
| travessa (f) | šķērsiela (s) | [ʃťɛ:rsiɛla] |
| beco (m) sem saída | strupceļš (v) | [struptseliʃ] |
| | | |
| casa (f) | māja (s) | [ma:ja] |
| edifício, prédio (m) | ēka (s) | [ɛ:ka] |
| arranha-céu (m) | augstceltne (s) | [augsttseltne] |
| fachada (f) | fasāde (s) | [fasa:de] |
| telhado (m) | jumts (v) | [jumts] |

| | | |
|---|---|---|
| janela (f) | logs (v) | [lɔgs] |
| arco (m) | loks (v) | [lɔks] |
| coluna (f) | kolona (s) | [kolɔna] |
| esquina (f) | stūris (v) | [stu:ris] |

| | | |
|---|---|---|
| vitrine (f) | skatlogs (v) | [skatlɔgs] |
| letreiro (m) | izkārtne (s) | [izka:rtne] |
| cartaz (do filme, etc.) | afiša (s) | [afiʃa] |
| cartaz (m) publicitário | reklāmu plakāts (v) | [rekla:mu plaka:ts] |
| painel (m) publicitário | reklāmu dēlis (v) | [rekla:mu de:lis] |

| | | |
|---|---|---|
| lixo (m) | atkritumi (v dsk) | [atkritumi] |
| lata (f) de lixo | atkritumu tvertne (s) | [atkritumu tvertne] |
| jogar lixo na rua | piegružot | [piɛgruʒɔt] |
| aterro (m) sanitário | izgāztuve (s) | [izga:ztuve] |

| | | |
|---|---|---|
| orelhão (m) | telefona būda (s) | [tɛlefɔna bu:da] |
| poste (m) de luz | laterna (s) | [laterna] |
| banco (m) | sols (v) | [sɔls] |

| | | |
|---|---|---|
| polícia (m) | policists (v) | [pɔlitsists] |
| polícia (instituição) | policija (s) | [pɔlitsija] |
| mendigo, pedinte (m) | nabags (v) | [nabags] |
| desabrigado (m) | bezpajumtnieks (v) | [bezpajumtniɛks] |

## 76. Instituições urbanas

| | | |
|---|---|---|
| loja (f) | veikals (v) | [vɛikals] |
| drogaria (f) | aptieka (s) | [aptiɛka] |
| ótica (f) | optika (s) | [ɔptika] |
| centro (m) comercial | tirdzniecības centrs (v) | [tirdzniɛtsi:bas tsentrs] |
| supermercado (m) | lielveikals (v) | [liɛlvɛikals] |

| | | |
|---|---|---|
| padaria (f) | maiznīca (s) | [maizni:tsa] |
| padeiro (m) | maiznieks (v) | [maizniɛks] |
| pastelaria (f) | konditoreja (s) | [kɔnditɔreja] |
| mercearia (f) | pārtikas preču veikals (v) | [pa:rtikas pretʃu vɛikals] |
| açougue (m) | gaļas veikals (v) | [gaļʲas vɛikals] |

| | | |
|---|---|---|
| fruteira (f) | sakņu veikals (v) | [sakņu vɛikals] |
| mercado (m) | tirgus (v) | [tirgus] |

| | | |
|---|---|---|
| cafeteria (f) | kafejnīca (s) | [kafejni:tsa] |
| restaurante (m) | restorāns (v) | [restɔra:ns] |
| bar (m) | alus krogs (v) | [alus krɔgs] |
| pizzaria (f) | picērija (s) | [pitse:rija] |

| | | |
|---|---|---|
| salão (m) de cabeleireiro | frizētava (s) | [frizɛ:tava] |
| agência (f) dos correios | pasts (v) | [pasts] |
| lavanderia (f) | ķīmiskā tīrītava (s) | [tʲi:miska: ti:ri:tava] |
| estúdio (m) fotográfico | fotostudija (s) | [fɔtɔstudija] |

| | | |
|---|---|---|
| sapataria (f) | apavu veikals (v) | [apavu vɛikals] |
| livraria (f) | grāmatnīca (s) | [gra:matni:tsa] |

| | | |
|---|---|---|
| loja (f) de artigos esportivos | sporta preču veikals (v) | [sporta pretʃu vɛikals] |
| costureira (m) | apģērbu labošana (s) | [apdʲe:rbu laboʃana] |
| aluguel (m) de roupa | apģērbu noma (s) | [apdʲe:rbu noma] |
| videolocadora (f) | filmu noma (s) | [filmu noma] |

| | | |
|---|---|---|
| circo (m) | cirks (v) | [tsirks] |
| jardim (m) zoológico | zoodārzs (v) | [zɔoda:rzs] |
| cinema (m) | kinoteātris (v) | [kinotea:tris] |
| museu (m) | muzejs (v) | [muzejs] |
| biblioteca (f) | bibliotēka (s) | [bibliotɛ:ka] |

| | | |
|---|---|---|
| teatro (m) | teātris (v) | [tea:tris] |
| ópera (f) | opera (s) | [ɔpɛra] |
| boate (casa noturna) | naktsklubs (v) | [naktsklubs] |
| cassino (m) | kazino (v) | [kazinɔ] |

| | | |
|---|---|---|
| mesquita (f) | mošeja (s) | [mɔʃeja] |
| sinagoga (f) | sinagoga (s) | [sinagɔga] |
| catedral (f) | katedrāle (s) | [katedra:le] |
| templo (m) | dievnams (v) | [diɛvnams] |
| igreja (f) | baznīca (s) | [bazni:tsa] |

| | | |
|---|---|---|
| faculdade (f) | institūts (v) | [institu:ts] |
| universidade (f) | universitāte (s) | [univɛrsita:te] |
| escola (f) | skola (s) | [skɔla] |

| | | |
|---|---|---|
| prefeitura (f) | prefektūra (s) | [prefektu:ra] |
| câmara (f) municipal | mērija (s) | [me:rija] |
| hotel (m) | viesnīca (s) | [viɛsni:tsa] |
| banco (m) | banka (s) | [banka] |

| | | |
|---|---|---|
| embaixada (f) | vēstniecība (s) | [ve:stniɛtsi:ba] |
| agência (f) de viagens | tūrisma aģentūra (s) | [tu:risma adʲentu:ra] |
| agência (f) de informações | izziņu birojs (v) | [izziɲu birɔjs] |
| casa (f) de câmbio | apmaiņas punkts (v) | [apmaiɲas punkts] |

| | | |
|---|---|---|
| metrô (m) | metro (v) | [metrɔ] |
| hospital (m) | slimnīca (s) | [slimni:tsa] |

| | | |
|---|---|---|
| posto (m) de gasolina | degvielas uzpildes stacija (s) | [degviɛlas uzpildes statsija] |
| parque (m) de estacionamento | autostāvvieta (s) | [autɔsta:vviɛta] |

## 77. Transportes urbanos

| | | |
|---|---|---|
| ônibus (m) | autobuss (v) | [autobus] |
| bonde (m) elétrico | tramvajs (v) | [tramvajs] |
| trólebus (m) | trolejbuss (v) | [trɔlejbus] |
| rota (f), itinerário (m) | maršruts (v) | [marʃruts] |
| número (m) | numurs (v) | [numurs] |

| | | |
|---|---|---|
| ir de … (carro, etc.) | braukt ar … | [braukt ar …] |
| entrar no … | iekāpt | [iɛka:pt] |
| descer do … | izkāpt | [izka:pt] |

| | | |
|---|---|---|
| parada (f) | **pietura** (s) | [piɛtura] |
| próxima parada (f) | **nākamā pietura** (s) | [na:kama: piɛtura] |
| terminal (m) | **galapunkts** (v) | [galapunkts] |
| horário (m) | **saraksts** (v) | [saraksts] |
| esperar (vt) | **gaidīt** | [gaidi:t] |

| | | |
|---|---|---|
| passagem (f) | **biļete** (s) | [bilʲɛte] |
| tarifa (f) | **biļetes maksa** (s) | [bilʲɛtes maksa] |

| | | |
|---|---|---|
| bilheteiro (m) | **kasieris** (v) | [kasiɛris] |
| controle (m) de passagens | **kontrole** (s) | [kɔntrɔle] |
| revisor (m) | **kontrolieris** (v) | [kɔntrɔliɛris] |

| | | |
|---|---|---|
| atrasar-se (vr) | **nokavēties** | [nɔkave:tiɛs] |
| perder (o autocarro, etc.) | **nokavēt ...** | [nɔkave:t ...] |
| estar com pressa | **steigties** | [stɛigtiɛs] |

| | | |
|---|---|---|
| táxi (m) | **taksometrs** (v) | [taksɔmetrs] |
| taxista (m) | **taksists** (v) | [taksists] |
| de táxi (ir ~) | **ar taksometru** | [ar taksɔmetru] |
| ponto (m) de táxis | **taksometru stāvvieta** (s) | [taksɔmetru sta:vviɛta] |
| chamar um táxi | **izsaukt taksometru** | [izsaukt taksɔmetru] |
| pegar um táxi | **nolīgt taksometru** | [nɔli:gt taksɔmetru] |

| | | |
|---|---|---|
| tráfego (m) | **satiksme** (s) | [satiksme] |
| engarrafamento (m) | **sastrēgums** (v) | [sastrɛ:gums] |
| horas (f pl) de pico | **maksimālās slodzes laiks** (v) | [maksima:la:s slɔdzes laiks] |
| estacionar (vi) | **novietot auto** | [nɔviɛtot autɔ] |
| estacionar (vt) | **novietot auto** | [nɔviɛtot autɔ] |
| parque (m) de estacionamento | **autostāvvieta** (s) | [autɔsta:vviɛta] |

| | | |
|---|---|---|
| metrô (m) | **metro** (v) | [metrɔ] |
| estação (f) | **stacija** (s) | [statsija] |
| ir de metrô | **braukt ar metro** | [braukt ar metrɔ] |
| trem (m) | **vilciens** (v) | [viltsiɛns] |
| estação (f) de trem | **dzelzceļa stacija** (s) | [dzelztsɛlʲa statsija] |

## 78. Turismo

| | | |
|---|---|---|
| monumento (m) | **piemineklis** (v) | [piɛmineklis] |
| fortaleza (f) | **cietoksnis** (v) | [tsiɛtoksnis] |
| palácio (m) | **pils** (s) | [pils] |
| castelo (m) | **pils** (s) | [pils] |
| torre (f) | **tornis** (v) | [tɔrnis] |
| mausoléu (m) | **mauzolejs** (v) | [mauzɔlejs] |

| | | |
|---|---|---|
| arquitetura (f) | **arhitektūra** (s) | [arxitektu:ra] |
| medieval (adj) | **viduslaiku** | [viduŝlaiku] |
| antigo (adj) | **senlaiku** | [senlaiku] |
| nacional (adj) | **nacionāls** | [natsiɔna:ls] |
| famoso, conhecido (adj) | **slavens** | [slavens] |
| turista (m) | **tūrists** (v) | [tu:rists] |
| guia (pessoa) | **gids** (v) | [gids] |

| excursão (f) | ekskursija (s) | [ekskursija] |
| mostrar (vt) | parādīt | [para:di:t] |
| contar (vt) | stāstīt | [sta:sti:t] |

| encontrar (vt) | atrast | [atrast] |
| perder-se (vr) | nomaldīties | [nɔmaldi:tiɛs] |
| mapa (~ do metrô) | shēma (s) | [sxɛ:ma] |
| mapa (~ da cidade) | plāns (v) | [pla:ns] |

| lembrança (f), presente (m) | suvenīrs (v) | [suveni:rs] |
| loja (f) de presentes | suvenīru veikals (v) | [suveni:ru vɛikals] |
| tirar fotos, fotografar | fotografēt | [fɔtɔgrafe:t] |
| fotografar-se (vr) | fotografēties | [fɔtɔgrafe:tiɛs] |

## 79. Compras

| comprar (vt) | pirkt | [pirkt] |
| compra (f) | pirkums (v) | [pirkums] |
| fazer compras | iepirkties | [iɛpirktiɛs] |
| compras (f pl) | iepirkšanās (s) | [iɛpirkʃana:s] |

| estar aberta (loja) | strādāt | [stra:da:t] |
| estar fechada | slēgties | [sle:gtiɛs] |

| calçado (m) | apavi (v dsk) | [apavi] |
| roupa (f) | apģērbs (v) | [apdʲe:rbs] |
| cosméticos (m pl) | kosmētika (s) | [kɔsme:tika] |
| alimentos (m pl) | pārtikas produkti (v dsk) | [pa:rtikas prɔdukti] |
| presente (m) | dāvana (s) | [da:vana] |

| vendedor (m) | pārdevējs (v) | [pa:rdɛve:js] |
| vendedora (f) | pārdevēja (s) | [pa:rdɛve:ja] |

| caixa (f) | kase (s) | [kase] |
| espelho (m) | spogulis (v) | [spɔgulis] |
| balcão (m) | lete (s) | [lɛte] |
| provador (m) | pielaikošanas kabīne (s) | [piɛlaikɔʃanas kabi:ne] |

| provar (vt) | pielaikot | [piɛlaikɔt] |
| servir (roupa, caber) | derēt | [dɛre:t] |
| gostar (apreciar) | patikt | [patikt] |

| preço (m) | cena (s) | [tsɛna] |
| etiqueta (f) de preço | cenas zīme (s) | [tsɛnas zi:me] |
| custar (vt) | maksāt | [maksa:t] |
| Quanto? | Cik? | [tsik?] |
| desconto (m) | atlaide (s) | [atlaide] |

| não caro (adj) | ne visai dārgs | [ne visai da:rgs] |
| barato (adj) | lēts | [le:ts] |
| caro (adj) | dārgs | [da:rgs] |
| É caro | Tas ir dārgi | [tas ir da:rgi] |
| aluguel (m) | noma (s) | [nɔma] |
| alugar (roupas, etc.) | paņemt nomā | [paɲemt nɔma:] |

| | | |
|---|---|---|
| crédito (m) | **kredīts** (v) | [kredi:ts] |
| a crédito | **uz kredīta** | [uz kredi:ta] |

## 80. Dinheiro

| | | |
|---|---|---|
| dinheiro (m) | **nauda** (s) | [nauda] |
| câmbio (m) | **maiņa** (s) | [maiɲa] |
| taxa (f) de câmbio | **kurss** (v) | [kurs] |
| caixa (m) eletrônico | **bankomāts** (v) | [bankɔma:ts] |
| moeda (f) | **monēta** (s) | [mɔnɛ:ta] |

| | | |
|---|---|---|
| dólar (m) | **dolārs** (v) | [dɔla:rs] |
| euro (m) | **eiro** (v) | [ɛirɔ] |

| | | |
|---|---|---|
| lira (f) | **lira** (s) | [lira] |
| marco (m) | **marka** (s) | [marka] |
| franco (m) | **franks** (v) | [franks] |
| libra (f) esterlina | **sterliņu mārciņa** (s) | [sterliɲu ma:rtsiɲa] |
| iene (m) | **jena** (s) | [jena] |

| | | |
|---|---|---|
| dívida (f) | **parāds** (v) | [para:ds] |
| devedor (m) | **parādnieks** (v) | [para:dniɛks] |
| emprestar (vt) | **aizdot** | [aizdɔt] |
| pedir emprestado | **aizņemties** | [aizɲemtiɛs] |

| | | |
|---|---|---|
| banco (m) | **banka** (s) | [banka] |
| conta (f) | **konts** (v) | [kɔnts] |
| depositar (vt) | **noguldīt** | [nɔguldi:t] |
| depositar na conta | **noguldīt kontā** | [nɔguldi:t kɔnta:] |
| sacar (vt) | **izņemt no konta** | [izɲemt nɔ kɔnta] |

| | | |
|---|---|---|
| cartão (m) de crédito | **kredītkarte** (s) | [kredi:tkarte] |
| dinheiro (m) vivo | **skaidra nauda** (v) | [skaidra nauda] |
| cheque (m) | **čeks** (v) | [tʃeks] |
| passar um cheque | **izrakstīt čeku** | [izraksti:t tʃeku] |
| talão (m) de cheques | **čeku grāmatiņa** (s) | [tʃeku gra:matiɲa] |

| | | |
|---|---|---|
| carteira (f) | **maks** (v) | [maks] |
| niqueleira (f) | **maks** (v) | [maks] |
| cofre (m) | **seifs** (v) | [sɛifs] |

| | | |
|---|---|---|
| herdeiro (m) | **mantinieks** (v) | [mantiniɛks] |
| herança (f) | **mantojums** (v) | [mantɔjums] |
| fortuna (riqueza) | **mantība** (s) | [manti:ba] |

| | | |
|---|---|---|
| arrendamento (m) | **rentēšana** (s) | [rente:ʃana] |
| aluguel (pagar o ~) | **īres maksa** (s) | [i:res maksa] |
| alugar (vt) | **īrēt** | [i:re:t] |

| | | |
|---|---|---|
| preço (m) | **cena** (s) | [tsɛna] |
| custo (m) | **vērtība** (s) | [ve:rti:ba] |
| soma (f) | **summa** (s) | [summa] |
| gastar (vt) | **tērēt** | [tɛ:re:t] |
| gastos (m pl) | **izdevumi** (v dsk) | [izdɛvumi] |

| | | |
|---|---|---|
| economizar (vi) | taupīt | [taupi:t] |
| econômico (adj) | taupīgs | [taupi:gs] |

| | | |
|---|---|---|
| pagar (vt) | maksāt | [maksa:t] |
| pagamento (m) | samaksa (s) | [samaksa] |
| troco (m) | atlikums (v) | [atlikums] |

| | | |
|---|---|---|
| imposto (m) | nodoklis (v) | [nɔdɔklis] |
| multa (f) | sods (v) | [sɔds] |
| multar (vt) | uzlikt naudas sodu | [uzlikt naudas sɔdu] |

## 81. Correios. Serviço postal

| | | |
|---|---|---|
| agência (f) dos correios | pasts (v) | [pasts] |
| correio (m) | pasts (v) | [pasts] |
| carteiro (m) | pastnieks (v) | [pastniɛks] |
| horário (m) | darba laiks (v) | [darba laiks] |

| | | |
|---|---|---|
| carta (f) | vēstule (s) | [ve:stule] |
| carta (f) registada | ierakstīta vēstule (s) | [iɛraksti:ta ve:stule] |
| cartão (m) postal | pastkarte (s) | [pastkarte] |
| telegrama (m) | telegramma (s) | [tɛlegramma] |
| encomenda (f) | sūtījums (v) | [su:ti:jums] |
| transferência (f) de dinheiro | naudas pārvedums (v) | [naudas pa:rvɛdums] |

| | | |
|---|---|---|
| receber (vt) | saņemt | [saɲemt] |
| enviar (vt) | nosūtīt | [nɔsu:ti:t] |
| envio (m) | aizsūtīšana (s) | [aizsu:ti:ʃana] |

| | | |
|---|---|---|
| endereço (m) | adrese (s) | [adrɛse] |
| código (m) postal | indekss (v) | [indeks] |
| remetente (m) | sūtītājs (v) | [su:ti:ta:js] |
| destinatário (m) | saņēmējs (v) | [saɲɛ:me:js] |

| | | |
|---|---|---|
| nome (m) | vārds (v) | [va:rds] |
| sobrenome (m) | uzvārds (v) | [uzva:rds] |

| | | |
|---|---|---|
| tarifa (f) | tarifs (v) | [tarifs] |
| ordinário (adj) | parasts | [parasts] |
| econômico (adj) | ekonomisks | [ekɔnɔmisks] |

| | | |
|---|---|---|
| peso (m) | svars (v) | [svars] |
| pesar (estabelecer o peso) | svērt | [sve:rt] |
| envelope (m) | aploksne (s) | [aplɔksne] |
| selo (m) postal | marka (s) | [marka] |
| colar o selo | uzlīmēt marku | [uzli:me:t marku] |

# Moradia. Casa. Lar

## 82. Casa. Habitação

| casa (f) | mãja (s) | [ma:ja] |
| em casa | mãjãs | [ma:ja:s] |
| pátio (m), quintal (f) | sēta (s) | [sɛ:ta] |
| cerca, grade (f) | žogs (v) | [ʒɔgs] |

| tijolo (m) | ķieģelis (v) | [tʲiɛdʲelis] |
| de tijolos | ķieģeļu | [tʲiɛdʲɛlʲu] |
| pedra (f) | akmens (v) | [akmens] |
| de pedra | akmeņu | [akmɛɲu] |
| concreto (m) | betons (v) | [betɔns] |
| concreto (adj) | betona | [betɔna] |

| novo (adj) | jauns | [jauns] |
| velho (adj) | vecs | [vets] |
| decrépito (adj) | vecs | [vets] |
| moderno (adj) | moderns | [mɔderns] |
| de vários andares | daudzstāvu | [daudzsta:vu] |
| alto (adj) | augsts | [augsts] |

| andar (m) | stāvs (v) | [sta:vs] |
| de um andar | vienstāva | [viɛnsta:va] |

| térreo (m) | apakšstāvs (v) | [apakʃsta:vs] |
| andar (m) de cima | augšstāvs (v) | [augʃsta:vs] |

| telhado (m) | jumts (v) | [jumts] |
| chaminé (f) | skurstenis (v) | [skurstenis] |

| telha (f) | dakstiņi (v dsk) | [dakstiɲi] |
| de telha | dakstiņu | [dakstiɲu] |
| sótão (m) | bēniņi (v dsk) | [be:niɲi] |

| janela (f) | logs (v) | [lɔgs] |
| vidro (m) | stikls (v) | [stikls] |

| parapeito (m) | palodze (s) | [palɔdze] |
| persianas (f pl) | slēģi (v dsk) | [sle:dʲi] |

| parede (f) | siena (s) | [siɛna] |
| varanda (f) | balkons (v) | [balkɔns] |
| calha (f) | notekcaurule (s) | [nɔtektsaurule] |

| em cima | augšā | [augʃa:] |
| subir (vi) | kāpt augšup | [ka:pt augʃup] |
| descer (vi) | nokāpt | [nɔka:pt] |
| mudar-se (vr) | pārcelties | [pa:rtseltiɛs] |

## 83. Casa. Entrada. Elevador

| | | |
|---|---|---|
| entrada (f) | ieeja (s) | [iɛeja] |
| escada (f) | kāpnes (s dsk) | [ka:pnes] |
| degraus (m pl) | pakāpieni (v dsk) | [paka:piɛni] |
| corrimão (m) | margas (s dsk) | [margas] |
| hall (m) de entrada | halle (s) | [xalle] |

| | | |
|---|---|---|
| caixa (f) de correio | pastkastīte (s) | [pastkasti:te] |
| lata (f) do lixo | atkritumu tvertne (s) | [atkritumu tvertne] |
| calha (f) de lixo | atkritumvads (v) | [atkritumvads] |

| | | |
|---|---|---|
| elevador (m) | lifts (v) | [lifts] |
| elevador (m) de carga | kravas lifts (v) | [kravas lifts] |
| cabine (f) | kabīne (s) | [kabi:ne] |
| pegar o elevador | braukt ar liftu | [braukt ar liftu] |

| | | |
|---|---|---|
| apartamento (m) | dzīvoklis (v) | [dzi:vɔklis] |
| residentes (pl) | mājas iedzīvotāji (v dsk) | [ma:jas iɛdzi:vɔta:ji] |
| vizinho (m) | kaimiņš (v) | [kaimiɲʃ] |
| vizinha (f) | kaimiņiene (s) | [kaimiɲiɛne] |
| vizinhos (pl) | kaimiņi (v dsk) | [kaimiɲi] |

## 84. Casa. Portas. Fechaduras

| | | |
|---|---|---|
| porta (f) | durvis (s dsk) | [durvis] |
| portão (m) | vārti (v dsk) | [va:rti] |
| maçaneta (f) | rokturis (v) | [rɔkturis] |
| destrancar (vt) | attaisīt | [attaisi:t] |
| abrir (vt) | atvērt | [atve:rt] |
| fechar (vt) | aizvērt | [aizve:rt] |

| | | |
|---|---|---|
| chave (f) | atslēga (s) | [atslɛ:ga] |
| molho (m) | saišķis (v) | [saiʃtʲis] |
| ranger (vi) | čirkstēt | [tʃirkste:t] |
| rangido (m) | čirkstoņa (s) | [tʃirkstɔɲa] |
| dobradiça (f) | eņģe (s) | [eɲdʲe] |
| capacho (m) | paklājiņš (v) | [pakla:jiɲʃ] |

| | | |
|---|---|---|
| fechadura (f) | slēdzis (v) | [sle:dzis] |
| buraco (m) da fechadura | atslēgas caurums (v) | [atslɛ:gas tsaurums] |
| barra (f) | aizšaujamais (v) | [aizʃaujamais] |
| fecho (ferrolho pequeno) | aizbīdnis (v) | [aizbi:dnis] |
| cadeado (m) | piekaramā slēdzene (s) | [piɛkarama: sle:dzɛne] |

| | | |
|---|---|---|
| tocar (vt) | zvanīt | [zvani:t] |
| toque (m) | zvans (v) | [zvans] |
| campainha (f) | zvans (v) | [zvans] |
| botão (m) | poga (s) | [pɔga] |
| batida (f) | klaudziens (v) | [klaudziɛns] |
| bater (vi) | klauvēt | [klauve:t] |
| código (m) | kods (v) | [kɔds] |
| fechadura (f) de código | kodu slēdzene (s) | [kɔdu sle:dzɛne] |

| | | |
|---|---|---|
| interfone (m) | **namrunis** (v) | [namrunis] |
| número (m) | **numurs** (v) | [numurs] |
| placa (f) de porta | **tabuliņa** (s) | [tabuliņa] |
| olho (m) mágico | **actiņa** (s) | [atstiņa] |

## 85. Casa de campo

| | | |
|---|---|---|
| aldeia (f) | **ciems** (v) | [tsiɛms] |
| horta (f) | **sakņu dārzs** (v) | [sakņu da:rzs] |

| | | |
|---|---|---|
| cerca (f) | **žogs** (v) | [ʒɔgs] |
| cerca (f) de piquete | **sēta** (s) | [sɛ:ta] |
| portão (f) do jardim | **vārtiņi** (v dsk) | [va:rtiɲi] |

| | | |
|---|---|---|
| celeiro (m) | **klēts** (v) | [kle:ts] |
| adega (f) | **pagrabs** (v) | [pagrabs] |
| galpão, barracão (m) | **šķūnis** (v) | [ʃʲu:nis] |
| poço (m) | **aka** (s) | [aka] |

| | | |
|---|---|---|
| fogão (m) | **krāsns** (v) | [kra:sns] |
| atiçar o fogo | **kurināt** | [kurina:t] |

| | | |
|---|---|---|
| lenha (carvão ou ~) | **malka (s, v)** | [malka] |
| acha, lenha (f) | **pagale** (s) | [pagale] |

| | | |
|---|---|---|
| varanda (f) | **veranda** (s) | [vɛranda] |
| alpendre (m) | **terase** (s) | [tɛrase] |
| degraus (m pl) de entrada | **lievenis** (v) | [liɛvenis] |
| balanço (m) | **šūpoles** (s dsk) | [ʃu:pɔles] |

## 86. Castelo. Palácio

| | | |
|---|---|---|
| castelo (m) | **pils** (s) | [pils] |
| palácio (m) | **pils** (s) | [pils] |
| fortaleza (f) | **cietoksnis** (v) | [tsiɛtɔksnis] |

| | | |
|---|---|---|
| muralha (f) | **cietokšņa mūris** (v) | [tsiɛtɔkʃɲa mu:ris] |
| torre (f) | **tornis** (v) | [tɔrnis] |
| calabouço (m) | **galvenais tornis** (v) | [galvɛnais tɔrnis] |

| | | |
|---|---|---|
| grade (f) levadiça | **nolaižamie vārti** (v dsk) | [nɔlaiʒamiɛ va:rti] |
| passagem (f) subterrânea | **pazemes eja** (s) | [pazɛmes eja] |
| fosso (m) | **grāvis** (v) | [gra:vis] |

| | | |
|---|---|---|
| corrente, cadeia (f) | **ķēde** (s) | [tʲɛ:de] |
| seteira (f) | **šaujamlūka** (s) | [ʃaujamlu:ka] |

| | | |
|---|---|---|
| magnífico (adj) | **lielisks** | [liɛlisks] |
| majestoso (adj) | **dižens** | [diʒens] |

| | | |
|---|---|---|
| inexpugnável (adj) | **neaizsniedzams** | [neaizsniɛdzams] |
| medieval (adj) | **viduslaiku** | [viduslaiku] |

## 87. Apartamento

| | | |
|---|---|---|
| apartamento (m) | dzīvoklis (v) | [dziːvɔklis] |
| quarto, cômodo (m) | istaba (s) | [istaba] |
| quarto (m) de dormir | guļamistaba (s) | [guļamistaba] |
| sala (f) de jantar | ēdamistaba (s) | [ɛːdamistaba] |
| sala (f) de estar | viesistaba (s) | [viɛsistaba] |
| escritório (m) | kabinets (v) | [kabinets] |
| | | |
| sala (f) de entrada | priekštelpa (s) | [priɛkʃtelpa] |
| banheiro (m) | vannas istaba (s) | [vannas istaba] |
| lavabo (m) | tualete (s) | [tualɛte] |
| | | |
| teto (m) | griesti (v dsk) | [griɛsti] |
| chão, piso (m) | grīda (s) | [griːda] |
| canto (m) | kakts (v) | [kakts] |

## 88. Apartamento. Limpeza

| | | |
|---|---|---|
| arrumar, limpar (vt) | uzkopt | [uzkɔpt] |
| guardar (no armário, etc.) | aizvākt | [aizvaːkt] |
| pó (m) | putekļi (v dsk) | [putekļi] |
| empoeirado (adj) | putekļains | [putekļains] |
| tirar o pó | slaucīt putekļus | [slautsiːt putekļus] |
| aspirador (m) | putekļu sūcējs (v) | [putekļu suːtseːjs] |
| aspirar (vt) | sūkt putekļus | [suːkt putekļus] |
| | | |
| varrer (vt) | slaucīt | [slautsiːt] |
| sujeira (f) | saslaukas (s dsk) | [saslaukas] |
| arrumação, ordem (f) | kārtība (s) | [kaːrtiːba] |
| desordem (f) | nekārtība (s) | [nɛkaːrtiːba] |
| | | |
| esfregão (m) | birste (s) | [birste] |
| pano (m), trapo (m) | lupata (s) | [lupata] |
| vassoura (f) | slota (s) | [slɔta] |
| pá (f) de lixo | liekšķere (s) | [liɛkʃtʲɛre] |

## 89. Mobiliário. Interior

| | | |
|---|---|---|
| mobiliário (m) | mēbeles (s dsk) | [meːbɛles] |
| mesa (f) | galds (v) | [galds] |
| cadeira (f) | krēsls (v) | [kreːsls] |
| cama (f) | gulta (s) | [gulta] |
| sofá, divã (m) | dīvāns (v) | [diːvaːns] |
| poltrona (f) | atpūtas krēsls (v) | [atpuːtas kreːsls] |
| | | |
| estante (f) | grāmatplaukts (v) | [graːmatplaukts] |
| prateleira (f) | plaukts (v) | [plaukts] |
| | | |
| guarda-roupas (m) | drēbju skapis (v) | [dreːbju skapis] |
| cabide (m) de parede | pakaramais (v) | [pakaramais] |

| | | |
|---|---|---|
| cabideiro (m) de pé | **stāvpakaramais** (v) | [sta:vpakaramais] |
| cômoda (f) | **kumode** (s) | [kumɔde] |
| mesinha (f) de centro | **žurnālu galdiņš** (v) | [ʒurna:lu galdiɲʃ] |

| | | |
|---|---|---|
| espelho (m) | **spogulis** (v) | [spɔgulis] |
| tapete (m) | **paklājs** (v) | [pakla:js] |
| tapete (m) pequeno | **paklājiņš** (v) | [pakla:jiɲʃ] |

| | | |
|---|---|---|
| lareira (f) | **kamīns** (v) | [kami:ns] |
| vela (f) | **svece** (s) | [svetse] |
| castiçal (m) | **svečturis** (v) | [svetʃturis] |

| | | |
|---|---|---|
| cortinas (f pl) | **aizkari** (v dsk) | [aizkari] |
| papel (m) de parede | **tapetes** (s dsk) | [tapɛtes] |
| persianas (f pl) | **žalūzijas** (s dsk) | [ʒalu:zijas] |

| | | |
|---|---|---|
| luminária (f) de mesa | **galda lampa** (s) | [galda lampa] |
| luminária (f) de parede | **gaismeklis** (v) | [gaismeklis] |
| abajur (m) de pé | **stāvlampa** (s) | [sta:vlampa] |
| lustre (m) | **lustra** (s) | [lustra] |

| | | |
|---|---|---|
| pé (de mesa, etc.) | **kāja** (s) | [ka:ja] |
| braço, descanso (m) | **elkoņa balsts** (v) | [elkɔɲa balsts] |
| costas (f pl) | **atzveltne** (s) | [atzveltne] |
| gaveta (f) | **atvilktne** (s) | [atvilktne] |

## 90. Quarto de dormir

| | | |
|---|---|---|
| roupa (f) de cama | **gultas veļa** (s) | [gultas vɛlʲa] |
| travesseiro (m) | **spilvens** (v) | [spilvens] |
| fronha (f) | **spilvendrāna** (s) | [spilvendra:na] |
| cobertor (m) | **sega** (s) | [sɛga] |
| lençol (m) | **palags** (v) | [palags] |
| colcha (f) | **pārsegs** (v) | [pa:rsegs] |

## 91. Cozinha

| | | |
|---|---|---|
| cozinha (f) | **virtuve** (s) | [virtuve] |
| gás (m) | **gāze** (s) | [ga:ze] |
| fogão (m) a gás | **gāzes plīts** (v) | [ga:zes pli:ts] |
| fogão (m) elétrico | **elektriskā plīts** (v) | [ɛlektriska: pli:ts] |
| forno (m) | **cepeškrāsns** (v) | [tsɛpeʃkra:sns] |
| forno (m) de micro-ondas | **mikroviļņu krāsns** (v) | [mikrɔvilʲɲu kra:sns] |

| | | |
|---|---|---|
| geladeira (f) | **ledusskapis** (v) | [lɛduskapis] |
| congelador (m) | **saldētava** (s) | [saldɛ:tava] |
| máquina (f) de lavar louça | **trauku mazgājamā mašīna** (s) | [trauku mazga:jama: maʃi:na] |

| | | |
|---|---|---|
| moedor (m) de carne | **gaļas mašīna** (s) | [galʲas maʃi:na] |
| espremedor (m) | **sulu spiede** (s) | [sulu spiɛde] |
| torradeira (f) | **tosters** (v) | [tɔstɛrs] |

| | | |
|---|---|---|
| batedeira (f) | **mikseris** (v) | [mikseris] |
| máquina (f) de café | **kafijas aparāts** (v) | [kafijas apara:ts] |
| cafeteira (f) | **kafijas kanna** (s) | [kafijas kanna] |
| moedor (m) de café | **kafijas dzirnaviņas** (s) | [kafijas dzirnaviņas] |

| | | |
|---|---|---|
| chaleira (f) | **tējkanna** (s) | [te:jkanna] |
| bule (m) | **tējkanna** (s) | [te:jkanna] |
| tampa (f) | **vāciņš** (v) | [va:tsiɲʃ] |
| coador (m) de chá | **sietiņš** (v) | [siɛtiɲʃ] |

| | | |
|---|---|---|
| colher (f) | **karote** (s) | [karɔte] |
| colher (f) de chá | **tējkarote** (s) | [te:jkarɔte] |
| colher (f) de sopa | **ēdamkarote** (s) | [ɛ:damkarɔte] |
| garfo (m) | **dakša** (s) | [dakʃa] |
| faca (f) | **nazis** (v) | [nazis] |

| | | |
|---|---|---|
| louça (f) | **galda piederumi** (v dsk) | [galda piɛdɛrumi] |
| prato (m) | **šķīvis** (v) | [ʃʈi:vis] |
| pires (m) | **apakštase** (s) | [apakʃtase] |

| | | |
|---|---|---|
| cálice (m) | **glāzīte** (s) | [gla:zi:te] |
| copo (m) | **glāze** (s) | [gla:ze] |
| xícara (f) | **tase** (s) | [tase] |

| | | |
|---|---|---|
| açucareiro (m) | **cukurtrauks** (v) | [tsukurtrauks] |
| saleiro (m) | **sālstrauks** (v) | [sa:lstrauks] |
| pimenteiro (m) | **piparu traucíņš** (v) | [piparu trautsiɲʃ] |
| manteigueira (f) | **sviesta trauks** (v) | [sviɛsta trauks] |

| | | |
|---|---|---|
| panela (f) | **kastrolis** (v) | [kastrɔlis] |
| frigideira (f) | **panna** (s) | [panna] |
| concha (f) | **smeļamkarote** (s) | [smɛlʲamkarɔte] |
| coador (m) | **caurduris** (v) | [tsaurduris] |
| bandeja (f) | **paplāte** (s) | [papla:te] |

| | | |
|---|---|---|
| garrafa (f) | **pudele** (s) | [pudɛle] |
| pote (m) de vidro | **burka** (s) | [burka] |
| lata (~ de cerveja) | **bundža** (s) | [bundʒa] |

| | | |
|---|---|---|
| abridor (m) de garrafa | **atvere** (s) | [atvɛre] |
| abridor (m) de latas | **atvere** (s) | [atvɛre] |
| saca-rolhas (m) | **korķviļķis** (v) | [kɔrtʲvilʲtʲis] |
| filtro (m) | **filtrs** (v) | [filtrs] |
| filtrar (vt) | **filtrēt** | [filtre:t] |

| | | |
|---|---|---|
| lixo (m) | **atkritumi** (v dsk) | [atkritumi] |
| lixeira (f) | **atkritumu tvertne** (s) | [atkritumu tvertne] |

## 92. Casa de banho

| | | |
|---|---|---|
| banheiro (m) | **vannas istaba** (s) | [vannas istaba] |
| água (f) | **ūdens** (v) | [u:dens] |
| torneira (f) | **krāns** (v) | [kra:ns] |
| água (f) quente | **karsts ūdens** (v) | [karsts u:dens] |

| | | |
|---|---|---|
| água (f) fria | **auksts ūdens** (v) | [auksts u:dens] |
| pasta (f) de dente | **zobu pasta** (s) | [zɔbu pasta] |
| escovar os dentes | **tīrīt zobus** | [ti:ri:t zɔbus] |
| escova (f) de dente | **zobu birste** (s) | [zɔbu birste] |

| | | |
|---|---|---|
| barbear-se (vr) | **skūties** | [sku:tiɛs] |
| espuma (f) de barbear | **skūšanās putas** (s) | [sku:ʃana:s putas] |
| gilete (f) | **skuveklis** (v) | [skuveklis] |

| | | |
|---|---|---|
| lavar (vt) | **mazgāt** | [mazga:t] |
| tomar banho | **mazgāties** | [mazga:tiɛs] |
| chuveiro (m), ducha (f) | **duša** (s) | [duʃa] |
| tomar uma ducha | **iet dušā** | [iɛt duʃa:] |

| | | |
|---|---|---|
| banheira (f) | **vanna** (s) | [vanna] |
| vaso (m) sanitário | **klozetpods** (v) | [klɔzetpods] |
| pia (f) | **izlietne** (s) | [izliɛtne] |

| | | |
|---|---|---|
| sabonete (m) | **ziepes** (s dsk) | [ziɛpes] |
| saboneteira (f) | **ziepju trauks** (v) | [ziɛpju trauks] |

| | | |
|---|---|---|
| esponja (f) | **sūklis** (v) | [su:klis] |
| xampu (m) | **šampūns** (v) | [ʃampu:ns] |
| toalha (f) | **dvielis** (v) | [dviɛlis] |
| roupão (m) de banho | **halāts** (v) | [xala:ts] |

| | | |
|---|---|---|
| lavagem (f) | **veļas mazgāšana** (s) | [vɛlʲas mazga:ʃana] |
| lavadora (f) de roupas | **veļas mazgājamā mašīna** (s) | [vɛlʲas mazga:jama: maʃi:na] |
| lavar a roupa | **mazgāt veļu** | [mazga:t vɛlʲu] |
| detergente (m) | **veļas pulveris** (v) | [vɛlʲas pulveris] |

## 93. Eletrodomésticos

| | | |
|---|---|---|
| televisor (m) | **televizors** (v) | [tɛlevizɔrs] |
| gravador (m) | **magnetofons** (v) | [magnetɔfɔns] |
| videogravador (m) | **videomagnetofons** (v) | [videɔmagnetɔfɔns] |
| rádio (m) | **radio uztvērējs** (v) | [radiɔ uztvɛ:re:js] |
| leitor (m) | **atskaņotājs** (v) | [atskaɲota:js] |

| | | |
|---|---|---|
| projetor (m) | **video projektors** (v) | [videɔ prɔjektɔrs] |
| cinema (m) em casa | **mājas kinoteātris** (v) | [ma:jas kinɔtea:tris] |
| DVD Player (m) | **DVD atskaņotājs** (v) | [dvd atskaɲota:js] |
| amplificador (m) | **pastiprinātājs** (v) | [pastiprina:ta:js] |
| console (f) de jogos | **spēļu konsole** (s) | [spɛ:lʲu kɔnsɔle] |

| | | |
|---|---|---|
| câmera (f) de vídeo | **videokamera** (s) | [videɔkamɛra] |
| máquina (f) fotográfica | **fotoaparāts** (v) | [fotɔapara:ts] |
| câmera (f) digital | **digitālais fotoaparāts** (v) | [digita:lais fotɔapara:ts] |

| | | |
|---|---|---|
| aspirador (m) | **putekļu sūcējs** (v) | [puteklʲu su:tse:js] |
| ferro (m) de passar | **gludeklis** (v) | [gludeklis] |
| tábua (f) de passar | **gludināmais dēlis** (v) | [gludina:mais de:lis] |
| telefone (m) | **tālrunis** (v) | [ta:lrunis] |

| celular (m) | mobilais tālrunis (v) | [mɔbilais taːlrunis] |
| máquina (f) de escrever | rakstāmmašĩna (s) | [rakstaːmmaʃiːna] |
| máquina (f) de costura | šujmašĩna (s) | [ʃujmaʃiːna] |

| microfone (m) | mikrofons (v) | [mikrɔfɔns] |
| fone (m) de ouvido | austiņas (s dsk) | [austiɲas] |
| controle remoto (m) | pults (v) | [pults] |

| CD (m) | kompaktdisks (v) | [kɔmpaktdisks] |
| fita (f) cassete | kasete (s) | [kasɛte] |
| disco (m) de vinil | plate (s) | [plate] |

## 94. Reparações. Renovação

| renovação (f) | remonts (v) | [remɔnts] |
| renovar (vt), fazer obras | renovēt | [renɔveːt] |
| reparar (vt) | remontēt | [remɔnteːt] |
| consertar (vt) | sakārtot | [sakaːrtɔt] |
| refazer (vt) | pārtaisīt | [paːrtaisiːt] |

| tinta (f) | krāsa (s) | [kraːsa] |
| pintar (vt) | krāsot | [kraːsɔt] |
| pintor (m) | krāsotājs (v) | [kraːsɔtaːjs] |
| pincel (m) | ota (s) | [ɔta] |

| cal (f) | krīts (v) | [kriːts] |
| caiar (vt) | balināt | [balinaːt] |

| papel (m) de parede | tapetes (s dsk) | [tapɛtes] |
| colocar papel de parede | izlīmēt tapetes | [izliːmeːt tapɛtes] |
| verniz (m) | laka (s) | [laka] |
| envernizar (vt) | nolakot | [nɔlakɔt] |

## 95. Canalizações

| água (f) | ūdens (v) | [uːdens] |
| água (f) quente | karsts ūdens (v) | [karsts uːdens] |
| água (f) fria | auksts ūdens (v) | [auksts uːdens] |
| torneira (f) | krāns (v) | [kraːns] |

| gota (f) | piliens (v) | [piliɛns] |
| gotejar (vi) | pilēt | [pileːt] |
| vazar (vt) | tecēt | [tetseːt] |
| vazamento (m) | sūce (s) | [suːtse] |
| poça (f) | peļķe (s) | [pelʲtʲe] |

| tubo (m) | caurule (s) | [tsaurule] |
| válvula (f) | ventilis (v) | [ventilis] |
| entupir-se (vr) | aizsērēt | [aizsɛːreːt] |

| ferramentas (f pl) | instrumenti (v dsk) | [instrumenti] |
| chave (f) inglesa | bīdatslēga (s) | [biːdatslɛːga] |

| desenroscar (vt) | atgriezt | [atgriɛzt] |
| enroscar (vt) | aizgriezt | [aizgriɛzt] |

| desentupir (vt) | izslaucīt | [izslautsi:t] |
| encanador (m) | santehniķis (v) | [santexnitʲis] |
| porão (m) | pagrabs (v) | [pagrabs] |
| rede (f) de esgotos | kanalizācija (s) | [kanaliza:tsija] |

## 96. Fogo. Deflagração

| incêndio (m) | uguns (v) | [uguns] |
| chama (f) | liesma (s) | [liɛsma] |
| faísca (f) | dzirkstele (s) | [dzirkstɛle] |
| fumaça (f) | dūmi (v dsk) | [du:mi] |
| tocha (f) | lāpa (s) | [la:pa] |
| fogueira (f) | ugunskurs (v) | [ugunskurs] |

| gasolina (f) | benzīns (v) | [benzi:ns] |
| querosene (m) | petroleja (s) | [petrɔleja] |
| inflamável (adj) | degošs | [degɔʃs] |
| explosivo (adj) | eksplozīvs | [eksplɔzi:vs] |
| PROIBIDO FUMAR! | SMĒĶĒT AIZLIEGTS! | [smɛ:tʲe:t aizliɛgts!] |

| segurança (f) | drošība (s) | [drɔʃi:ba] |
| perigo (m) | bīstams (v) | [bi:stams] |
| perigoso (adj) | bīstams | [bi:stams] |

| incendiar-se (vr) | iedegties | [iɛdegtiɛs] |
| explosão (f) | sprādziens (v) | [spra:dziɛns] |
| incendiar (vt) | aizdedzināt | [aizdedzina:t] |
| incendiário (m) | dedzinātājs (v) | [dedzina:ta:js] |
| incêndio (m) criminoso | dedzināšana (s) | [dedzina:ʃana] |

| flamejar (vi) | liesmot | [liɛsmɔt] |
| queimar (vi) | degt | [degt] |
| queimar tudo (vi) | nodegt | [nɔdegt] |

| chamar os bombeiros | izsaukt ugunsdzēsējus | [izsaukt ugunsdzɛ:se:jus] |
| bombeiro (m) | ugunsdzēsējs (v) | [ugunsdzɛ:se:js] |
| caminhão (m) de bombeiros | ugunsdzēsēju mašīna (s) | [ugunsdzɛ:se:ju maʃi:na] |
| corpo (m) de bombeiros | ugunsdzēsēju komanda (s) | [ugunsdzɛ:se:ju kɔmanda] |
| escada (f) extensível | ugunsdzēsēju kāpnes (s dsk) | [ugunsdzɛ:se:ju ka:pnes] |

| mangueira (f) | šļūtene (s) | [ʃlʲu:tɛne] |
| extintor (m) | ugunsdzēšamais aparāts (v) | [ugunsdze:ʃamais apara:ts] |
| capacete (m) | ķivere (s) | [tʲivɛre] |
| sirene (f) | sirēna (s) | [sirɛ:na] |

| gritar (vi) | kliegt | [kliɛgt] |
| chamar por socorro | saukt palīgā | [saukt pali:ga:] |
| socorrista (m) | glābējs (v) | [gla:be:js] |
| salvar, resgatar (vt) | glābt | [gla:bt] |
| chegar (vi) | atbraukt | [atbraukt] |

| | | |
|---|---|---|
| apagar (vt) | **dzēst** | [dze:st] |
| água (f) | **ūdens** (v) | [u:dens] |
| areia (f) | **smiltis** (s dsk) | [smiltis] |
| | | |
| ruínas (f pl) | **drupas** (s dsk) | [drupas] |
| ruir (vi) | **sabrukt** | [sabrukt] |
| desmoronar (vi) | **sabrukt** | [sabrukt] |
| desabar (vi) | **sagāzties** | [saga:ztiɛs] |
| | | |
| fragmento (m) | **atlūza** (s) | [atlu:za] |
| cinza (f) | **pelni** (v dsk) | [pelni] |
| | | |
| sufocar (vi) | **nosmakt** | [nɔsmakt] |
| perecer (vi) | **nomirt** | [nɔmirt] |

# ATIVIDADES HUMANAS

## Emprego. Negócios. Parte 1

### 97. Banca

| | | |
|---|---|---|
| banco (m) | banka (s) | [banka] |
| balcão (f) | nodaļa (s) | [nɔdalʲa] |
| consultor (m) bancário | konsultants (v) | [kɔnsultants] |
| gerente (m) | pārvaldnieks (v) | [pa:rvaldniɛks] |
| conta (f) | konts (v) | [kɔnts] |
| número (m) da conta | konta numurs (v) | [kɔnta numurs] |
| conta (f) corrente | tekošais konts (v) | [tekɔʃais kɔnts] |
| conta (f) poupança | iekrājumu konts (v) | [iɛkra:jumu kɔnts] |
| abrir uma conta | atvērt kontu | [atve:rt kɔntu] |
| fechar uma conta | aizvērt kontu | [aizve:rt kɔntu] |
| depositar na conta | nolikt kontā | [nɔlikt kɔnta:] |
| sacar (vt) | izņemt no konta | [izɲemt nɔ kɔnta] |
| depósito (m) | ieguldījums (v) | [iɛguldi:jums] |
| fazer um depósito | veikt ieguldījumu | [vɛikt iɛguldi:jumu] |
| transferência (f) bancária | pārskaitījums (v) | [pa:rskaiti:jums] |
| transferir (vt) | pārskaitīt | [pa:rskaiti:t] |
| soma (f) | summa (s) | [summa] |
| Quanto? | Cik? | [tsik?] |
| assinatura (f) | paraksts (v) | [paraksts] |
| assinar (vt) | parakstīt | [paraksti:t] |
| cartão (m) de crédito | kredītkarte (s) | [kredi:tkarte] |
| senha (f) | kods (v) | [kɔds] |
| número (m) do cartão de crédito | kredītkartes numurs (v) | [kredi:tkartes numurs] |
| caixa (m) eletrônico | bankomāts (v) | [bankɔma:ts] |
| cheque (m) | čeks (v) | [tʃeks] |
| passar um cheque | izrakstīt čeku | [izraksti:t tʃɛku] |
| talão (m) de cheques | čeku grāmatiņa (s) | [tʃɛku gra:matiɲa] |
| empréstimo (m) | kredīts (v) | [kredi:ts] |
| pedir um empréstimo | griezties pēc kredīta | [griɛzties pe:ts kredi:ta] |
| obter empréstimo | ņemt kredītu | [ɲemt kredi:tu] |
| dar um empréstimo | dot kredītu | [dɔt kredi:tu] |
| garantia (f) | garantija (s) | [garantija] |

## 98. Telefone. Conversação telefônica

| | | |
|---|---|---|
| telefone (m) | tālrunis (v) | [ta:lrunis] |
| celular (m) | mobilais tālrunis (v) | [mɔbilais ta:lrunis] |
| secretária (f) eletrônica | autoatbildētājs (v) | [autɔatbildɛ:ta:js] |
| | | |
| fazer uma chamada | zvanīt | [zvani:t] |
| chamada (f) | zvans (v) | [zvans] |
| | | |
| discar um número | uzgriezt telefona numuru | [uzgriɛzt tɛlefɔna numuru] |
| Alô! | Hallo! | [xallɔ!] |
| perguntar (vt) | pajautāt | [pajauta:t] |
| responder (vt) | atbildēt | [atbilde:t] |
| | | |
| ouvir (vt) | dzirdēt | [dzirde:t] |
| bem | labi | [labi] |
| mal | slikti | [slikti] |
| ruído (m) | traucējumi (v dsk) | [trautse:jumi] |
| | | |
| fone (m) | klausule (s) | [klausule] |
| pegar o telefone | noņemt klausuli | [nɔɲemt klausuli] |
| desligar (vi) | nolikt klausuli | [nɔlikt klausuli] |
| | | |
| ocupado (adj) | aizņemts | [aizɲemts] |
| tocar (vi) | zvanīt | [zvani:t] |
| lista (f) telefônica | telefona grāmata (s) | [tɛlefɔna gra:mata] |
| | | |
| local (adj) | vietējais | [viɛte:jais] |
| chamada (f) local | vietējais zvans (v) | [viɛte:jais zvans] |
| de longa distância | starppilsētu | [starppilsɛ:tu] |
| chamada (f) de longa distância | starppilsētu zvans (v) | [starppilsɛ:tu zvans] |
| internacional (adj) | starptautiskais | [starptautiskais] |
| chamada (f) internacional | starptautiskais zvans (v) | [starptautiskais zvans] |

## 99. Telefone móvel

| | | |
|---|---|---|
| celular (m) | mobilais tālrunis (v) | [mɔbilais ta:lrunis] |
| tela (f) | displejs (v) | [displejs] |
| botão (m) | poga (s) | [pɔga] |
| cartão SIM (m) | SIM-karte (s) | [sim-karte] |
| | | |
| bateria (f) | baterija (s) | [baterija] |
| descarregar-se (vr) | izlādēties | [izla:de:tiɛs] |
| carregador (m) | uzlādes ierīce (s) | [uzla:des iɛri:tse] |
| | | |
| menu (m) | izvēlne (s) | [izve:lne] |
| configurações (f pl) | uzstādījumi (v dsk) | [uzsta:di:jumi] |
| melodia (f) | melodija (s) | [melɔdija] |
| escolher (vt) | izvēlēties | [izvɛ:le:tiɛs] |
| | | |
| calculadora (f) | kalkulators (v) | [kalkulatɔrs] |
| correio (m) de voz | autoatbildētājs (v) | [autɔatbildɛ:ta:js] |

| | | |
|---|---|---|
| despertador (m) | modinātājs (v) | [mɔdina:ta:js] |
| contatos (m pl) | telefona grāmata (s) | [tɛlefɔna gra:mata] |

| | | |
|---|---|---|
| mensagem (f) de texto | SMS-ziņa (s) | [sms-ziɲa] |
| assinante (m) | abonents (v) | [abɔnents] |

## 100. Estacionário

| | | |
|---|---|---|
| caneta (f) | lodīšu pildspalva (s) | [lɔdi:ʃu pildspalva] |
| caneta (f) tinteiro | spalvaskāts (v) | [spalvaska:ts] |

| | | |
|---|---|---|
| lápis (m) | zīmulis (v) | [zi:mulis] |
| marcador (m) de texto | marķieris (v) | [martʲiɛris] |
| caneta (f) hidrográfica | flomasteris (v) | [flɔmasteris] |

| | | |
|---|---|---|
| bloco (m) de notas | bloknots (v) | [blɔknɔts] |
| agenda (f) | dienasgrāmata (s) | [diɛnasgra:mata] |

| | | |
|---|---|---|
| régua (f) | lineāls (v) | [linea:ls] |
| calculadora (f) | kalkulators (v) | [kalkulatɔrs] |
| borracha (f) | dzēšgumija (s) | [dze:ʃgumija] |
| alfinete (m) | piespraude (s) | [piɛspraude] |
| clipe (m) | saspraude (s) | [saspraude] |

| | | |
|---|---|---|
| cola (f) | līme (s) | [li:me] |
| grampeador (m) | skavotājs (v) | [skavɔta:js] |
| furador (m) de papel | caurumotājs (v) | [tsaurumɔta:js] |
| apontador (m) | zīmuļu asināmais (v) | [zi:mulʲu asina:mais] |

# Emprego. Negócios. Parte 2

## 101. Media

| | | |
|---|---|---|
| jornal (m) | laikraksts (v) | [laikraksts] |
| revista (f) | žurnāls (v) | [ʒurnaːls] |
| imprensa (f) | prese (s) | [prɛse] |
| rádio (m) | radio (v) | [radiɔ] |
| estação (f) de rádio | radiostacija (s) | [radiɔstatsija] |
| televisão (f) | televīzija (s) | [tɛleviːzija] |
| | | |
| apresentador (m) | vadītājs (v) | [vadiːtaːjs] |
| locutor (m) | diktors (v) | [diktɔrs] |
| comentarista (m) | komentētājs (v) | [kɔmentɛːtaːjs] |
| | | |
| jornalista (m) | žurnālists (v) | [ʒurnaːlists] |
| correspondente (m) | korespondents (v) | [kɔrespɔndents] |
| repórter (m) fotográfico | fotokorespondents (v) | [fotɔkɔrespɔndents] |
| repórter (m) | reportieris (v) | [reportiɛris] |
| | | |
| redator (m) | redaktors (v) | [rɛdaktɔrs] |
| redator-chefe (m) | galvenais redaktors (v) | [galvɛnais rɛdaktɔrs] |
| | | |
| assinar a ... | pasūtīt | [pasuːtiːt] |
| assinatura (f) | parakstīšanās (s) | [paraksti:ʃana:s] |
| assinante (m) | abonents (v) | [abɔnents] |
| ler (vt) | lasīt | [lasiːt] |
| leitor (m) | lasītājs (v) | [lasiːtaːjs] |
| | | |
| tiragem (f) | tirāža (s) | [tiraːʒa] |
| mensal (adj) | ikmēneša- | [ikmɛːneʃa-] |
| semanal (adj) | iknedēļas | [iknɛdɛːlʲas] |
| número (jornal, revista) | numurs (v) | [numurs] |
| recente, novo (adj) | svaigs | [svaigs] |
| | | |
| manchete (f) | virsraksts (v) | [virsraksts] |
| pequeno artigo (m) | piezīme (s) | [piɛziːme] |
| coluna (~ semanal) | rubrika (s) | [rubrika] |
| artigo (m) | raksts (v) | [raksts] |
| página (f) | lappuse (s) | [lappuse] |
| | | |
| reportagem (f) | reportāža (s) | [reportaːʒa] |
| evento (festa, etc.) | notikums (v) | [nɔtikums] |
| sensação (f) | sensācija (s) | [sensaːtsija] |
| escândalo (m) | skandāls (v) | [skandaːls] |
| escandaloso (adj) | skandalozs | [skandalɔzs] |
| grande (adj) | skaļš | [skalʲʃ] |
| | | |
| programa (m) | raidījums (v) | [raidiːjums] |
| entrevista (f) | intervija (s) | [intervija] |

| | | |
|---|---|---|
| transmissão (f) ao vivo | **tieša translācija** (s) | [tiɛʃa transla:tsija] |
| canal (m) | **kanāls** (v) | [kana:ls] |

## 102. Agricultura

| | | |
|---|---|---|
| agricultura (f) | **lauksaimniecība** (s) | [lauksaimniɛtsi:ba] |
| camponês (m) | **zemnieks** (v) | [zemniɛks] |
| camponesa (f) | **zemniece** (s) | [zemniɛtse] |
| agricultor, fazendeiro (m) | **fermeris** (v) | [fermeris] |

| | | |
|---|---|---|
| trator (m) | **traktors** (v) | [traktɔrs] |
| colheitadeira (f) | **kombains** (v) | [kɔmbains] |

| | | |
|---|---|---|
| arado (m) | **arkls** (v) | [arkls] |
| arar (vt) | **art** | [art] |
| campo (m) lavrado | **uzarts lauks** (v) | [uzarts lauks] |
| sulco (m) | **vaga** (s) | [vaga] |

| | | |
|---|---|---|
| semear (vt) | **sēt** | [se:t] |
| plantadeira (f) | **sējmašīna** (s) | [se:jmaʃi:na] |
| semeadura (f) | **sēšana** (s) | [se:ʃana] |

| | | |
|---|---|---|
| foice (m) | **izkapts** (s) | [izkapts] |
| cortar com foice | **pļaut** | [plʲaut] |

| | | |
|---|---|---|
| pá (f) | **lāpsta** (s) | [la:psta] |
| cavar (vt) | **rakt** | [rakt] |

| | | |
|---|---|---|
| enxada (f) | **kaplis** (v) | [kaplis] |
| capinar (vt) | **ravēt** | [rave:t] |
| erva (f) daninha | **nezāle** (s) | [nɛza:le] |

| | | |
|---|---|---|
| regador (m) | **lejkanna** (s) | [lejkanna] |
| regar (plantas) | **laistīt** | [laisti:t] |
| rega (f) | **laistīšana** (s) | [laisti:ʃana] |

| | | |
|---|---|---|
| forquilha (f) | **dakšas** (s dsk) | [dakʃas] |
| ancinho (m) | **grābeklis** (v) | [gra:beklis] |

| | | |
|---|---|---|
| fertilizante (m) | **mēslojums** (v) | [me:slɔjums] |
| fertilizar (vt) | **mēslot** | [me:slɔt] |
| estrume, esterco (m) | **kūtsmēsli** (v dsk) | [ku:tsme:sli] |

| | | |
|---|---|---|
| campo (m) | **lauks** (v) | [lauks] |
| prado (m) | **pļava** (s) | [plʲava] |
| horta (f) | **sakņu dārzs** (v) | [sakɲu da:rzs] |
| pomar (m) | **dārzs** (v) | [da:rzs] |

| | | |
|---|---|---|
| pastar (vt) | **ganīt** | [gani:t] |
| pastor (m) | **gans** (v) | [gans] |
| pastagem (f) | **ganības** (s dsk) | [gani:bas] |

| | | |
|---|---|---|
| pecuária (f) | **lopkopība** (s) | [lɔpkɔpi:ba] |
| criação (f) de ovelhas | **aitkopība** (s) | [aitkɔpi:ba] |

| plantação (f) | plantãcija (s) | [planta:tsija] |
| canteiro (m) | dobe (s) | [dɔbe] |
| estufa (f) | lecekts (v) | [letsekts] |

| seca (f) | sausums (v) | [sausums] |
| seco (verão ~) | sauss | [saus] |

| grão (m) | graudi (v dsk) | [graudi] |
| cereais (m pl) | graudaugi (v dsk) | [graudaugi] |
| colher (vt) | novãkt | [nɔva:kt] |

| moleiro (m) | dzirnavnieks (v) | [dzirnavniɛks] |
| moinho (m) | dzirnavas (s dsk) | [dzirnavas] |
| moer (vt) | malt graudus | [malt graudus] |
| farinha (f) | milti (v dsk) | [milti] |
| palha (f) | salmi (v dsk) | [salmi] |

## 103. Construção. Processo de construção

| canteiro (m) de obras | būvvieta (s) | [bu:vviɛta] |
| construir (vt) | būvēt | [bu:ve:t] |
| construtor (m) | celtnieks (v) | [tseltniɛks] |

| projeto (m) | projekts (v) | [prɔjekts] |
| arquiteto (m) | arhitekts (v) | [arxitekts] |
| operário (m) | strãdnieks (v) | [stra:dniɛks] |

| fundação (f) | pamats (v) | [pamats] |
| telhado (m) | jumts (v) | [jumts] |
| estaca (f) | pãlis (v) | [pa:lis] |
| parede (f) | siena (s) | [siɛna] |

| colunas (f pl) de sustentação | armatūra (s) | [armatu:ra] |
| andaime (m) | būvkoki (v dsk) | [bu:vkɔki] |

| concreto (m) | betons (v) | [betɔns] |
| granito (m) | granīts (v) | [grani:ts] |
| pedra (f) | akmens (v) | [akmens] |
| tijolo (m) | ķieģelis (v) | [tʲiɛdʲelis] |

| areia (f) | smiltis (s dsk) | [smiltis] |
| cimento (m) | cements (v) | [tsɛments] |
| emboço, reboco (m) | apmetums (v) | [apmɛtums] |
| emboçar, rebocar (vt) | apmest | [apmest] |

| tinta (f) | krãsa (s) | [kra:sa] |
| pintar (vt) | krãsot | [kra:sɔt] |
| barril (m) | muca (s) | [mutsa] |

| grua (f), guindaste (m) | krãns (v) | [kra:ns] |
| erguer (vt) | celt | [tselt] |
| baixar (vt) | nolaist | [nɔlaist] |
| buldózer (m) | buldozers (v) | [buldɔzɛrs] |
| escavadora (f) | ekskavators (v) | [ekskavatɔrs] |

| | | |
|---|---|---|
| caçamba (f) | **kauss** (v) | [kaus] |
| escavar (vt) | **rakt** | [rakt] |
| capacete (m) de proteção | **ķivere** (s) | [t⁽ivɛre] |

# Profissões e ocupações

## 104. Procura de emprego. Demissão

| | | |
|---|---|---|
| trabalho (m) | **darbs** (v) | [darbs] |
| equipe (f) | **štats** (v) | [ʃtats] |
| pessoal (m) | **personāls** (v) | [pɛrsɔnaːls] |
| | | |
| carreira (f) | **karjera** (s) | [karjera] |
| perspectivas (f pl) | **perspektīva** (s) | [pɛrspektiːva] |
| habilidades (f pl) | **meistarība** (s) | [mɛistariːba] |
| | | |
| seleção (f) | **izlase** (s) | [izlase] |
| agência (f) de emprego | **nodarbinātības aģentūra** (s) | [nɔdarbinaːtiːbas adjentuːra] |
| currículo (m) | **kopsavilkums** (v) | [kɔpsavilkums] |
| entrevista (f) de emprego | **darba intervija** (s) | [darba intervija] |
| vaga (f) | **vakance** (s) | [vakantse] |
| | | |
| salário (m) | **darba alga** (s) | [darba alga] |
| salário (m) fixo | **alga** (s) | [alga] |
| pagamento (m) | **samaksa** (s) | [samaksa] |
| | | |
| cargo (m) | **amats** (v) | [amats] |
| dever (do empregado) | **pienākums** (v) | [piɛnaːkums] |
| gama (f) de deveres | **loks** (v) | [lɔks] |
| ocupado (adj) | **aizņemts** | [aizɲemts] |
| | | |
| despedir, demitir (vt) | **atlaist** | [atlaist] |
| demissão (f) | **atlaišana** (s) | [atlaiʃana] |
| | | |
| desemprego (m) | **bezdarbs** (v) | [bezdarbs] |
| desempregado (m) | **bezdarbnieks** (v) | [bezdarbniɛks] |
| aposentadoria (f) | **pensija** (s) | [pensija] |
| aposentar-se (vr) | **aiziet pensijā** | [aiziɛt pensijaː] |

## 105. Gente de negócios

| | | |
|---|---|---|
| diretor (m) | **direktors** (v) | [direktɔrs] |
| gerente (m) | **pārvaldnieks** (v) | [paːrvaldniɛks] |
| patrão, chefe (m) | **vadītājs** (v) | [vadiːtaːjs] |
| | | |
| superior (m) | **priekšnieks** (v) | [priɛkʃniɛks] |
| superiores (m pl) | **priekšniecība** (s) | [priɛkʃniɛtsiːba] |
| presidente (m) | **prezidents** (v) | [prezidents] |
| chairman (m) | **priekšsēdētājs** (v) | [priɛkʃsɛːdɛːtaːjs] |
| | | |
| substituto (m) | **aizvietotājs** (v) | [aizviɛtɔtaːjs] |
| assistente (m) | **palīgs** (v) | [paliːgs] |

| secretário (m) | sekretārs (v) | [sekrɛta:rs] |
| secretário (m) pessoal | personīgais sekretārs (v) | [pɛrsɔni:gais sekrɛta:rs] |

| homem (m) de negócios | biznesmenis (v) | [biznesmenis] |
| empreendedor (m) | uzņēmējs (v) | [uzɲɛ:me:js] |
| fundador (m) | pamatlicējs (v) | [pamatlitse:js] |
| fundar (vt) | nodibināt | [nɔdibina:t] |

| principiador (m) | dibinātājs (v) | [dibina:ta:js] |
| parceiro, sócio (m) | partneris (v) | [partneris] |
| acionista (m) | akcionārs (v) | [aktsiɔna:rs] |

| milionário (m) | miljonārs (v) | [miljɔna:rs] |
| bilionário (m) | miljardieris (v) | [miljardiɛris] |
| proprietário (m) | īpašnieks (v) | [i:paʃniɛks] |
| proprietário (m) de terras | zemes īpašnieks (v) | [zɛmes i:paʃniɛks] |

| cliente (m) | klients (v) | [kliɛnts] |
| cliente (m) habitual | pastāvīgais klients (v) | [pasta:vi:gais kliɛnts] |
| comprador (m) | pircējs (v) | [pirtse:js] |
| visitante (m) | apmeklētājs (v) | [apmeklɛ:ta:js] |

| profissional (m) | profesionālis (v) | [prɔfesiɔna:lis] |
| perito (m) | eksperts (v) | [eksperts] |
| especialista (m) | speciālists (v) | [spetsia:lists] |

| banqueiro (m) | baņķieris (v) | [baɲtʲiɛris] |
| corretor (m) | brokeris (v) | [brɔkeris] |

| caixa (m, f) | kasieris (v) | [kasiɛris] |
| contador (m) | grāmatvedis (v) | [gra:matvedis] |
| guarda (m) | apsargs (v) | [apsargs] |

| investidor (m) | investors (v) | [investɔrs] |
| devedor (m) | parādnieks (v) | [para:dniɛks] |
| credor (m) | kreditors (v) | [kreditɔrs] |
| mutuário (m) | aizņēmējs (v) | [aizɲe:me:js] |

| importador (m) | importētājs (v) | [impɔrtɛ:ta:js] |
| exportador (m) | eksportētājs (v) | [ekspɔrtɛ:ta:js] |

| produtor (m) | ražotājs (v) | [raʒɔta:js] |
| distribuidor (m) | izplatītājs (v) | [izplati:ta:js] |
| intermediário (m) | starpnieks (v) | [starpniɛks] |

| consultor (m) | konsultants (v) | [kɔnsultants] |
| representante comercial | pārstāvis (v) | [pa:rsta:vis] |
| agente (m) | aģents (v) | [adʲents] |
| agente (m) de seguros | apdrošināšanas aģents (v) | [apdrɔʃina:ʃanas adʲents] |

## 106. Profissões de serviços

| cozinheiro (m) | pavārs (v) | [pava:rs] |
| chefe (m) de cozinha | šefpavārs (v) | [ʃefpava:rs] |

| | | |
|---|---|---|
| padeiro (m) | **maiznieks** (v) | [maizniɛks] |
| barman (m) | **bārmenis** (v) | [ba:rmenis] |
| garçom (m) | **oficiants** (v) | [ɔfitsiants] |
| garçonete (f) | **oficiante** (s) | [ɔfitsiante] |

| | | |
|---|---|---|
| advogado (m) | **advokāts** (v) | [advɔka:ts] |
| jurista (m) | **jurists** (v) | [jurists] |
| notário (m) | **notārs** (v) | [nɔta:rs] |

| | | |
|---|---|---|
| eletricista (m) | **elektriķis** (v) | [ɛlektritʲis] |
| encanador (m) | **santehniķis** (v) | [santexnitʲis] |
| carpinteiro (m) | **namdaris** (v) | [namdaris] |

| | | |
|---|---|---|
| massagista (m) | **masieris** (v) | [masiɛris] |
| massagista (f) | **masiere** (s) | [masiɛre] |
| médico (m) | **ārsts** (v) | [a:rsts] |

| | | |
|---|---|---|
| taxista (m) | **taksists** (v) | [taksists] |
| condutor (automobilista) | **šoferis** (v) | [ʃɔferis] |
| entregador (m) | **kurjers** (v) | [kurjers] |

| | | |
|---|---|---|
| camareira (f) | **istabene** (s) | [istabɛne] |
| guarda (m) | **apsargs** (v) | [apsargs] |
| aeromoça (f) | **stjuarte** (s) | [stjuarte] |

| | | |
|---|---|---|
| professor (m) | **skolotājs** (v) | [skɔlɔta:js] |
| bibliotecário (m) | **bibliotekārs** (v) | [bibliotɛka:rs] |
| tradutor (m) | **tulks** (v) | [tulks] |
| intérprete (m) | **tulks** (v) | [tulks] |
| guia (m) | **gids** (v) | [gids] |

| | | |
|---|---|---|
| cabeleireiro (m) | **frizieris** (v) | [friziɛris] |
| carteiro (m) | **pastnieks** (v) | [pastniɛks] |
| vendedor (m) | **pārdevējs** (v) | [pa:rdɛve:js] |

| | | |
|---|---|---|
| jardineiro (m) | **dārznieks** (v) | [da:rzniɛks] |
| criado (m) | **kalps** (v) | [kalps] |
| criada (f) | **kalpone** (s) | [kalpɔne] |
| empregada (f) de limpeza | **apkopēja** (s) | [apkɔpe:ja] |

## 107. Profissões militares e postos

| | | |
|---|---|---|
| soldado (m) raso | **ierindnieks** (v) | [iɛrindniɛks] |
| sargento (m) | **seržants** (v) | [serʒants] |
| tenente (m) | **leitnants** (v) | [lɛitnants] |
| capitão (m) | **kapteinis** (v) | [kaptɛinis] |

| | | |
|---|---|---|
| major (m) | **majors** (v) | [majɔrs] |
| coronel (m) | **pulkvedis** (v) | [pulkvedis] |
| general (m) | **ģenerālis** (v) | [dʲɛnɛra:lis] |
| marechal (m) | **maršals** (v) | [marʃals] |
| almirante (m) | **admirālis** (v) | [admira:lis] |
| militar (m) | **karavīrs** (v) | [karavi:rs] |
| soldado (m) | **karavīrs** (v) | [karavi:rs] |

| | | |
|---|---|---|
| oficial (m) | **virsnieks** (v) | [virsnιεks] |
| comandante (m) | **komandieris** (v) | [kɔmandιεris] |

| | | |
|---|---|---|
| guarda (m) de fronteira | **robežsargs** (v) | [rɔbeʒsargs] |
| operador (m) de rádio | **radists** (v) | [radists] |
| explorador (m) | **izlūks** (v) | [izlu:ks] |
| sapador-mineiro (m) | **sapieris** (v) | [sapιεris] |
| atirador (m) | **šāvējs** (v) | [ʃa:ve:js] |
| navegador (m) | **stūrmanis** (v) | [stu:rmanis] |

## 108. Oficiais. Padres

| | | |
|---|---|---|
| rei (m) | **karalis** (v) | [karalis] |
| rainha (f) | **karaliene** (s) | [karaliεne] |

| | | |
|---|---|---|
| príncipe (m) | **princis** (v) | [printsis] |
| princesa (f) | **princese** (s) | [printsεse] |

| | | |
|---|---|---|
| czar (m) | **cars** (v) | [tsars] |
| czarina (f) | **cariene** (s) | [tsariεne] |

| | | |
|---|---|---|
| presidente (m) | **prezidents** (v) | [prezidents] |
| ministro (m) | **ministrs** (v) | [ministrs] |
| primeiro-ministro (m) | **premjerministrs** (v) | [premjerministrs] |
| senador (m) | **senators** (v) | [sεnatɔrs] |

| | | |
|---|---|---|
| diplomata (m) | **diplomāts** (v) | [diplɔma:ts] |
| cônsul (m) | **konsuls** (v) | [kɔnsuls] |
| embaixador (m) | **vēstnieks** (v) | [ve:stnιεks] |
| conselheiro (m) | **padomnieks** (v) | [padɔmnιεks] |

| | | |
|---|---|---|
| funcionário (m) | **ierēdnis** (v) | [iεre:dnis] |
| prefeito (m) | **prefekts** (v) | [prefekts] |
| Presidente (m) da Câmara | **mērs** (v) | [mε:rs] |

| | | |
|---|---|---|
| juiz (m) | **tiesnesis** (v) | [tiεsnesis] |
| procurador (m) | **prokurors** (v) | [prɔkurɔrs] |

| | | |
|---|---|---|
| missionário (m) | **misionārs** (v) | [misiɔna:rs] |
| monge (m) | **mūks** (v) | [mu:ks] |
| abade (m) | **abats** (v) | [abats] |
| rabino (m) | **rabīns** (v) | [rabi:ns] |

| | | |
|---|---|---|
| vizir (m) | **vezīrs** (v) | [vezi:rs] |
| xá (m) | **šahs** (v) | [ʃaxs] |
| xeique (m) | **šeihs** (v) | [ʃεixs] |

## 109. Profissões agrícolas

| | | |
|---|---|---|
| abelheiro (m) | **biškopis** (v) | [biʃkɔpis] |
| pastor (m) | **gans** (v) | [gans] |
| agrônomo (m) | **agronoms** (v) | [agrɔnɔms] |

| | | |
|---|---|---|
| criador (m) de gado | lopkopis (v) | [lɔpkɔpis] |
| veterinário (m) | veterinārs (v) | [vɛterina:rs] |

| | | |
|---|---|---|
| agricultor, fazendeiro (m) | fermeris (v) | [fermeris] |
| vinicultor (m) | vīndaris (v) | [vi:ndaris] |
| zoólogo (m) | zoologs (v) | [zɔɔlɔgs] |
| vaqueiro (m) | kovbojs (v) | [kɔvbɔjs] |

## 110. Profissões artísticas

| | | |
|---|---|---|
| ator (m) | aktieris (v) | [aktiɛris] |
| atriz (f) | aktrise (s) | [aktrise] |

| | | |
|---|---|---|
| cantor (m) | dziedātājs (v) | [dziɛda:ta:js] |
| cantora (f) | dziedātāja (s) | [dziɛda:ta:ja] |

| | | |
|---|---|---|
| bailarino (m) | dejotājs (v) | [dejɔta:js] |
| bailarina (f) | dejotāja (s) | [dejɔta:ja] |

| | | |
|---|---|---|
| artista (m) | mākslinieks (v) | [ma:kslniɛks] |
| artista (f) | māksliniece (s) | [ma:kslniɛtse] |

| | | |
|---|---|---|
| músico (m) | mūziķis (v) | [mu:ziťis] |
| pianista (m) | pianists (v) | [pianists] |
| guitarrista (m) | ģitārists (v) | [dʲita:rists] |

| | | |
|---|---|---|
| maestro (m) | diriģents (v) | [diridʲents] |
| compositor (m) | komponists (v) | [kɔmpɔnists] |
| empresário (m) | impresārijs (v) | [imprɛsa:rijs] |

| | | |
|---|---|---|
| diretor (m) de cinema | režisors (v) | [reʒisɔrs] |
| produtor (m) | producents (v) | [prɔdutsents] |
| roteirista (m) | scenārija autors (v) | [stsɛna:rija autɔrs] |
| crítico (m) | kritiķis (v) | [krititʲis] |

| | | |
|---|---|---|
| escritor (m) | rakstnieks (v) | [rakstniɛks] |
| poeta (m) | dzejnieks (v) | [dzejniɛks] |
| escultor (m) | skulptors (v) | [skulptɔrs] |
| pintor (m) | mākslinieks (v) | [ma:kslniɛks] |

| | | |
|---|---|---|
| malabarista (m) | žonglieris (v) | [ʒɔŋgliɛris] |
| palhaço (m) | klauns (v) | [klauns] |
| acrobata (m) | akrobāts (v) | [akrɔba:ts] |
| ilusionista (m) | burvju mākslinieks (v) | [burvju ma:kslniɛks] |

## 111. Várias profissões

| | | |
|---|---|---|
| médico (m) | ārsts (v) | [a:rsts] |
| enfermeira (f) | medmāsa (s) | [medma:sa] |
| psiquiatra (m) | psihiatrs (v) | [psixiatrs] |
| dentista (m) | stomatologs (v) | [stɔmatɔlɔgs] |
| cirurgião (m) | ķirurgs (v) | [tʲirurgs] |

| | | |
|---|---|---|
| astronauta (m) | **astronauts** (v) | [astrɔnauts] |
| astrônomo (m) | **astronoms** (v) | [astrɔnɔms] |
| | | |
| motorista (m) | **vadītājs** (v) | [vadi:ta:js] |
| maquinista (m) | **mašīnists** (v) | [maʃi:nists] |
| mecânico (m) | **mehāniķis** (v) | [mexa:nitʲis] |
| | | |
| mineiro (m) | **ogļracis** (v) | [ɔglʲratsis] |
| operário (m) | **strādnieks** (v) | [stra:dnɪɛks] |
| serralheiro (m) | **atslēdznieks** (v) | [atsle:dznɪɛks] |
| marceneiro (m) | **galdnieks** (v) | [galdnɪɛks] |
| torneiro (m) | **virpotājs** (v) | [virpɔta:js] |
| construtor (m) | **celtnieks** (v) | [tseltnɪɛks] |
| soldador (m) | **metinātājs** (v) | [metina:ta:js] |
| | | |
| professor (m) | **profesors** (v) | [prɔfesɔrs] |
| arquiteto (m) | **arhitekts** (v) | [arxitekts] |
| historiador (m) | **vēsturnieks** (v) | [ve:sturnɪɛks] |
| cientista (m) | **zinātnieks** (v) | [zina:tnɪɛks] |
| físico (m) | **fiziķis** (v) | [fizitʲis] |
| químico (m) | **ķīmiķis** (v) | [tʲi:mitʲis] |
| | | |
| arqueólogo (m) | **arheologs** (v) | [arxeɔlɔgs] |
| geólogo (m) | **ģeologs** (v) | [dʲeɔlɔgs] |
| pesquisador (cientista) | **pētnieks** (v) | [pe:tnɪɛks] |
| | | |
| babysitter, babá (f) | **aukle** (s) | [aukle] |
| professor (m) | **pedagogs** (v) | [pɛdagɔgs] |
| | | |
| redator (m) | **redaktors** (v) | [rɛdaktɔrs] |
| redator-chefe (m) | **galvenais redaktors** (v) | [galvɛnais rɛdaktɔrs] |
| correspondente (m) | **korespondents** (v) | [korespɔndents] |
| datilógrafa (f) | **mašīnrakstītāja** (s) | [maʃi:nraksti:ta:ja] |
| | | |
| designer (m) | **dizainers** (v) | [dizainɛrs] |
| especialista (m) em informática | **datoru eksperts** (v) | [datɔru eksperts] |
| programador (m) | **programmētājs** (v) | [prɔgrammɛ:ta:js] |
| engenheiro (m) | **inženieris** (v) | [inʒenɪɛris] |
| | | |
| marujo (m) | **jūrnieks** (v) | [ju:rnɪɛks] |
| marinheiro (m) | **matrozis** (v) | [matrɔzis] |
| socorrista (m) | **glābējs** (v) | [gla:be:js] |
| | | |
| bombeiro (m) | **ugunsdzēsējs** (v) | [ugunsdzɛ:se:js] |
| polícia (m) | **policists** (v) | [pɔlitsists] |
| guarda-noturno (m) | **sargs** (v) | [sargs] |
| detetive (m) | **detektīvs** (v) | [dɛtekti:vs] |
| | | |
| funcionário (m) da alfândega | **muitas ierēdnis** (v) | [muitas iɛre:dnis] |
| guarda-costas (m) | **miesassargs** (v) | [miɛsasargs] |
| guarda (m) prisional | **uzraugs** (v) | [uzraugs] |
| inspetor (m) | **inspektors** (v) | [inspektɔrs] |
| | | |
| esportista (m) | **sportists** (v) | [spɔrtists] |
| treinador (m) | **treneris** (v) | [trɛneris] |

| | | |
|---|---|---|
| açougueiro (m) | **miesnieks** (v) | [miɛsniɛks] |
| sapateiro (m) | **kurpnieks** (v) | [kurpniɛks] |
| comerciante (m) | **komersants** (v) | [kɔmɛrsants] |
| carregador (m) | **krāvējs** (v) | [kraːveːjs] |
| | | |
| estilista (m) | **modelētājs** (v) | [mɔdɛlɛːtaːjs] |
| modelo (f) | **modele** (s) | [mɔdɛle] |

## 112. Ocupações. Estatuto social

| | | |
|---|---|---|
| estudante (~ de escola) | **skolnieks** (v) | [skɔlniɛks] |
| estudante (~ universitária) | **students** (v) | [students] |
| | | |
| filósofo (m) | **filosofs** (v) | [filɔsɔfs] |
| economista (m) | **ekonomists** (v) | [ekɔnɔmists] |
| inventor (m) | **izgudrotājs** (v) | [izgudrɔtaːjs] |
| | | |
| desempregado (m) | **bezdarbnieks** (v) | [bezdarbniɛks] |
| aposentado (m) | **pensionārs** (v) | [pensiɔnaːrs] |
| espião (m) | **spiegs** (v) | [spiɛgs] |
| | | |
| preso, prisioneiro (m) | **ieslodzītais** (v) | [iɛslɔdziːtais] |
| grevista (m) | **streikotājs** (v) | [strɛikɔtaːjs] |
| burocrata (m) | **birokrāts** (v) | [birɔkraːts] |
| viajante (m) | **ceļotājs** (v) | [tselʲɔtaːjs] |
| | | |
| homossexual (m) | **homoseksuālists** (v) | [xɔmɔseksuaːlists] |
| hacker (m) | **hakeris** (v) | [xakeris] |
| hippie (m, f) | **hipijs** (v) | [xipijs] |
| | | |
| bandido (m) | **bandīts** (v) | [bandiːts] |
| assassino (m) | **algots slepkava** (v) | [algɔts slepkava] |
| drogado (m) | **narkomāns** (v) | [narkɔmaːns] |
| traficante (m) | **narkotiku tirgotājs** (v) | [narkɔtiku tirgɔtaːjs] |
| prostituta (f) | **prostitūta** (s) | [prɔstituːta] |
| cafetão (m) | **suteners** (v) | [sutɛnɛrs] |
| | | |
| bruxo (m) | **burvis** (v) | [burvis] |
| bruxa (f) | **burve** (s) | [burve] |
| pirata (m) | **pirāts** (v) | [piraːts] |
| escravo (m) | **vergs** (v) | [vergs] |
| samurai (m) | **samurajs** (v) | [samurajs] |
| selvagem (m) | **mežonis** (v) | [meʒɔnis] |

# Desportos

## 113. Tipos de desportos. Desportistas

| | | |
|---|---|---|
| esportista (m) | sportists (v) | [sportists] |
| tipo (m) de esporte | sporta veids (v) | [sporta vɛids] |
| | | |
| basquete (m) | basketbols (v) | [basketbɔls] |
| jogador (m) de basquete | basketbolists (v) | [basketbɔlists] |
| | | |
| beisebol (m) | beisbols (v) | [bɛisbɔls] |
| jogador (m) de beisebol | beisbolists (v) | [bɛisbɔlists] |
| | | |
| futebol (m) | futbols (v) | [futbɔls] |
| jogador (m) de futebol | futbolists (v) | [futbɔlists] |
| goleiro (m) | vārtsargs (v) | [va:rtsargs] |
| | | |
| hóquei (m) | hokejs (v) | [xɔkejs] |
| jogador (m) de hóquei | hokejists (v) | [xɔkejists] |
| | | |
| vôlei (m) | volejbols (v) | [vɔlejbɔls] |
| jogador (m) de vôlei | volejbolists (v) | [vɔlejbɔlists] |
| | | |
| boxe (m) | bokss (v) | [bɔks] |
| boxeador (m) | bokseris (v) | [bɔkseris] |
| | | |
| luta (f) | cīņa (s) | [tsi:ɲa] |
| lutador (m) | cīkstonis (v) | [tsi:kstɔnis] |
| | | |
| caratê (m) | karatē (v) | [karate:] |
| carateca (m) | karatists (v) | [karatists] |
| | | |
| judô (m) | džudo (v) | [dʒudɔ] |
| judoca (m) | džudists (v) | [dʒudists] |
| | | |
| tênis (m) | teniss (v) | [tenis] |
| tenista (m) | tenisists (v) | [tenisists] |
| | | |
| natação (f) | peldēšana (s) | [pelde:ʃana] |
| nadador (m) | peldētājs (v) | [peldɛ:ta:js] |
| | | |
| esgrima (f) | paukošana (s) | [paukɔʃana] |
| esgrimista (m) | paukotājs (v) | [paukɔta:js] |
| | | |
| xadrez (m) | šahs (v) | [ʃaxs] |
| jogador (m) de xadrez | šahists (v) | [ʃaxists] |
| | | |
| alpinismo (m) | alpīnisms (v) | [alpi:nisms] |
| alpinista (m) | alpīnists (v) | [alpi:nists] |
| corrida (f) | skriešana (s) | [skriɛʃana] |

| corredor (m) | skrējējs (v) | [skre:je:js] |
| atletismo (m) | vieglatlētika (s) | [viɛglatle:tika] |
| atleta (m) | atlēts (v) | [atle:ts] |

| hipismo (m) | jāšanas sports (v) | [ja:ʃanas spɔrts] |
| cavaleiro (m) | jātnieks (v) | [ja:tniɛks] |

| patinação (f) artística | daiļslidošana (s) | [dailʲslidɔʃana] |
| patinador (m) | daiļslidotājs (v) | [dailʲslidɔta:js] |
| patinadora (f) | daiļslidotāja (s) | [dailʲslidɔta:ja] |

| halterofilismo (m) | smagatlētika (s) | [smagatle:tika] |
| halterofilista (m) | svarcēlājs (v) | [svartsɛ:la:js] |
| corrida (f) de carros | autosacīkstes (s dsk) | [autɔsatsi:kstes] |
| piloto (m) | braucējs (v) | [brautse:js] |

| ciclismo (m) | riteņbraukšana (s) | [riteɲbraukʃana] |
| ciclista (m) | riteņbraucējs (v) | [riteɲbrautse:js] |

| salto (m) em distância | tāllēkšana (s) | [ta:lle:kʃana] |
| salto (m) com vara | kārtslēkšana (s) | [ka:rtsle:kʃana] |
| atleta (m) de saltos | lēcējs (v) | [le:tse:js] |

## 114. Tipos de desportos. Diversos

| futebol (m) americano | amerikāņu futbols (v) | [amerika:ɲu futbɔls] |
| badminton (m) | badmintons (v) | [badmintɔns] |
| biatlo (m) | biatlons (v) | [biatlɔns] |
| bilhar (m) | biljards (v) | [biljards] |

| bobsled (m) | bobslejs (v) | [bɔbslejs] |
| musculação (f) | bodibildings (v) | [bɔdibildiɲgs] |
| polo (m) aquático | ūdenspolo (v) | [u:denspɔlɔ] |
| handebol (m) | rokasbumba (s) | [rɔkasbumba] |
| golfe (m) | golfs (v) | [gɔlfs] |

| remo (m) | airēšana (s) | [aire:ʃana] |
| mergulho (m) | niršana (s) | [nirʃana] |
| corrida (f) de esqui | slēpošanas sacīkstes (s dsk) | [sle:pɔʃanas satsi:kstes] |
| tênis (m) de mesa | galda teniss (v) | [galda tenis] |

| vela (f) | buru sports (v) | [buru spɔrts] |
| rali (m) | rallijs (v) | [rallijs] |
| rúgbi (m) | regbijs (v) | [regbijs] |
| snowboard (m) | snovbords (v) | [snɔvbɔrds] |
| arco-e-flecha (m) | loka šaušana (s) | [lɔka ʃauʃana] |

## 115. Ginásio

| barra (f) | stienis (v) | [stiɛnis] |
| halteres (m pl) | hanteles (s dsk) | [xantɛles] |
| aparelho (m) de musculação | trenažieris (v) | [trɛnaʒiɛris] |

| bicicleta (f) ergométrica | velotrenažieris (v) | [velɔtrɛnaʒiɛris] |
| esteira (f) de corrida | skrejceļš (v) | [skrejtseljʃ] |

| barra (f) fixa | šķērssija (s) | [ʃʲɛ:rsija] |
| barras (f pl) paralelas | līdztekas (s dsk) | [li:dztɛkas] |
| cavalo (m) | vingrošanas zirgs (v) | [viŋgrɔʃanas zirgs] |
| tapete (m) de ginástica | vingrošanas paklājs (v) | [viŋgrɔʃanas pakla:js] |

| corda (f) de saltar | lecamaukla (s) | [letsamaukla] |
| aeróbica (f) | vingrošana (s) | [viŋgrɔʃana] |
| ioga, yoga (f) | joga (s) | [jɔga] |

## 116. Desportos. Diversos

| Jogos (m pl) Olímpicos | Olimpiskās Spēles (s dsk) | [ɔlimpiska:s spɛ:les] |
| vencedor (m) | uzvarētājs (v) | [uzvarɛ:ta:js] |
| vencer (vi) | uzvarēt | [uzvare:t] |
| vencer (vi, vt) | vinnēt | [vinne:t] |

| líder (m) | līderis (v) | [li:deris] |
| liderar (vt) | izrauties vadībā | [izrauties vadi:ba:] |

| primeiro lugar (m) | pirmā vieta (s) | [pirma: viɛta] |
| segundo lugar (m) | otrā vieta (s) | [ɔtra: viɛta] |
| terceiro lugar (m) | trešā vieta (s) | [treʃa: viɛta] |

| medalha (f) | medaļa (s) | [mɛdalʲa] |
| troféu (m) | trofeja (s) | [trɔfeja] |
| taça (f) | kauss (v) | [kauss] |
| prêmio (m) | balva (s) | [balva] |
| prêmio (m) principal | galvenā balva (s) | [galvɛna: balva] |

| recorde (m) | rekords (v) | [rekɔrds] |
| estabelecer um recorde | uzstādīt rekordu | [uzsta:di:t rekɔrdu] |

| final (m) | fināls (v) | [fina:ls] |
| final (adj) | fināla | [fina:la] |

| campeão (m) | čempions (v) | [tʃempiɔns] |
| campeonato (m) | čempionāts (v) | [tʃempiɔna:ts] |

| estádio (m) | stadions (v) | [stadiɔns] |
| arquibancadas (f pl) | tribīne (s) | [tribi:ne] |
| fã, torcedor (m) | līdzjutējs (v) | [li:dzjute:js] |
| adversário (m) | pretinieks (v) | [pretiniɛks] |

| partida (f) | starts (v) | [starts] |
| linha (f) de chegada | finišs (v) | [finiʃs] |

| derrota (f) | sakāve (s) | [saka:ve] |
| perder (vt) | zaudēt | [zaude:t] |

| árbitro, juiz (m) | tiesnesis (v) | [tiɛsnesis] |
| júri (m) | žūrija (s) | [ʒu:rija] |

| | | |
|---|---|---|
| resultado (m) | **rezultāts** (v) | [rɛzulta:ts] |
| empate (m) | **neizšķirts rezultāts** (v) | [nɛizʃtʲirts rɛzulta:ts] |
| empatar (vi) | **nospēlēt neizšķirti** | [nɔspɛ:le:t nɛizʃtʲirti] |
| ponto (m) | **punkts** (v) | [punkts] |
| resultado (m) final | **rezultāts** (v) | [rɛzulta:ts] |
| | | |
| tempo (m) | **periods** (v) | [periɔds] |
| intervalo (m) | **pārtraukums** (v) | [pa:rtraukums] |
| doping (m) | **dopings** (v) | [dɔpiŋgs] |
| penalizar (vt) | **sodīt** | [sɔdi:t] |
| desqualificar (vt) | **diskvalificēt** | [diskvalifitse:t] |
| | | |
| aparelho, aparato (m) | **sporta inventārs** (v) | [spɔrta inventa:rs] |
| dardo (m) | **šķēps** (v) | [ʃtʲe:ps] |
| peso (m) | **lode** (s) | [lɔde] |
| bola (f) | **biljarda bumbiņa** (s) | [biljarda bumbiɲa] |
| | | |
| alvo, objetivo (m) | **mērķis** (v) | [me:rtʲis] |
| alvo (~ de papel) | **mērķis** (v) | [me:rtʲis] |
| disparar, atirar (vi) | **šaut** | [ʃaut] |
| preciso (tiro ~) | **precīzs** | [pretsi:zs] |
| | | |
| treinador (m) | **treneris** (v) | [trɛneris] |
| treinar (vt) | **trenēt** | [trɛne:t] |
| treinar-se (vr) | **trenēties** | [trɛne:tiɛs] |
| treino (m) | **treniņš** (v) | [treniɲʃ] |
| | | |
| academia (f) de ginástica | **sporta zāle** (s) | [spɔrta za:le] |
| exercício (m) | **vingrinājums** (v) | [viŋgrina:jums] |
| aquecimento (m) | **izvingrināšana** (s) | [izviŋgrina:ʃana] |

# Educação

## 117. Escola

| | | |
|---|---|---|
| escola (f) | **skola** (s) | [skɔla] |
| diretor (m) de escola | **skolas direktors** (v) | [skɔlas direktɔrs] |
| | | |
| aluno (m) | **skolnieks** (v) | [skɔlniɛks] |
| aluna (f) | **skolniece** (s) | [skɔlniɛtse] |
| estudante (m) | **skolnieks** (v) | [skɔlniɛks] |
| estudante (f) | **skolniece** (s) | [skɔlniɛtse] |
| | | |
| ensinar (vt) | **mācīt** | [ma:tsi:t] |
| aprender (vt) | **mācīties** | [ma:tsi:tiɛs] |
| decorar (vt) | **mācīties no galvas** | [ma:tsi:ties nɔ galvas] |
| | | |
| estudar (vi) | **mācīties** | [ma:tsi:tiɛs] |
| estar na escola | **mācīties** | [ma:tsi:tiɛs] |
| ir à escola | **iet skolā** | [iɛt skɔla:] |
| | | |
| alfabeto (m) | **alfabēts** (v) | [alfabe:ts] |
| disciplina (f) | **mācības priekšmets** (v) | [ma:tsi:bas priɛkʃmets] |
| | | |
| sala (f) de aula | **klase** (s) | [klase] |
| lição, aula (f) | **stunda** (s) | [stunda] |
| recreio (m) | **starpbrīdis** (v) | [starpbri:dis] |
| toque (m) | **zvans** (v) | [zvans] |
| classe (f) | **skolas sols** (v) | [skɔlas sɔls] |
| quadro (m) negro | **tāfele** (s) | [ta:fɛle] |
| | | |
| nota (f) | **atzīme** (s) | [atzi:me] |
| boa nota (f) | **laba atzīme** (s) | [laba atzi:me] |
| nota (f) baixa | **slikta atzīme** (s) | [slikta atzi:me] |
| dar uma nota | **likt atzīmi** | [likt atzi:mi] |
| | | |
| erro (m) | **kļūda** (s) | [klʲu:da] |
| errar (vi) | **kļūdīties** | [klʲu:di:tiɛs] |
| corrigir (~ um erro) | **labot** | [labɔt] |
| cola (f) | **špikeris** (v) | [ʃpikeris] |
| | | |
| dever (m) de casa | **mājas darbs** (v) | [ma:jas darbs] |
| exercício (m) | **vingrinājums** (v) | [viŋgrina:jums] |
| | | |
| estar presente | **būt klāt** | [bu:t kla:t] |
| estar ausente | **nebūt klāt** | [nɛbu:t kla:t] |
| faltar às aulas | **kavēt stundas** | [kave:t stundas] |
| | | |
| punir (vt) | **sodīt** | [sɔdi:t] |
| punição (f) | **sods** (v) | [sɔds] |
| comportamento (m) | **uzvedība** (s) | [uzvedi:ba] |

| | | |
|---|---|---|
| boletim (m) escolar | dienasgrāmata (s) | [diɛnasgra:mata] |
| lápis (m) | zīmulis (v) | [zi:mulis] |
| borracha (f) | dzēšgumija (s) | [dze:ʃgumija] |
| giz (m) | krīts (v) | [kri:ts] |
| porta-lápis (m) | penālis (v) | [pɛna:lis] |
| | | |
| mala, pasta, mochila (f) | portfelis (v) | [portfelis] |
| caneta (f) | pildspalva (s) | [pildspalva] |
| caderno (m) | burtnīca (s) | [burtni:tsa] |
| livro (m) didático | mācību grāmata (s) | [ma:tsi:bu gra:mata] |
| compasso (m) | cirkulis (v) | [tsirkulis] |
| | | |
| traçar (vt) | rasēt | [rase:t] |
| desenho (m) técnico | rasējums (v) | [rase:jums] |
| | | |
| poesia (f) | dzejolis (v) | [dzejɔlis] |
| de cor | no galvas | [nɔ galvas] |
| decorar (vt) | mācīties no galvas | [ma:tsi:ties nɔ galvas] |
| | | |
| férias (f pl) | brīvlaiks (v) | [bri:vlaiks] |
| estar de férias | būt brīvlaikā | [bu:t bri:vlaika:] |
| passar as férias | pavadīt brīvlaiku | [pavadi:t bri:vlaiku] |
| | | |
| teste (m), prova (f) | kontroldarbs (v) | [kɔntrɔldarbs] |
| redação (f) | sacerējums (v) | [satsɛre:jums] |
| ditado (m) | diktāts (v) | [dikta:ts] |
| exame (m), prova (f) | eksāmens (v) | [eksa:mens] |
| fazer prova | likt eksāmenus | [likt eksa:menus] |
| experiência (~ química) | mēģinājums (v) | [me:dʲina:jums] |

## 118. Colégio. Universidade

| | | |
|---|---|---|
| academia (f) | akadēmija (s) | [akade:mija] |
| universidade (f) | universitāte (s) | [univɛrsita:te] |
| faculdade (f) | fakultāte (s) | [fakulta:te] |
| | | |
| estudante (m) | students (v) | [students] |
| estudante (f) | studente (s) | [studente] |
| professor (m) | pasniedzējs (v) | [pasniɛdze:js] |
| | | |
| auditório (m) | auditorija (s) | [auditɔrija] |
| graduado (m) | absolvents (v) | [absɔlvents] |
| | | |
| diploma (m) | diploms (v) | [diplɔms] |
| tese (f) | disertācija (s) | [diserta:tsija] |
| | | |
| estudo (obra) | pētījums (v) | [pe:ti:jums] |
| laboratório (m) | laboratorija (s) | [labɔratɔrija] |
| | | |
| palestra (f) | lekcija (s) | [lektsija] |
| colega (m) de curso | kursa biedrs (v) | [kursa biɛdrs] |
| | | |
| bolsa (f) de estudos | stipendija (s) | [stipendija] |
| grau (m) acadêmico | zinātniskais grāds (v) | [zina:tniskais gra:ds] |

## 119. Ciências. Disciplinas

| | | |
|---|---|---|
| matemática (f) | matemãtika (s) | [matɛma:tika] |
| álgebra (f) | algebra (s) | [algebra] |
| geometria (f) | ģeometrija (s) | [dʲeɔmetrija] |

| | | |
|---|---|---|
| astronomia (f) | astronomija (s) | [astrɔnɔmija] |
| biologia (f) | bioloģija (s) | [biɔlɔdʲija] |
| geografia (f) | ģeogrãfija (s) | [dʲeɔgra:fija] |
| geologia (f) | ģeoloģija (s) | [dʲeɔlɔdʲija] |
| história (f) | vēsture (s) | [ve:sture] |

| | | |
|---|---|---|
| medicina (f) | medicīna (s) | [meditsi:na] |
| pedagogia (f) | pedagoģija (s) | [pɛdagɔdʲija] |
| direito (m) | tieslietas (s dsk) | [tiɛsliɛtas] |

| | | |
|---|---|---|
| física (f) | fizika (s) | [fizika] |
| química (f) | ķīmija (s) | [tʲi:mija] |
| filosofia (f) | filozofija (s) | [filɔzɔfija] |
| psicologia (f) | psiholoģija (s) | [psixɔlɔdʲija] |

## 120. Sistema de escrita. Ortografia

| | | |
|---|---|---|
| gramática (f) | gramatika (s) | [gramatika] |
| vocabulário (m) | leksika (s) | [leksika] |
| fonética (f) | fonētika (s) | [fɔne:tika] |

| | | |
|---|---|---|
| substantivo (m) | lietvārds (v) | [liɛtva:rds] |
| adjetivo (m) | īpašības vārds (v) | [i:paʃi:bas va:rds] |
| verbo (m) | darbības vārds (v) | [darbi:bas va:rds] |
| advérbio (m) | apstākļa vārds (v) | [apsta:klʲa va:rds] |

| | | |
|---|---|---|
| pronome (m) | vietniekvārds (v) | [viɛtniɛkva:rds] |
| interjeição (f) | izsauksmes vārds (v) | [izsauksmes va:rds] |
| preposição (f) | prievārds (v) | [priɛva:rds] |

| | | |
|---|---|---|
| raiz (f) | vārda sakne (s) | [va:rda sakne] |
| terminação (f) | galotne (s) | [galɔtne] |
| prefixo (m) | priedēklis (v) | [priɛde:klis] |
| sílaba (f) | zilbe (s) | [zilbe] |
| sufixo (m) | sufikss (v) | [sufiks] |

| | | |
|---|---|---|
| acento (m) | uzsvars (v) | [uzsvars] |
| apóstrofo (f) | apostrofs (v) | [apɔstrɔfs] |

| | | |
|---|---|---|
| ponto (m) | punkts (v) | [punkts] |
| vírgula (f) | komats (v) | [kɔmats] |
| ponto e vírgula (m) | semikols (v) | [semikɔls] |
| dois pontos (m pl) | kols (v) | [kɔls] |
| reticências (f pl) | daudzpunkte (s) | [daudzpunkte] |

| | | |
|---|---|---|
| ponto (m) de interrogação | jautājuma zīme (s) | [jauta:juma zi:me] |
| ponto (m) de exclamação | izsaukuma zīme (s) | [izsaukuma zi:me] |

| | | |
|---|---|---|
| aspas (f pl) | pēdiņas (s dsk) | [pe:diɲas] |
| entre aspas | pēdiņās | [pe:diɲa:s] |
| parênteses (m pl) | iekavas (s dsk) | [iɛkavas] |
| entre parênteses | iekavās | [iɛkava:s] |
| hífen (m) | defise (s) | [defise] |
| travessão (m) | domuzīme (s) | [dɔmuzi:me] |
| espaço (m) | atstarpe (s) | [atstarpe] |
| letra (f) | burts (v) | [burts] |
| letra (f) maiúscula | lielais burts (v) | [liɛlais burts] |
| vogal (f) | patskanis (v) | [patskanis] |
| consoante (f) | līdzskanis (v) | [li:dzskanis] |
| frase (f) | teikums (v) | [tɛikums] |
| sujeito (m) | teikuma priekšmets (v) | [tɛikuma priɛkʃmets] |
| predicado (m) | izteicējs (v) | [iztɛitse:js] |
| linha (f) | rinda (s) | [rinda] |
| em uma nova linha | ar jaunu rindu | [ar jaunu rindu] |
| parágrafo (m) | rindkopa (s) | [rindkɔpa] |
| palavra (f) | vārds (v) | [va:rds] |
| grupo (m) de palavras | vārdkopa (s) | [va:rdkɔpa] |
| expressão (f) | izteiciens (v) | [iztɛitsiɛns] |
| sinônimo (m) | sinonīms (v) | [sinɔni:ms] |
| antônimo (m) | antonīms (v) | [antɔni:ms] |
| regra (f) | likums (v) | [likums] |
| exceção (f) | izņēmums (v) | [izɲɛ:mums] |
| correto (adj) | pareizs | [parɛizs] |
| conjugação (f) | konjugācija (s) | [kɔnjuga:tsija] |
| declinação (f) | deklinācija (s) | [deklina:tsija] |
| caso (m) | locījums (v) | [lɔtsi:jums] |
| pergunta (f) | jautājums (v) | [jauta:jums] |
| sublinhar (vt) | pasvītrot | [pasvi:trɔt] |
| linha (f) pontilhada | punktēta līnija (s) | [punktɛ:ta li:nija] |

## 121. Línguas estrangeiras

| | | |
|---|---|---|
| língua (f) | valoda (s) | [valɔda] |
| estrangeiro (adj) | svešs | [sveʃs] |
| língua (f) estrangeira | svešvaloda (s) | [sveʃvalɔda] |
| estudar (vt) | pētīt | [pe:ti:t] |
| aprender (vt) | mācīties | [ma:tsi:tiɛs] |
| ler (vt) | lasīt | [lasi:t] |
| falar (vi) | runāt | [runa:t] |
| entender (vt) | saprast | [saprast] |
| escrever (vt) | rakstīt | [raksti:t] |
| rapidamente | ātri | [a:tri] |
| devagar, lentamente | lēni | [le:ni] |

| fluentemente | brīvi (v dsk) | [bri:vi] |
| regras (f pl) | noteikumi (v dsk) | [notɛikumi] |
| gramática (f) | gramatika (s) | [gramatika] |
| vocabulário (m) | leksika (s) | [leksika] |
| fonética (f) | fonētika (s) | [fone:tika] |

| livro (m) didático | mācību grāmata (s) | [ma:tsi:bu gra:mata] |
| dicionário (m) | vārdnīca (s) | [va:rdni:tsa] |
| manual (m) autodidático | pašmācības grāmata (s) | [paʃma:tsi:bas gra:mata] |
| guia (m) de conversação | sarunvārdnīca (s) | [sarunva:rdni:tsa] |

| fita (f) cassete | kasete (s) | [kasɛte] |
| videoteipe (m) | videokasete (s) | [videɔkasɛte] |
| CD (m) | kompaktdisks (v) | [kɔmpaktdisks] |
| DVD (m) | DVD (v) | [dvd] |

| alfabeto (m) | alfabēts (v) | [alfabe:ts] |
| soletrar (vt) | izrunāt pa burtiem | [izruna:t pa burtiɛm] |
| pronúncia (f) | izruna (s) | [izruna] |

| sotaque (m) | akcents (v) | [aktsents] |
| com sotaque | ar akcentu | [ar aktsentu] |
| sem sotaque | bez akcenta | [bez aktsenta] |

| palavra (f) | vārds (v) | [va:rds] |
| sentido (m) | nozīme (s) | [nɔzi:me] |

| curso (m) | kursi (v dsk) | [kursi] |
| inscrever-se (vr) | pierakstīties | [piɛraksti:tiɛs] |
| professor (m) | pasniedzējs (v) | [pasniɛdze:js] |

| tradução (processo) | tulkošana (s) | [tulkɔʃana] |
| tradução (texto) | tulkojums (v) | [tulkɔjums] |
| tradutor (m) | tulks (v) | [tulks] |
| intérprete (m) | tulks (v) | [tulks] |

| poliglota (m) | poliglots (v) | [pɔliglɔts] |
| memória (f) | atmiņa (s) | [atmiɲa] |

## 122. Personagens de contos de fadas

| Papai Noel (m) | Santa Klauss (v) | [santa klaus] |
| Cinderela (f) | Pelnruškīte (s) | [pelnruʃˇi:te] |
| sereia (f) | nāra (s) | [na:ra] |
| Netuno (m) | Neptūns (v) | [neptu:ns] |

| bruxo, feiticeiro (m) | burvis (v) | [burvis] |
| fada (f) | burve (s) | [burve] |
| mágico (adj) | burvju | [burvju] |
| varinha (f) mágica | burvju nūjiņa (s) | [burvju nu:jiɲa] |

| conto (m) de fadas | pasaka (s) | [pasaka] |
| milagre (m) | brīnums (v) | [bri:nums] |
| anão (m) | rūķītis (v) | [ru:ʈi:tis] |

| | | |
|---|---|---|
| transformar-se em ... | pārvērsties par ... | [paːrvɛːrsties par ...] |
| fantasma (m) | rēgs (v) | [reːgs] |
| fantasma (m) | spoks (v) | [spɔks] |
| monstro (m) | nezvērs (v) | [nezvɛːrs] |
| dragão (m) | pūķis (v) | [puːtʲis] |
| gigante (m) | milzis (v) | [milzis] |

## 123. Signos do Zodíaco

| | | |
|---|---|---|
| Áries (f) | Auns (v) | [auns] |
| Touro (m) | Vērsis (v) | [vɛːrsis] |
| Gêmeos (m pl) | Dvīņi (v dsk) | [dviːɲi] |
| Câncer (m) | Vēzis (v) | [veːzis] |
| Leão (m) | Lauva (s) | [lauva] |
| Virgem (f) | Jaunava (s) | [jaunava] |

| | | |
|---|---|---|
| Libra (f) | Svari (v dsk) | [svari] |
| Escorpião (m) | Skorpions (v) | [skɔrpiɔns] |
| Sagitário (m) | Strēlnieks (v) | [streːlniɛks] |
| Capricórnio (m) | Mežāzis (v) | [meʒaːzis] |
| Aquário (m) | Ūdensvīrs (v) | [uːdensviːrs] |
| Peixes (pl) | Zivis (v dsk) | [zivis] |

| | | |
|---|---|---|
| caráter (m) | raksturs (v) | [raksturs] |
| traços (m pl) do caráter | rakstura iezīmes (s dsk) | [rakstura iɛziːmes] |
| comportamento (m) | uzvedība (s) | [uzvediːba] |
| prever a sorte | zīlēt | [ziːleːt] |
| adivinha (f) | zīlniece (s) | [ziːlniɛtse] |
| horóscopo (m) | horoskops (v) | [xɔrɔskɔps] |

# Artes

## 124. Teatro

| | | |
|---|---|---|
| teatro (m) | **teātris** (v) | [tea:tris] |
| ópera (f) | **opera** (s) | [ɔpɛra] |
| opereta (f) | **operete** (s) | [ɔpɛrɛte] |
| balé (m) | **balets** (v) | [balets] |

| | | |
|---|---|---|
| cartaz (m) | **afiša** (s) | [afiʃa] |
| companhia (f) de teatro | **trupa** (s) | [trupa] |
| turnê (f) | **viesizrāde** (s) | [viɛsizra:de] |
| estar em turnê | **sniegt viesizrādes** | [sniɛgt viɛsizra:des] |
| ensaiar (vt) | **mēģināt** | [me:dʲina:t] |
| ensaio (m) | **mēģinājums** (v) | [me:dʲina:jums] |
| repertório (m) | **repertuārs** (v) | [rɛpertua:rs] |

| | | |
|---|---|---|
| apresentação (f) | **izrāde** (s) | [izra:de] |
| espetáculo (m) | **izrāde** (s) | [izra:de] |
| peça (f) | **luga** (s) | [luga] |

| | | |
|---|---|---|
| entrada (m) | **biļete** (s) | [bilʲɛte] |
| bilheteira (f) | **biļešu kase** (s) | [bilʲeʃu kase] |
| hall (m) | **halle** (s) | [xalle] |
| vestiário (m) | **garderobe** (s) | [garderɔbe] |
| senha (f) numerada | **numurs** (v) | [numurs] |
| binóculo (m) | **binoklis** (v) | [binɔklis] |
| lanterninha (m) | **kontrolieris** (v) | [kɔntroliɛris] |

| | | |
|---|---|---|
| plateia (f) | **parters** (v) | [partɛrs] |
| balcão (m) | **balkons** (v) | [balkɔns] |
| primeiro balcão (m) | **beletāža** (s) | [bɛlɛta:ʒa] |
| camarote (m) | **loža** (s) | [lɔʒa] |
| fila (f) | **rinda** (s) | [rinda] |
| assento (m) | **vieta** (s) | [viɛta] |

| | | |
|---|---|---|
| público (m) | **publika** (s) | [publika] |
| espectador (m) | **skatītājs** (v) | [skati:ta:js] |
| aplaudir (vt) | **aplaudēt** | [aplaude:t] |
| aplauso (m) | **aplausi** (v dsk) | [aplausi] |
| ovação (f) | **ovācijas** (s dsk) | [ɔva:tsijas] |

| | | |
|---|---|---|
| palco (m) | **skatuve** (s) | [skatuve] |
| cortina (f) | **priekškars** (v) | [priɛkʃkars] |
| cenário (m) | **dekorācija** (s) | [dekɔra:tsija] |
| bastidores (m pl) | **kulises** (s dsk) | [kulises] |

| | | |
|---|---|---|
| cena (f) | **skats** (v) | [skats] |
| ato (m) | **cēliens** (v) | [tse:liɛns] |
| intervalo (m) | **starpbrīdis** (v) | [starpbri:dis] |

## 125. Cinema

| | | |
|---|---|---|
| ator (m) | aktieris (v) | [aktiɛris] |
| atriz (f) | aktrise (s) | [aktrise] |
| | | |
| cinema (m) | kino (v) | [kinɔ] |
| filme (m) | kino (v) | [kinɔ] |
| episódio (m) | sērija (s) | [se:rija] |
| | | |
| filme (m) policial | detektīvs (v) | [dɛtekti:vs] |
| filme (m) de ação | grāvējs (v) | [gra:ve:js] |
| filme (m) de aventuras | piedzīvojumu filma (s) | [piɛdzi:vɔjumu filma] |
| filme (m) de ficção científica | fantastiska filma (s) | [fantastiska filma] |
| filme (m) de horror | šausmu filma (s) | [ʃausmu filma] |
| | | |
| comédia (f) | kino komēdija (s) | [kinɔ kɔme:dija] |
| melodrama (m) | melodrāma (s) | [melɔdra:ma] |
| drama (m) | drāma (s) | [dra:ma] |
| | | |
| filme (m) de ficção | mākslas filma (s) | [ma:kslas filma] |
| documentário (m) | dokumentāla filma (s) | [dɔkumenta:la filma] |
| desenho (m) animado | multfilma (s) | [multfilma] |
| cinema (m) mudo | mēmais kino (v) | [mɛ:mais kinɔ] |
| | | |
| papel (m) | loma (s) | [lɔma] |
| papel (m) principal | galvenā loma (s) | [galvɛna: lɔma] |
| representar (vt) | spēlēt | [spɛ:le:t] |
| | | |
| estrela (f) de cinema | kinozvaigzne (s) | [kinɔzvaigzne] |
| conhecido (adj) | slavens | [slavens] |
| famoso (adj) | slavens | [slavens] |
| popular (adj) | populārs | [pɔpula:rs] |
| | | |
| roteiro (m) | scenārijs (v) | [stsɛna:rijs] |
| roteirista (m) | scenārija autors (v) | [stsɛna:rija autɔrs] |
| diretor (m) de cinema | režisors (v) | [reʒisɔrs] |
| produtor (m) | producents (v) | [prɔdutsents] |
| assistente (m) | asistents (v) | [asistents] |
| diretor (m) de fotografia | operators (v) | [ɔpɛratɔrs] |
| dublê (m) | kaskadieris (v) | [kaskadiɛris] |
| dublê (m) de corpo | dublieris (v) | [dubliɛris] |
| | | |
| filmar (vt) | uzņemt filmu | [uzɲemt filmu] |
| audição (f) | mēģinājumi (v dsk) | [me:dʲina:jumi] |
| filmagem (f) | uzņemšana (s) | [uzɲemʃana] |
| equipe (f) de filmagem | uzņemšanas grupa (s) | [uzɲemʃanas grupa] |
| set (m) de filmagem | uzņemšanas laukums (v) | [uzɲemʃanas laukums] |
| câmera (f) | kinokamera (s) | [kinɔkamɛra] |
| | | |
| cinema (m) | kinoteātris (v) | [kinɔtea:tris] |
| tela (f) | ekrāns (v) | [ekra:ns] |
| exibir um filme | rādīt filmu | [ra:di:t filmu] |
| | | |
| trilha (f) sonora | skaņas celiņš (v) | [skaɲas tseliɲʃ] |
| efeitos (m pl) especiais | specefekti (v dsk) | [spetsefekti] |

| legendas (f pl) | subtitri (v dsk) | [subtitri] |
| crédito (m) | titri (v dsk) | [titri] |
| tradução (f) | tulkojums (v) | [tulkɔjums] |

## 126. Pintura

| arte (f) | māksla (s) | [ma:ksla] |
| belas-artes (f pl) | daiļās mākslas (s dsk) | [dailʲa:s ma:kslas] |
| galeria (f) de arte | mākslas galerija (s) | [ma:kslas galerija] |
| exibição (f) de arte | gleznu izstāde (s) | [gleznu izsta:de] |

| pintura (f) | gleznieсība (s) | [glezniɛtsi:ba] |
| arte (f) gráfica | grafika (s) | [grafika] |
| arte (f) abstrata | abstrakcionisms (v) | [abstraktsiɔnisms] |
| impressionismo (m) | impresionisms (v) | [impresiɔnisms] |

| pintura (f), quadro (m) | glezna (s) | [glezna] |
| desenho (m) | zīmējums (v) | [zi:me:jums] |
| cartaz, pôster (m) | plakāts (v) | [plaka:ts] |

| ilustração (f) | ilustrācija (s) | [ilustra:tsija] |
| miniatura (f) | miniatūra (s) | [miniatu:ra] |
| cópia (f) | kopija (s) | [kɔpija] |
| reprodução (f) | reprodukcija (s) | [reprɔduktsija] |

| mosaico (m) | mozaīka (s) | [mɔzai:ka] |
| vitral (m) | vitrāža (s) | [vitra:ʒa] |
| afresco (m) | freska (s) | [freska] |
| gravura (f) | gravīra (s) | [gravi:ra] |

| busto (m) | biste (s) | [biste] |
| escultura (f) | skulptūra (s) | [skulptu:ra] |
| estátua (f) | statuja (s) | [statuja] |
| gesso (m) | ģipsis (v) | [dʲipsis] |
| em gesso (adj) | ģipša | [dʲipʃa] |

| retrato (m) | portrets (v) | [pɔrtrets] |
| autorretrato (m) | pašportrets (v) | [paʃpɔrtrets] |
| paisagem (f) | ainava (s) | [ainava] |
| natureza (f) morta | klusā daba (s) | [klusa: daba] |
| caricatura (f) | karikatūra (s) | [karikatu:ra] |
| esboço (m) | uzmetums (v) | [uzmɛtums] |

| tinta (f) | krāsa (s) | [kra:sa] |
| aquarela (f) | akvareļkrāsa (s) | [akvarelʲkra:sa] |
| tinta (f) a óleo | eļļas krāsas (s dsk) | [ellʲas kra:sas] |
| lápis (m) | zīmulis (v) | [zi:mulis] |
| tinta (f) nanquim | tuša (s) | [tuʃa] |
| carvão (m) | ogle (s) | [ɔgle] |

| desenhar (vt) | zīmēt | [zi:me:t] |
| pintar (vt) | gleznot | [gleznɔt] |
| posar (vi) | pozēt | [pɔze:t] |
| modelo (m) | modelis (v) | [mɔdelis] |

| modelo (f) | modele (s) | [mɔdɛle] |
| pintor (m) | mākslinieks (v) | [maːksliniɛks] |
| obra (f) | darbs (v) | [darbs] |
| obra-prima (f) | šedevrs (v) | [ʃɛdevrs] |
| estúdio (m) | darbnīca (s) | [darbniːtsa] |

| tela (f) | audekls (v) | [audekls] |
| cavalete (m) | molberts (v) | [mɔlberts] |
| paleta (f) | palete (s) | [palɛte] |

| moldura (f) | ietvars (v) | [iɛtvars] |
| restauração (f) | restaurācija (s) | [restauraːtsija] |
| restaurar (vt) | restaurēt | [restaureːt] |

## 127. Literatura & Poesia

| literatura (f) | literatūra (s) | [litɛratuːra] |
| autor (m) | autors (v) | [autɔrs] |
| pseudônimo (m) | pseidonīms (v) | [psɛidɔniːms] |

| livro (m) | grāmata (s) | [graːmata] |
| volume (m) | sējums (v) | [seːjums] |
| índice (m) | satura rādītājs (v) | [satura raːdiːtaːjs] |
| página (f) | lappuse (s) | [lappuse] |
| protagonista (m) | galvenais varonis (v) | [galvɛnais varɔnis] |
| autógrafo (m) | autogrāfs (v) | [autɔgraːfs] |

| conto (m) | stāsts (v) | [staːsts] |
| novela (f) | stāsts (v) | [staːsts] |
| romance (m) | romāns (v) | [rɔmaːns] |
| obra (f) | sacerējums (v) | [satsɛreːjums] |
| fábula (m) | fabula (s) | [fabula] |
| romance (m) policial | detektīvs (v) | [dɛtektiːvs] |

| verso (m) | dzejolis (v) | [dzejɔlis] |
| poesia (f) | dzeja (s) | [dzeja] |
| poema (m) | poēma (s) | [pɔɛːma] |
| poeta (m) | dzejnieks (v) | [dzejniɛks] |

| ficção (f) | beletristika (s) | [bɛletristika] |
| ficção (f) científica | zinātniskā fantastika (s) | [zinaːtniska: fantastika] |
| aventuras (f pl) | piedzīvojumi (v dsk) | [piɛdziːvɔjumi] |
| literatura (f) didática | mācību literatūra (s) | [maːtsiːbu litɛratuːra] |
| literatura (f) infantil | bērnu literatūra (s) | [beːrnu litɛratuːra] |

## 128. Circo

| circo (m) | cirks (v) | [tsirks] |
| circo (m) ambulante | ceļojošais cirks (v) | [tseḻɔjɔʃais tsirks] |
| programa (m) | programma (s) | [prɔgramma] |
| apresentação (f) | izrāde (s) | [izraːde] |
| número (m) | numurs (v) | [numurs] |

| | | |
|---|---|---|
| picadeiro (f) | **arēna** (s) | [arɛ:na] |
| pantomima (f) | **pantomīma** (s) | [pantɔmi:ma] |
| palhaço (m) | **klauns** (v) | [klauns] |
| | | |
| acrobata (m) | **akrobāts** (v) | [akrɔba:ts] |
| acrobacia (f) | **akrobātika** (s) | [akrɔba:tika] |
| ginasta (m) | **vingrotājs** (v) | [viŋgrɔta:js] |
| ginástica (f) | **vingrošana** (s) | [viŋgrɔʃana] |
| salto (m) mortal | **salto** (v) | [saltɔ] |
| | | |
| homem (m) forte | **atlēts, spēkavīrs** (v) | [atle:ts], [spɛ:kavi:rs] |
| domador (m) | **dīdītājs** (v) | [di:di:ta:js] |
| cavaleiro (m) equilibrista | **jātnieks** (v) | [ja:tniɛks] |
| assistente (m) | **asistents** (v) | [asistents] |
| | | |
| truque (m) | **triks** (v) | [triks] |
| truque (m) de mágica | **fokuss** (v) | [fɔkus] |
| ilusionista (m) | **triku meistars** (v) | [triku mɛistars] |
| | | |
| malabarista (m) | **žonglieris** (v) | [ʒɔŋgliɛris] |
| fazer malabarismos | **žonglēt** | [ʒɔŋgle:t] |
| adestrador (m) | **dresētājs** (v) | [drɛsɛ:ta:js] |
| adestramento (m) | **dresēšana** (s) | [drɛse:ʃana] |
| adestrar (vt) | **dresēt** | [drɛse:t] |

## 129. Música. Música popular

| | | |
|---|---|---|
| música (f) | **mūzika** (s) | [mu:zika] |
| músico (m) | **mūziķis** (v) | [mu:zitʲis] |
| instrumento (m) musical | **mūzikas instruments** (v) | [mu:zikas instruments] |
| tocar ... | **spēlēt ...** | [spɛ:le:t ...] |
| | | |
| guitarra (f) | **ģitāra** (s) | [dʲita:ra] |
| violino (m) | **vijole** (s) | [vijɔle] |
| violoncelo (m) | **čells** (v) | [tʃells] |
| contrabaixo (m) | **kontrabass** (v) | [kɔntrabas] |
| harpa (f) | **arfa** (s) | [arfa] |
| | | |
| piano (m) | **pianīns** (v) | [piani:ns] |
| piano (m) de cauda | **flīģelis** (v) | [fli:dʲelis] |
| órgão (m) | **ērģeles** (s dsk) | [e:rdʲɛles] |
| | | |
| instrumentos (m pl) de sopro | **pūšamie instrumenti** (v dsk) | [pu:ʃamiɛ instrumenti] |
| oboé (m) | **oboja** (s) | [ɔbɔja] |
| saxofone (m) | **saksofons** (v) | [saksɔfɔns] |
| clarinete (m) | **klarnete** (s) | [klarnɛte] |
| flauta (f) | **flauta** (s) | [flauta] |
| trompete (m) | **trompete** (s) | [trɔmpɛte] |
| | | |
| acordeão (m) | **akordeons** (v) | [akɔrdeɔns] |
| tambor (m) | **bungas** (s dsk) | [buŋgas] |
| | | |
| dueto (m) | **duets** (v) | [duets] |
| trio (m) | **trio** (v) | [triɔ] |

| | | |
|---|---|---|
| quarteto (m) | kvartets (v) | [kvartets] |
| coro (m) | koris (v) | [kɔris] |
| orquestra (f) | orķestris (v) | [ɔrtʲestris] |

| | | |
|---|---|---|
| música (f) pop | popmūzika (s) | [pɔpmu:zika] |
| música (f) rock | rokmūzika (s) | [rɔkmu:zika] |
| grupo (m) de rock | rokgrupa (s) | [rɔkgrupa] |
| jazz (m) | džezs (v) | [dʒezs] |

| | | |
|---|---|---|
| ídolo (m) | elks (v) | [elks] |
| fã, admirador (m) | cienītājs (v) | [tsiɛni:ta:js] |

| | | |
|---|---|---|
| concerto (m) | koncerts (v) | [kɔntserts] |
| sinfonia (f) | simfonija (s) | [simfɔnija] |
| composição (f) | sacerējums (v) | [satsɛre:jums] |
| compor (vt) | sacerēt | [satsɛre:t] |

| | | |
|---|---|---|
| canto (m) | dziedāšana (s) | [dziɛda:ʃana] |
| canção (f) | dziesma (s) | [dziɛsma] |
| melodia (f) | melodija (s) | [melɔdija] |
| ritmo (m) | ritms (v) | [ritms] |
| blues (m) | blūzs (v) | [blu:zs] |

| | | |
|---|---|---|
| notas (f pl) | notis (s dsk) | [nɔtis] |
| batuta (f) | zizlis (v) | [zizlis] |
| arco (m) | lociņš (v) | [lɔtsiɲʃ] |
| corda (f) | stīga (s) | [sti:ga] |
| estojo (m) | futrālis (v) | [futra:lis] |

# Descanso. Entretenimento. Viagens

## 130. Viagens

| | | |
|---|---|---|
| turismo (m) | **tūrisms** (v) | [tu:risms] |
| turista (m) | **tūrists** (v) | [tu:rists] |
| viagem (f) | **ceļojums** (v) | [tseļɔjums] |
| aventura (f) | **piedzīvojums** (v) | [piɛdzi:vɔjums] |
| percurso (curta viagem) | **brauciens** (v) | [brautsiɛns] |
| | | |
| férias (f pl) | **atvaļinājums** (v) | [atvaļina:jums] |
| estar de férias | **būt atvaļinājumā** | [bu:t atvaļina:juma:] |
| descanso (m) | **atpūta** (s) | [atpu:ta] |
| | | |
| trem (m) | **vilciens** (v) | [viltsiɛns] |
| de trem (chegar ~) | **ar vilcienu** | [ar viltsiɛnu] |
| avião (m) | **lidmašīna** (s) | [lidmaʃi:na] |
| de avião | **ar lidmašīnu** | [ar lidmaʃi:nu] |
| de carro | **ar automobili** | [ar autɔmɔbili] |
| de navio | **ar kuģi** | [ar kuďi] |
| | | |
| bagagem (f) | **bagāža** (s) | [baga:ʒa] |
| mala (f) | **čemodāns** (v) | [tʃemɔda:ns] |
| carrinho (m) | **bagāžas ratiņi** (v dsk) | [baga:ʒas ratiɲi] |
| | | |
| passaporte (m) | **pase** (s) | [pase] |
| visto (m) | **vīza** (s) | [vi:za] |
| passagem (f) | **biļete** (s) | [biļɛte] |
| passagem (f) aérea | **aviobiļete** (s) | [aviɔbiļɛte] |
| | | |
| guia (m) de viagem | **ceļvedis** (v) | [tseļvedis] |
| mapa (m) | **karte** (s) | [karte] |
| área (f) | **apvidus** (v) | [apvidus] |
| lugar (m) | **vieta** (s) | [viɛta] |
| | | |
| exotismo (m) | **eksotika** (s) | [eksɔtika] |
| exótico (adj) | **eksotisks** | [eksɔtisks] |
| surpreendente (adj) | **apbrīnojams** | [apbri:nɔjams] |
| | | |
| grupo (m) | **grupa** (s) | [grupa] |
| excursão (f) | **ekskursija** (s) | [ekskursija] |
| guia (m) | **gids** (v) | [gids] |

## 131. Hotel

| | | |
|---|---|---|
| hotel (m), hospedaria (f) | **viesnīca** (s) | [viɛsni:tsa] |
| motel (m) | **motelis** (v) | [mɔtelis] |
| três estrelas | **trīszvaigžņu** | [tri:szvaigʒɲu] |

| | | |
|---|---|---|
| cinco estrelas | **pieczvaigžņu** | [piɛtszvaigʒŋu] |
| ficar (vi, vt) | **apmesties** | [apmestiɛs] |
| | | |
| quarto (m) | **numurs** (v) | [numurs] |
| quarto (m) individual | **vienvietīgs numurs** (v) | [viɛnviɛti:gs numurs] |
| quarto (m) duplo | **divvietīgs numurs** (v) | [divviɛti:gs numurs] |
| reservar um quarto | **rezervēt numuru** | [rɛzerve:t numuru] |
| | | |
| meia pensão (f) | **pus pansija** (s) | [pus pansija] |
| pensão (f) completa | **pilna pansija** (s) | [pilna pansija] |
| | | |
| com banheira | **ar vannu** | [ar vannu] |
| com chuveiro | **ar dušu** | [ar duʃu] |
| televisão (m) por satélite | **satelīta televīzija** (s) | [sateli:ta tɛlevi:zija] |
| ar (m) condicionado | **kondicionētājs** (v) | [kɔnditsiɔnɛ:ta:js] |
| toalha (f) | **dvielis** (v) | [dviɛlis] |
| chave (f) | **atslēga** (s) | [atslɛ:ga] |
| | | |
| administrador (m) | **administrators** (v) | [administratɔrs] |
| camareira (f) | **istabene** (s) | [istabɛne] |
| bagageiro (m) | **nesējs** (v) | [nɛse:js] |
| porteiro (m) | **portjē** (v) | [pɔrtje:] |
| | | |
| restaurante (m) | **restorāns** (v) | [restɔra:ns] |
| bar (m) | **bārs** (v) | [ba:rs] |
| café (m) da manhã | **brokastis** (s dsk) | [brɔkastis] |
| jantar (m) | **vakariņas** (s dsk) | [vakariŋas] |
| bufê (m) | **zviedru galds** (v) | [zviɛdru galds] |
| | | |
| saguão (m) | **vestibils** (v) | [vestibils] |
| elevador (m) | **lifts** (v) | [lifts] |
| | | |
| NÃO PERTURBE | **NETRAUCĒT** | [netrautse:t] |
| PROIBIDO FUMAR! | **SMĒĶĒT AIZLIEGTS!** | [smɛ:tˈe:t aizliɛgts!] |

## 132. Livros. Leitura

| | | |
|---|---|---|
| livro (m) | **grāmata** (s) | [gra:mata] |
| autor (m) | **autors** (v) | [autɔrs] |
| escritor (m) | **rakstnieks** (v) | [rakstniɛks] |
| escrever (~ um livro) | **uzrakstīt** | [uzraksti:t] |
| | | |
| leitor (m) | **lasītājs** (v) | [lasi:ta:js] |
| ler (vt) | **lasīt** | [lasi:t] |
| leitura (f) | **lasīšana** (s) | [lasi:ʃana] |
| | | |
| para si | **klusībā** | [klusi:ba:] |
| em voz alta | **skaļi** | [skalʲi] |
| | | |
| publicar (vt) | **izdot** | [izdɔt] |
| publicação (f) | **izdevums** (v) | [izdɛvums] |
| editor (m) | **izdevējs** (v) | [izdɛve:js] |
| editora (f) | **izdevniecība** (s) | [izdevniɛtsi:ba] |
| sair (vi) | **iznākt** | [izna:kt] |

| | | |
|---|---|---|
| lançamento (m) | **iznākšana** (s) | [izna:kʃana] |
| tiragem (f) | **izloze** (s) | [izloze] |
| | | |
| livraria (f) | **grāmatnīca** (s) | [gra:matni:tsa] |
| biblioteca (f) | **bibliotēka** (s) | [bibliotɛ:ka] |
| | | |
| novela (f) | **stāsts** (v) | [sta:sts] |
| conto (m) | **stāsts** (v) | [sta:sts] |
| romance (m) | **romāns** (v) | [roma:ns] |
| romance (m) policial | **detektīvs** (v) | [dɛtekti:vs] |
| | | |
| memórias (f pl) | **memuāri** (v dsk) | [mɛmua:ri] |
| lenda (f) | **leģenda** (s) | [lɛdʲenda] |
| mito (m) | **mīts** (v) | [mi:ts] |
| | | |
| poesia (f) | **dzeja** (s) | [dzeja] |
| autobiografia (f) | **autobiogrāfija** (s) | [autobiogra:fija] |
| obras (f pl) escolhidas | **izlase** (s) | [izlase] |
| ficção (f) científica | **zinātniskā fantastika** (s) | [zina:tniska: fantastika] |
| | | |
| título (m) | **nosaukums** (v) | [nosaukums] |
| introdução (f) | **ievads** (v) | [iɛvads] |
| folha (f) de rosto | **titullapa** (s) | [titullapa] |
| | | |
| capítulo (m) | **nodaļa** (s) | [nodalʲa] |
| excerto (m) | **fragments** (v) | [fragments] |
| episódio (m) | **epizode** (s) | [epizode] |
| | | |
| enredo (m) | **sižets** (v) | [siʒets] |
| conteúdo (m) | **saturs** (v) | [saturs] |
| índice (m) | **satura rādītājs** (v) | [satura ra:di:ta:js] |
| protagonista (m) | **galvenais varonis** (v) | [galvɛnais varonis] |
| | | |
| volume (m) | **sējums** (v) | [se:jums] |
| capa (f) | **vāks** (v) | [va:ks] |
| encadernação (f) | **iesējums** (v) | [iɛse:jums] |
| marcador (m) de página | **ieliekamā zīme** (s) | [iɛliɛkama: zi:me] |
| | | |
| página (f) | **lappuse** (s) | [lappuse] |
| folhear (vt) | **šķirstīt** | [ʃtʲirsti:t] |
| margem (f) | **apmales** (s dsk) | [apmales] |
| anotação (f) | **ķeksītis** (v) | [tʲeksi:tis] |
| nota (f) de rodapé | **piezīme** (s) | [piɛzi:me] |
| | | |
| texto (m) | **teksts** (v) | [teksts] |
| fonte (f) | **burtu raksts** (v) | [burtu raksts] |
| falha (f) de impressão | **drukas kļūda** (s) | [drukas klʲu:da] |
| | | |
| tradução (f) | **tulkojums** (v) | [tulkojums] |
| traduzir (vt) | **tulkot** | [tulkot] |
| original (m) | **oriģināldarbs** (v) | [oridʲina:ldarbs] |
| | | |
| famoso (adj) | **slavens** | [slavens] |
| desconhecido (adj) | **nezināms** | [nezina:ms] |
| interessante (adj) | **interesants** | [intɛrɛsants] |
| best-seller (m) | **bestsellers** (v) | [bestsellɛrs] |

| dicionário (m) | vārdnīca (s) | [va:rdni:tsa] |
| livro (m) didático | mācību grāmata (s) | [ma:tsi:bu gra:mata] |
| enciclopédia (f) | enciklopēdija (s) | [entsiklɔpe:dija] |

## 133. Caça. Pesca

| caça (f) | medības (s dsk) | [medi:bas] |
| caçar (vi) | medīt | [medi:t] |
| caçador (m) | mednieks (v) | [medniɛks] |

| disparar, atirar (vi) | šaut | [ʃaut] |
| rifle (m) | šautene (s) | [ʃautɛne] |
| cartucho (m) | patrona (s) | [patrɔna] |
| chumbo (m) de caça | skrotis (s dsk) | [skrɔtis] |

| armadilha (f) | lamatas (s dsk) | [lamatas] |
| armadilha (com corda) | slazds (v) | [slazds] |
| cair na armadilha | iekrist lamatās | [iɛkrist lamata:s] |
| pôr a armadilha | izlikt lamatas | [izlikt lamatas] |

| caçador (m) furtivo | malumednieks (v) | [malumedniɛks] |
| caça (animais) | medījums (v) | [medi:jums] |
| cão (m) de caça | medību suns (v) | [medi:bu suns] |
| safári (m) | safari (v) | [safari] |
| animal (m) empalhado | izbāzenis (v) | [izba:zenis] |

| pescador (m) | zvejnieks (v) | [zvejniɛks] |
| pesca (f) | makšķerēšana (s) | [makʃˈɛre:ʃana] |
| pescar (vt) | zvejot | [zvejɔt] |

| vara (f) de pesca | makšķere (s) | [makʃˈɛre] |
| linha (f) de pesca | makšķeres aukla (s) | [makʃˈɛres aukla] |
| anzol (m) | āķis (v) | [a:tˈis] |

| boia (f), flutuador (m) | pludiņš (v) | [pludiɲʃ] |
| isca (f) | ēsma (s) | [ɛ:sma] |

| lançar a linha | iemest makšķeri | [iɛmest makʃˈeri] |
| morder (peixe) | ķerties | [tˈertiɛs] |

| pesca (f) | ķēriens (v) | [tˈe:riɛns] |
| buraco (m) no gelo | āliņģis (v) | [a:liɲdˈis] |

| rede (f) | tīkls (v) | [ti:kls] |
| barco (m) | laiva (s) | [laiva] |

| pescar com rede | zvejot | [zvejɔt] |
| lançar a rede | iemest tīklu | [iɛmest ti:klu] |
| puxar a rede | izvilkt tīklu | [izvilkt ti:klu] |
| cair na rede | ieskriet tīklā | [iɛskriɛt ti:kla:] |

| baleeiro (m) | valzivju mednieks (v) | [valzivju medniɛks] |
| baleeira (f) | valzivju medību kuģis (v) | [valzivju medi:bu kudˈis] |
| arpão (m) | harpūna (s) | [xarpu:na] |

## 134. Jogos. Bilhar

| | | |
|---|---|---|
| bilhar (m) | **biljards** (v) | [biljards] |
| sala (f) de bilhar | **biljarda istaba** (s) | [biljarda istaba] |
| bola (f) de bilhar | **biljarda bumbiņa** (s) | [biljarda bumbiņa] |

| | | |
|---|---|---|
| embolsar uma bola | **iesist bumbu** | [iɛsist bumbu] |
| taco (m) | **biljarda nūja** (s) | [biljarda nuːja] |
| caçapa (f) | **maks** (v) | [maks] |

## 135. Jogos. Jogar cartas

| | | |
|---|---|---|
| ouros (m pl) | **kāravs** (v) | [kaːravs] |
| espadas (f pl) | **pīķis** (v) | [piːtʲis] |
| copas (f pl) | **ercens** (v) | [ertsens] |
| paus (m pl) | **kreics** (v) | [krɛits] |

| | | |
|---|---|---|
| ás (m) | **dūzis** (v) | [duːzis] |
| rei (m) | **kungs** (v) | [kuŋgs] |
| dama (f), rainha (f) | **dāma** (s) | [daːma] |
| valete (m) | **kalps** (v) | [kalps] |

| | | |
|---|---|---|
| carta (f) de jogar | **spēļu kārts** (v) | [spɛːlʲu kaːrts] |
| cartas (f pl) | **kārtis** (s dsk) | [kaːrtis] |
| trunfo (m) | **trumpis** (v) | [trumpis] |
| baralho (m) | **kāršu kava** (s) | [kaːrʃu kava] |

| | | |
|---|---|---|
| ponto (m) | **punkts** (v) | [punkts] |
| dar, distribuir (vt) | **izdot** | [izdɔt] |
| embaralhar (vt) | **jaukt** | [jaukt] |
| vez, jogada (f) | **gājiens** (v) | [gaːjiɛns] |
| trapaceiro (m) | **blēdis** (v) | [bleːdis] |

## 136. Descanso. Jogos. Diversos

| | | |
|---|---|---|
| passear (vi) | **pastaigāties** | [pastaigaːtiɛs] |
| passeio (m) | **pastaiga** (s) | [pastaiga] |
| viagem (f) de carro | **izbrauciens** (v) | [izbrautsiɛns] |
| aventura (f) | **piedzīvojums** (v) | [piɛdziːvɔjums] |
| piquenique (m) | **pikniks** (v) | [pikniks] |

| | | |
|---|---|---|
| jogo (m) | **spēle** (s) | [spɛːle] |
| jogador (m) | **spēlētājs** (v) | [spɛːlɛːtaːjs] |
| partida (f) | **partija** (s) | [partija] |

| | | |
|---|---|---|
| colecionador (m) | **kolekcionārs** (v) | [kɔlektsiɔnaːrs] |
| colecionar (vt) | **kolekcionēt** | [kɔlektsiɔneːt] |
| coleção (f) | **kolekcija** (s) | [kɔlektsija] |

| | | |
|---|---|---|
| palavras (f pl) cruzadas | **krustvārdu mīkla** (s) | [krustvaːrdu miːkla] |
| hipódromo (m) | **hipodroms** (v) | [xipɔdrɔms] |

| | | |
|---|---|---|
| discoteca (f) | diskotēka (s) | [diskotɛ:ka] |
| sauna (f) | sauna (s) | [sauna] |
| loteria (f) | loterija (s) | [lɔterija] |

| | | |
|---|---|---|
| campismo (m) | gājiens (v) | [ga:jiɛns] |
| acampamento (m) | nometne (s) | [nɔmetne] |
| barraca (f) | telts (s) | [telts] |
| bússola (f) | kompass (v) | [kɔmpas] |
| campista (m) | tūrists (v) | [tu:rists] |

| | | |
|---|---|---|
| ver (vt), assistir à ... | skatīties | [skati:tiɛs] |
| telespectador (m) | televīzijas skatītājs (v) | [tɛlevi:zijas skati:ta:js] |
| programa (m) de TV | televīzijas raidījums (v) | [tɛlevi:zijas raidi:jums] |

## 137. Fotografia

| | | |
|---|---|---|
| máquina (f) fotográfica | fotoaparāts (v) | [fotɔapara:ts] |
| foto, fotografia (f) | foto (v) | [fotɔ] |

| | | |
|---|---|---|
| fotógrafo (m) | fotogrāfs (v) | [fotɔgra:fs] |
| estúdio (m) fotográfico | fotostudija (s) | [fotɔstudija] |
| álbum (m) de fotografias | fotoalbums (v) | [fotɔalbums] |

| | | |
|---|---|---|
| lente (f) fotográfica | objektīvs (v) | [ɔbjekti:vs] |
| lente (f) teleobjetiva | teleobjektīvs (v) | [tɛleobjekti:vs] |
| filtro (m) | filtrs (v) | [filtrs] |
| lente (f) | lēca (s) | [le:tsa] |

| | | |
|---|---|---|
| ótica (f) | optika (s) | [ɔptika] |
| abertura (f) | diafragma (s) | [diafragma] |
| exposição (f) | izturējums (v) | [izture:jums] |
| visor (m) | vizieris (v) | [viziɛris] |

| | | |
|---|---|---|
| câmera (f) digital | ciparkamera (s) | [tsiparkamɛra] |
| tripé (m) | statīvs (v) | [stati:vs] |
| flash (m) | zibsnis (v) | [zibsnis] |

| | | |
|---|---|---|
| fotografar (vt) | fotografēt | [fotɔgrafe:t] |
| tirar fotos | fotografēt | [fotɔgrafe:t] |
| fotografar-se (vr) | fotografēties | [fotɔgrafe:tiɛs] |

| | | |
|---|---|---|
| foco (m) | asums (v) | [asums] |
| focar (vt) | noregulēt asumu | [nɔrɛgule:t asumu] |
| nítido (adj) | ass | [as] |
| nitidez (f) | asums (v) | [asums] |

| | | |
|---|---|---|
| contraste (m) | kontrasts (v) | [kɔntrasts] |
| contrastante (adj) | kontrasta | [kɔntrasta] |

| | | |
|---|---|---|
| retrato (m) | attēls (v) | [attɛ:ls] |
| negativo (m) | negatīvs (v) | [nɛgati:vs] |
| filme (m) | filma (s) | [filma] |
| fotograma (m) | kadrs (v) | [kadrs] |
| imprimir (vt) | drukāt | [druka:t] |

## 138. Praia. Natação

| praia (f) | pludmale (s) | [pludmale] |
| areia (f) | smiltis (s dsk) | [smiltis] |
| deserto (adj) | tukšs | [tukʃs] |

| bronzeado (m) | iedegums (v) | [iɛdɛgums] |
| bronzear-se (vr) | sauļoties | [saulʲɔtiɛs] |
| bronzeado (adj) | nosauļojies | [nɔsaulʲɔjiɛs] |
| protetor (m) solar | sauļošanas krēms (v) | [saulʲɔʃanas kre:ms] |

| biquíni (m) | bikini (v) | [bikini] |
| maiô (m) | peldkostīms (v) | [peldkɔsti:ms] |
| calção (m) de banho | peldbikses (s dsk) | [peldbikses] |

| piscina (f) | baseins (v) | [basɛins] |
| nadar (vi) | peldēt | [pelde:t] |
| chuveiro (m), ducha (f) | duša (s) | [duʃa] |
| mudar, trocar (vt) | pārģērbties | [pa:rdʲe:rbtiɛs] |
| toalha (f) | dvielis (v) | [dviɛlis] |

| barco (m) | laiva (s) | [laiva] |
| lancha (f) | kuteris (v) | [kuteris] |
| esqui (m) aquático | ūdensslēpes (s dsk) | [u:denslɛ:pes] |
| barco (m) de pedais | ūdens ritenis (v) | [u:dens ritenis] |
| surf, surfe (m) | sērfings (v) | [se:rfiŋgs] |
| surfista (m) | sērfotājs (v) | [se:rfɔta:js] |

| equipamento (m) de mergulho | akvalangs (v) | [akvalaŋgs] |
| pé (m pl) de pato | peldpleznas (s dsk) | [peldpleznas] |
| máscara (f) | maska (s) | [maska] |
| mergulhador (m) | nirējs (v) | [nire:js] |
| mergulhar (vi) | nirt | [nirt] |
| debaixo d'água | zem ūdens | [zem u:dens] |

| guarda-sol (m) | lietussargs (v) | [liɛtusargs] |
| espreguiçadeira (f) | guļamkrēsls (v) | [gulʲamkre:sls] |
| óculos (m pl) de sol | brilles (s dsk) | [brilles] |
| colchão (m) de ar | peldmatracis (v) | [peldmatratsis] |

| brincar (vi) | spēlēt | [spɛ:le:t] |
| ir nadar | peldēties | [pelde:tiɛs] |

| bola (f) de praia | bumba (s) | [bumba] |
| encher (vt) | piepūst | [piɛpu:st] |
| inflável (adj) | piepūšams | [piɛpu:ʃams] |

| onda (f) | vilnis (v) | [vilnis] |
| boia (f) | boja (s) | [bɔja] |
| afogar-se (vr) | slīkt | [sli:kt] |

| salvar (vt) | glābt | [gla:bt] |
| colete (m) salva-vidas | glābšanas veste (s) | [gla:bʃanas veste] |
| observar (vt) | novērot | [nɔve:rɔt] |
| salva-vidas (pessoa) | glābējs (v) | [gla:be:js] |

# EQUIPAMENTO TÉCNICO. TRANSPORTES

## Equipamento técnico. Transportes

### 139. Computador

| computador (m) | dators (v) | [datɔrs] |
| computador (m) portátil | portatīvais dators (v) | [pɔrtati:vais datɔrs] |
| | | |
| ligar (vt) | ieslēgt | [iɛsle:gt] |
| desligar (vt) | izslēgt | [izsle:gt] |
| | | |
| teclado (m) | tastatūra (s) | [tastatu:ra] |
| tecla (f) | taustiņš (v) | [taustiɲʃ] |
| mouse (m) | pele (s) | [pɛle] |
| tapete (m) para mouse | paliktnis (v) | [paliktnis] |
| | | |
| botão (m) | poga (s) | [pɔga] |
| cursor (m) | kursors (v) | [kursɔrs] |
| | | |
| monitor (m) | monitors (v) | [mɔnitɔrs] |
| tela (f) | ekrāns (v) | [ekra:ns] |
| | | |
| disco (m) rígido | cietais disks (v) | [tsiɛtais disks] |
| capacidade (f) do disco rígido | cieta diska apjoms (v) | [tsiɛta diska apjɔms] |
| memória (f) | atmiņa (s) | [atmiɲa] |
| memória RAM (f) | operatīvā atmiņa (s) | [ɔpɛrati:va: atmiɲa] |
| | | |
| arquivo (m) | datne (s) | [datne] |
| pasta (f) | mape (s) | [mape] |
| abrir (vt) | atvērt | [atve:rt] |
| fechar (vt) | aizvērt | [aizve:rt] |
| | | |
| salvar (vt) | saglabāt | [saglaba:t] |
| deletar (vt) | izdzēst | [izdze:st] |
| copiar (vt) | nokopēt | [nɔkɔpe:t] |
| ordenar (vt) | šķirot | [ʃc̣irɔt] |
| copiar (vt) | pārrakstīt | [pa:rraksti:t] |
| | | |
| programa (m) | programma (s) | [prɔgramma] |
| software (m) | programmatūra (s) | [prɔgrammatu:ra] |
| programador (m) | programmētājs (v) | [prɔgrammɛ:ta:js] |
| programar (vt) | programmēt | [prɔgramme:t] |
| | | |
| hacker (m) | hakeris (v) | [xakeris] |
| senha (f) | parole (s) | [parɔle] |
| vírus (m) | vīruss (v) | [vi:rus] |
| detectar (vt) | atrast, uziet | [atrast], [uziɛt] |
| byte (m) | baits (v) | [baits] |

| megabyte (m) | megabaits (v) | [mɛgabaits] |
|---|---|---|
| dados (m pl) | dati (v dsk) | [dati] |
| base (f) de dados | datu bāze (s) | [datu ba:ze] |

| cabo (m) | kabelis (v) | [kabelis] |
|---|---|---|
| desconectar (vt) | atvienot | [atviɛnɔt] |
| conectar (vt) | pievienot | [piɛviɛnɔt] |

## 140. Internet. E-mail

| internet (f) | internets (v) | [internets] |
|---|---|---|
| browser (m) | pārlūka programma (s) | [pa:rlu:ka prɔgramma] |
| motor (m) de busca | meklēšanas resurss (v) | [mekle:ʃanas rɛsurs] |
| provedor (m) | provaiders (v) | [prɔvaidɛrs] |

| webmaster (m) | tīmekļa meistars (v) | [ti:meklʲa mɛistars] |
|---|---|---|
| website (m) | saits (v) | [saits] |
| web page (f) | tīmekļa lappuse (s) | [ti:meklʲa lappuse] |

| endereço (m) | adrese (s) | [adrɛse] |
|---|---|---|
| livro (m) de endereços | adrešu grāmata (s) | [adreʃu gra:mata] |

| caixa (f) de correio | pastkastīte (s) | [pastkasti:te] |
|---|---|---|
| correio (m) | pasts (v) | [pasts] |
| cheia (caixa de correio) | pārpildīts | [pa:rpildi:ts] |

| mensagem (f) | ziņojums (v) | [ziɲɔjums] |
|---|---|---|
| mensagens (f pl) recebidas | ienākošie ziņojumi (v dsk) | [iɛna:kɔʃiɛ ziɲɔjumi] |
| mensagens (f pl) enviadas | aizsūtītie ziņojumi (v dsk) | [aizsu:ti:tiɛ ziɲɔjumi] |

| remetente (m) | sūtītājs (v) | [su:ti:ta:js] |
|---|---|---|
| enviar (vt) | nosūtīt | [nɔsu:ti:t] |
| envio (m) | aizsūtīšana (s) | [aizsu:ti:ʃana] |

| destinatário (m) | saņēmējs (v) | [saɲɛ:me:js] |
|---|---|---|
| receber (vt) | saņemt | [saɲemt] |

| correspondência (f) | sarakste (s) | [sarakste] |
|---|---|---|
| corresponder-se (vr) | sarakstīties | [saraksti:tiɛs] |

| arquivo (m) | datne (s) | [datne] |
|---|---|---|
| fazer download, baixar (vt) | novilkt | [nɔvilkt] |
| criar (vt) | izveidot | [izvɛidot] |
| deletar (vt) | izdzēst | [izdze:st] |
| deletado (adj) | izdzēstais | [izdze:stais] |

| conexão (f) | sakars (v) | [sakars] |
|---|---|---|
| velocidade (f) | ātrums (v) | [a:trums] |
| modem (m) | modems (v) | [mɔdems] |
| acesso (m) | pieeja (s) | [piɛeja] |
| porta (f) | pieslēgvieta (s) | [piɛsle:gviɛta] |

| conexão (f) | pieslēgšana (s) | [piɛsle:gʃana] |
|---|---|---|
| conectar (vi) | pieslēgties | [piɛsle:gtiɛs] |

| | | |
|---|---|---|
| escolher (vt) | **izvēlēties** | [izvɛ:le:tiɛs] |
| buscar (vt) | **meklēt ...** | [mekle:t ...] |

# Transportes

## 141. Avião

| | | |
|---|---|---|
| avião (m) | lidmašīna (s) | [lidmaʃi:na] |
| passagem (f) aérea | aviobiļete (s) | [aviɔbilʲɛte] |
| companhia (f) aérea | aviokompānija (s) | [aviɔkɔmpa:nija] |
| aeroporto (m) | lidosta (s) | [lidɔsta] |
| supersônico (adj) | virsskaņas | [virskaɲas] |

| | | |
|---|---|---|
| comandante (m) do avião | kuǵa komandieris (v) | [kudʲa kɔmandiɛris] |
| tripulação (f) | apkalpe (s) | [apkalpe] |
| piloto (m) | pilots (v) | [pilɔts] |
| aeromoça (f) | stjuarte (s) | [stjuarte] |
| copiloto (m) | stūrmanis (v) | [stu:rmanis] |

| | | |
|---|---|---|
| asas (f pl) | spārni (v dsk) | [spa:rni] |
| cauda (f) | aste (s) | [aste] |
| cabine (f) | kabīne (s) | [kabi:ne] |
| motor (m) | dzinējs (v) | [dzine:js] |
| trem (m) de pouso | šasija (s) | [ʃasija] |
| turbina (f) | turbīna (s) | [turbi:na] |

| | | |
|---|---|---|
| hélice (f) | propelleris (v) | [prɔpelleris] |
| caixa-preta (f) | melnā kaste (s) | [melna: kaste] |
| coluna (f) de controle | stūres rats (v) | [stu:res rats] |
| combustível (m) | degviela (s) | [degviɛla] |

| | | |
|---|---|---|
| instruções (f pl) de segurança | instrukcija (s) | [instruktsija] |
| máscara (f) de oxigênio | skābekļa maska (s) | [ska:beklʲa maska] |
| uniforme (m) | uniforma (s) | [unifɔrma] |

| | | |
|---|---|---|
| colete (m) salva-vidas | glābšanas veste (s) | [gla:bʃanas veste] |
| paraquedas (m) | izpletnis (v) | [izpletnis] |

| | | |
|---|---|---|
| decolagem (f) | pacelšanās (s dsk) | [patselʃana:s] |
| descolar (vi) | pacelties | [patseltiɛs] |
| pista (f) de decolagem | skrejceļš (v) | [skrejtselʲʃ] |

| | | |
|---|---|---|
| visibilidade (f) | redzamība (s) | [redzami:ba] |
| voo (m) | lidojums (v) | [lidɔjums] |

| | | |
|---|---|---|
| altura (f) | augstums (v) | [augstums] |
| poço (m) de ar | gaisa bedre (s) | [gaisa bedre] |

| | | |
|---|---|---|
| assento (m) | sēdeklis (v) | [sɛ:deklis] |
| fone (m) de ouvido | austiņas (s dsk) | [austiɲas] |
| mesa (f) retrátil | galdiņš (v) | [galdiɲʃ] |
| janela (f) | iluminators (v) | [iluminatɔrs] |
| corredor (m) | eja (s) | [eja] |

## 142. Comboio

| | | |
|---|---|---|
| trem (m) | vilciens (v) | [viltsiɛns] |
| trem (m) elétrico | elektrovilciens (v) | [ɛlektrɔviltsiɛns] |
| trem (m) | ātrvilciens (v) | [a:trviltsiɛns] |
| locomotiva (f) diesel | dīzeļlokomotīve (s) | [di:zelʲlɔkɔmɔti:ve] |
| locomotiva (f) a vapor | lokomotīve (s) | [lɔkɔmɔti:ve] |
| | | |
| vagão (f) de passageiros | vagons (v) | [vagɔns] |
| vagão-restaurante (m) | restorānvagons (v) | [restɔra:nvagɔns] |
| | | |
| carris (m pl) | sliedes (s dsk) | [sliɛdes] |
| estrada (f) de ferro | dzelzceļš (v) | [dzelztselʲʃ] |
| travessa (f) | gulsnis (v) | [gulsnis] |
| | | |
| plataforma (f) | platforma (s) | [platfɔrma] |
| linha (f) | ceļš (v) | [tselʲʃ] |
| semáforo (m) | semafors (v) | [sɛmafɔrs] |
| estação (f) | stacija (s) | [statsija] |
| | | |
| maquinista (m) | mašīnists (v) | [maʃi:nists] |
| bagageiro (m) | nesējs (v) | [nɛse:js] |
| hospedeiro, -a (m, f) | pavadonis (v) | [pavadɔnis] |
| passageiro (m) | pasažieris (v) | [pasaʒiɛris] |
| revisor (m) | kontrolieris (v) | [kɔntrɔliɛris] |
| | | |
| corredor (m) | koridors (v) | [kɔridɔrs] |
| freio (m) de emergência | stop-krāns (v) | [stɔp-kra:ns] |
| | | |
| compartimento (m) | kupeja (s) | [kupeja] |
| cama (f) | plaukts (v) | [plaukts] |
| cama (f) de cima | augšējais plaukts (v) | [augʃe:jais plaukts] |
| cama (f) de baixo | apakšējais plaukts (v) | [apakʃe:jais plaukts] |
| roupa (f) de cama | gultas veļa (s) | [gultas vɛlʲa] |
| | | |
| passagem (f) | biļete (s) | [bilʲɛte] |
| horário (m) | saraksts (v) | [saraksts] |
| painel (m) de informação | tablo (v) | [tablɔ] |
| | | |
| partir (vt) | atiet | [atiɛt] |
| partida (f) | atiešana (s) | [atiɛʃana] |
| chegar (vi) | ierasties | [iɛrastiɛs] |
| chegada (f) | pienākšana (s) | [piɛna:kʃana] |
| | | |
| chegar de trem | atbraukt ar vilcienu | [atbraukt ar viltsiɛnu] |
| pegar o trem | iekāpt vilcienā | [iɛka:pt viltsiɛna:] |
| descer de trem | izkāpt no vilciena | [izka:pt nɔ viltsiɛna] |
| | | |
| acidente (m) ferroviário | katastrofa (s) | [katastrɔfa] |
| descarrilar (vi) | noskriet no sliedēm | [nɔskriɛt nɔ sliɛde:m] |
| | | |
| locomotiva (f) a vapor | lokomotīve (s) | [lɔkɔmɔti:ve] |
| foguista (m) | kurinātājs (v) | [kurina:ta:js] |
| fornalha (f) | kurtuve (s) | [kurtuve] |
| carvão (m) | ogles (s dsk) | [ɔgles] |

## 143. Barco

| | | |
|---|---|---|
| navio (m) | **kuģis** (v) | [kudʲis] |
| embarcação (f) | **kuģis** (v) | [kudʲis] |
| | | |
| barco (m) a vapor | **tvaikonis** (v) | [tvaikɔnis] |
| barco (m) fluvial | **motorkuģis** (v) | [mɔtɔrkudʲis] |
| transatlântico (m) | **laineris** (v) | [laineris] |
| cruzeiro (m) | **kreiseris** (v) | [krɛiseris] |
| | | |
| iate (m) | **jahta** (s) | [jaxta] |
| rebocador (m) | **velkonis** (v) | [velkɔnis] |
| barcaça (f) | **barža** (s) | [barʒa] |
| ferry (m) | **prāmis** (v) | [praːmis] |
| | | |
| veleiro (m) | **burinieks** (v) | [burinɛks] |
| bergantim (m) | **brigantīna** (s) | [briganti:na] |
| | | |
| quebra-gelo (m) | **ledlauzis** (v) | [ledlauzis] |
| submarino (m) | **zemūdene** (s) | [zɛmu:dene] |
| | | |
| bote, barco (m) | **laiva** (s) | [laiva] |
| baleeira (bote salva-vidas) | **laiva** (s) | [laiva] |
| bote (m) salva-vidas | **glābšanas laiva** (s) | [gla:bʃanas laiva] |
| lancha (f) | **kuteris** (v) | [kuteris] |
| | | |
| capitão (m) | **kapteinis** (v) | [kaptɛinis] |
| marinheiro (m) | **matrozis** (v) | [matrɔzis] |
| marujo (m) | **jūrnieks** (v) | [ju:rnɛks] |
| tripulação (f) | **apkalpe** (s) | [apkalpe] |
| | | |
| contramestre (m) | **bocmanis** (v) | [bɔtsmanis] |
| grumete (m) | **junga** (v) | [juŋga] |
| cozinheiro (m) de bordo | **kuģa pavārs** (v) | [kudʲa pava:rs] |
| médico (m) de bordo | **kuģa ārsts** (v) | [kudʲa a:rsts] |
| | | |
| convés (m) | **klājs** (v) | [kla:js] |
| mastro (m) | **masts** (v) | [masts] |
| vela (f) | **bura** (s) | [bura] |
| | | |
| porão (m) | **tilpne** (s) | [tilpne] |
| proa (f) | **priekšgals** (v) | [priɛkʃgals] |
| popa (f) | **pakaļgals** (v) | [pakalʲgals] |
| remo (v) | **airis** (v) | [airis] |
| hélice (f) | **dzenskrūve** (s) | [dzenskru:ve] |
| | | |
| cabine (m) | **kajīte** (s) | [kaji:te] |
| sala (f) dos oficiais | **kopkajīte** (s) | [kɔpkaji:te] |
| sala (f) das máquinas | **mašīnu nodaļa** (s) | [maʃi:nu nɔdalʲa] |
| ponte (m) de comando | **komandtiltiņš** (v) | [kɔmandtiltiɲ] |
| sala (f) de comunicações | **radio telpa** (s) | [radiɔ telpa] |
| onda (f) | **vilnis** (v) | [vilnis] |
| diário (m) de bordo | **kuģa žurnāls** (v) | [kudʲa ʒurna:ls] |
| luneta (f) | **tālskatis** (v) | [ta:lskatis] |
| sino (m) | **zvans** (v) | [zvans] |

| | | |
|---|---|---|
| bandeira (f) | **karogs** (v) | [karɔgs] |
| cabo (m) | **tauva** (s) | [tauva] |
| nó (m) | **mezgls** (v) | [mezgls] |

| | | |
|---|---|---|
| corrimão (m) | **rokturis** (v) | [rɔkturis] |
| prancha (f) de embarque | **traps** (v) | [traps] |

| | | |
|---|---|---|
| âncora (f) | **enkurs** (v) | [enkurs] |
| recolher a âncora | **pacelt enkuru** | [patselt enkuru] |
| jogar a âncora | **izmest enkuru** | [izmest enkuru] |
| amarra (corrente de âncora) | **enkurķēde** (s) | [enkurtʲɛːde] |

| | | |
|---|---|---|
| porto (m) | **osta** (s) | [ɔsta] |
| cais, amarradouro (m) | **piestātne** (s) | [piɛstaːtne] |
| atracar (vi) | **pietauvot** | [piɛtauvɔt] |
| desatracar (vi) | **atiet no krasta** | [atiɛt nɔ krasta] |

| | | |
|---|---|---|
| viagem (f) | **ceļojums** (v) | [tselʲɔjums] |
| cruzeiro (m) | **kruīzs** (v) | [kruiːzs] |
| rumo (m) | **kurss** (v) | [kurs] |
| itinerário (m) | **maršruts** (v) | [marʃruts] |

| | | |
|---|---|---|
| canal (m) de navegação | **kuģu ceļš** (v) | [kudʲu tselʲʃ] |
| banco (m) de areia | **sēklis** (v) | [seːklis] |
| encalhar (vt) | **uzsēsties uz sēkļa** | [uzseːsties uz seːklʲa] |

| | | |
|---|---|---|
| tempestade (f) | **vētra** (s) | [veːtra] |
| sinal (m) | **signāls** (v) | [signaːls] |
| afundar-se (vr) | **grimt** | [grimt] |
| Homem ao mar! | **Cilvēks aiz borta!** | [tsilveːks aiz bɔrta!] |
| SOS | **SOS** | [sɔs] |
| boia (f) salva-vidas | **glābšanas riņķis** (v) | [glaːbʃanas riɲtʲis] |

## 144. Aeroporto

| | | |
|---|---|---|
| aeroporto (m) | **lidosta** (s) | [lidɔsta] |
| avião (m) | **lidmašīna** (s) | [lidmaʃiːna] |
| companhia (f) aérea | **aviokompānija** (s) | [aviokɔmpaːnija] |
| controlador (m) de tráfego aéreo | **dispečers** (v) | [dispetʃɛrs] |

| | | |
|---|---|---|
| partida (f) | **izlidojums** (v) | [izlidɔjums] |
| chegada (f) | **atlidošana** (s) | [atlidɔʃana] |
| chegar (vi) | **atlidot** | [atlidɔt] |

| | | |
|---|---|---|
| hora (f) de partida | **izlidojuma laiks** (v) | [izlidɔjuma laiks] |
| hora (f) de chegada | **atlidošanās laiks** (v) | [atlidɔʃana:s laiks] |

| | | |
|---|---|---|
| estar atrasado | **kavēties** | [kaveːtiɛs] |
| atraso (m) de voo | **izlidojuma aizkavēšanās** (s dsk) | [izlidɔjuma aizkaveːʃana:s] |

| | | |
|---|---|---|
| painel (m) de informação | **informācijas tablo** (v) | [infɔrmaːtsijas tablɔ] |
| informação (f) | **informācija** (s) | [infɔrmaːtsija] |

| | | |
|---|---|---|
| anunciar (vt) | **paziņot** | [paziɲɔt] |
| voo (m) | **reiss** (v) | [rɛis] |

| | | |
|---|---|---|
| alfândega (f) | **muita** (s) | [muita] |
| funcionário (m) da alfândega | **muitas ierēdnis** (v) | [muitas iɛre:dnis] |

| | | |
|---|---|---|
| declaração (f) alfandegária | **muitas deklerācija** (s) | [muitas deklɛra:tsija] |
| preencher (vt) | **aizpildīt** | [aizpildi:t] |
| preencher a declaração | **aizpildīt deklarāciju** | [aizpildi:t deklara:tsiju] |
| controle (m) de passaporte | **pasu kontrole** (s) | [pasu kɔntrɔle] |

| | | |
|---|---|---|
| bagagem (f) | **bagāža** (s) | [baga:ʒa] |
| bagagem (f) de mão | **rokas bagāža** (s) | [rɔkas baga:ʒa] |
| carrinho (m) | **bagāžas ratiņi** (v dsk) | [baga:ʒas ratiɲi] |

| | | |
|---|---|---|
| pouso (m) | **nolaišanās** (s dsk) | [nɔlaiʃana:s] |
| pista (f) de pouso | **nosēšanās josla** (s) | [nɔse:ʃana:s jɔsla] |
| aterrissar (vi) | **nosēsties** | [nɔse:stiɛs] |
| escada (f) de avião | **traps** (v) | [traps] |

| | | |
|---|---|---|
| check-in (m) | **reģistrācija** (s) | [redʲistra:tsija] |
| balcão (m) do check-in | **reģistrācijas galdiņš** (v) | [redʲistra:tsijas galdiɲʃ] |
| fazer o check-in | **piereģistrēties** | [piɛredʲistre:tiɛs] |
| cartão (m) de embarque | **iekāpšanas talons** (v) | [iɛka:pʃanas talɔns] |
| portão (m) de embarque | **izeja** (s) | [izeja] |

| | | |
|---|---|---|
| trânsito (m) | **tranzīts** (v) | [tranzi:ts] |
| esperar (vi, vt) | **gaidīt** | [gaidi:t] |
| sala (f) de espera | **uzgaidāmā telpa** (s) | [uzgaida:ma: telpa] |
| despedir-se (acompanhar) | **aizvadīt** | [aizvadi:t] |
| despedir-se (dizer adeus) | **atvadīties** | [atvadi:tiɛs] |

## 145. Bicicleta. Motocicleta

| | | |
|---|---|---|
| bicicleta (f) | **divritenis** (v) | [divritenis] |
| lambreta (f) | **motorollers** (v) | [mɔtɔrɔllɛrs] |
| moto (f) | **motocikls** (v) | [mɔtɔtsikls] |

| | | |
|---|---|---|
| ir de bicicleta | **braukt ar divriteni** | [braukt ar divriteni] |
| guidão (m) | **stūre** (s) | [stu:re] |
| pedal (m) | **pedālis** (v) | [pɛda:lis] |
| freios (m pl) | **bremzes** (s dsk) | [bremzes] |
| banco, selim (m) | **sēdeklis** (v) | [sɛ:deklis] |

| | | |
|---|---|---|
| bomba (f) | **sūknis** (v) | [su:knis] |
| bagageiro (m) de teto | **bagāžnieks** (v) | [baga:ʒniɛks] |

| | | |
|---|---|---|
| lanterna (f) | **lukturis** (v) | [lukturis] |
| capacete (m) | **ķivere** (s) | [tʲivɛre] |

| | | |
|---|---|---|
| roda (f) | **ritenis** (v) | [ritenis] |
| para-choque (m) | **spārns** (v) | [spa:rns] |
| aro (m) | **riteņa stīpa** (s) | [ritɛɲa sti:pa] |
| raio (m) | **spieķis** (v) | [spiɛtʲis] |

# Carros

## 146. Tipos de carros

| | | |
|---|---|---|
| carro, automóvel (m) | automobilis (v) | [automobilis] |
| carro (m) esportivo | sporta automobilis (v) | [sporta automobilis] |
| | | |
| limusine (f) | limuzīns (v) | [limuzi:ns] |
| todo o terreno (m) | apvidus automašīna (s) | [apvidus automaʃi:na] |
| conversível (m) | kabriolets (v) | [kabriolets] |
| minibus (m) | mikroautobuss (v) | [mikroautobus] |
| | | |
| ambulância (f) | ātrā palīdzība (s) | [a:tra: pali:dzi:ba] |
| limpa-neve (m) | sniega novākšanas mašīna (s) | [sniɛga nova:kʃanas maʃi:na] |
| | | |
| caminhão (m) | kravas automašīna (s) | [kravas automaʃi:na] |
| caminhão-tanque (m) | autocisterna (s) | [autotsisterna] |
| perua, van (f) | furgons (v) | [furgons] |
| caminhão-trator (m) | vilcējs (v) | [viltse:js] |
| reboque (m) | piekabe (s) | [piɛkabe] |
| | | |
| confortável (adj) | komfortabls | [komfortabls] |
| usado (adj) | lietots | [liɛtots] |

## 147. Carros. Carroçaria

| | | |
|---|---|---|
| capô (m) | pārsegs (v) | [pa:rsegs] |
| para-choque (m) | spārns (v) | [spa:rns] |
| teto (m) | jumts (v) | [jumts] |
| | | |
| para-brisa (m) | priekšējais stikls (v) | [priɛkʃe:jais stikls] |
| retrovisor (m) | atpakaļskata spogulis (v) | [atpakalʲskata spogulis] |
| esguicho (m) | mazgātājs (v) | [mazga:ta:js] |
| limpadores (m) de para-brisas | stikla tīrītāji (v dsk) | [stikla ti:ri:ta:ji] |
| | | |
| vidro (m) lateral | sānu stikls (v) | [sa:nu stikls] |
| elevador (m) do vidro | stikla celājs (v) | [stikla tsɛla:js] |
| antena (f) | antena (s) | [antɛna] |
| teto (m) solar | lūka (s) | [lu:ka] |
| | | |
| para-choque (m) | buferis (v) | [buferis] |
| porta-malas (f) | bagāžnieks (v) | [baga:ʒniɛks] |
| bagageira (f) | jumta bagāžas plaukts (v) | [jumta baga:ʒas plaukts] |
| porta (f) | durvis (s dsk) | [durvis] |
| maçaneta (f) | rokturis (v) | [rokturis] |
| fechadura (f) | slēdzis (v) | [sle:dzis] |
| placa (f) | numurs (v) | [numurs] |

| silenciador (m) | slāpētājs (v) | [sla:pɛ:ta:js] |
| tanque (m) de gasolina | benzīna tvertne (s) | [benzi:na tvertne] |
| tubo (m) de exaustão | izplūdes caurule (s) | [izplu:des tsaurule] |

| acelerador (m) | gāze (s) | [ga:ze] |
| pedal (m) | pedālis (v) | [pɛda:lis] |
| pedal (m) do acelerador | gāzes pedālis (v) | [ga:zes pɛda:lis] |

| freio (m) | bremze (s) | [bremze] |
| pedal (m) do freio | bremžu pedālis (v) | [bremʒu pɛda:lis] |
| frear (vt) | bremzēt | [bremze:t] |
| freio (m) de mão | stāvbremze (s) | [sta:vbremze] |

| embreagem (f) | sajūgs (v) | [saju:gs] |
| pedal (m) da embreagem | sajūga pedālis (v) | [saju:ga pɛda:lis] |
| disco (m) de embreagem | sajūga disks (v) | [saju:ga disks] |
| amortecedor (m) | amortizators (v) | [amɔrtizatɔrs] |

| roda (f) | ritenis (v) | [ritenis] |
| pneu (m) estepe | rezerves ritenis (v) | [rɛzerves ritenis] |
| pneu (m) | riepa (s) | [riɛpa] |
| calota (f) | kalpaks (v) | [kalpaks] |

| rodas (f pl) motrizes | vadošie riteni (v dsk) | [vadɔʃiɛ riteni] |
| de tração dianteira | priekšējās piedziņas | [priɛkʃe:ja:s piɛdziɳas] |
| de tração traseira | pakaļējās piedziņas | [pakaľe:ja:s piɛdziɳas] |
| de tração às 4 rodas | pilnpiedziņas | [pilnpiɛdziɳas] |

| caixa (f) de mudanças | ātruma kārba (s) | [a:truma ka:rba] |
| automático (adj) | automātisks | [automa:tisks] |
| mecânico (adj) | mehānisks | [mexa:nisks] |
| alavanca (f) de câmbio | pārnesumsvira (s) | [pa:rnɛsumsvira] |

| farol (m) | lukturis (v) | [lukturis] |
| faróis (m pl) | lukturi (v dsk) | [lukturi] |

| farol (m) baixo | tuvā gaisma (s) | [tuva: gaisma] |
| farol (m) alto | tālā gaisma (s) | [ta:la: gaisma] |
| luzes (f pl) de parada | bremžu gaismas (s dsk) | [bremʒu gaismas] |

| luzes (f pl) de posição | gabarītugunis (s dsk) | [gabari:tugunis] |
| luzes (f pl) de emergência | avārijas ugunis (s dsk) | [ava:rijas ugunis] |
| faróis (m pl) de neblina | miglas lukturi (v dsk) | [miglas lukturi] |
| pisca-pisca (m) | pagrieziena lukturis (v) | [pagriɛziɛna lukturis] |
| luz (f) de marcha ré | atpakaļgaitas gaismas (s dsk) | [atpakaľgaitas gaismas] |

## 148. Carros. Habitáculo

| interior (do carro) | salons (v) | [salɔns] |
| de couro | ādas | [a:das] |
| de veludo | velūra | [vɛlu:ra] |
| estofamento (m) | apdare (s) | [apdare] |
| indicador (m) | ierīce (s) | [iɛri:tse] |
| painel (m) | panelis (v) | [panelis] |

| | | |
|---|---|---|
| velocímetro (m) | **spidometrs** (v) | [spidɔmetrs] |
| ponteiro (m) | **bulta** (s) | [bulta] |
| | | |
| hodômetro, odômetro (m) | **skaitītājs** (v) | [skaiti:ta:js] |
| indicador (m) | **devējs** (v) | [dɛve:js] |
| nível (m) | **līmenis** (v) | [li:menis] |
| luz (f) de aviso | **lampiņa** (s) | [lampiɲa] |
| | | |
| volante (m) | **stūres rats** (v) | [stu:res rats] |
| buzina (f) | **skaņu signāls** (v) | [skaɲu signa:ls] |
| botão (m) | **poga** (s) | [pɔga] |
| interruptor (m) | **pārslēdzējs** (v) | [pa:rsle:dze:js] |
| | | |
| assento (m) | **sēdeklis** (v) | [sɛ:deklis] |
| costas (f pl) do assento | **atzveltne** (s) | [atzveltne] |
| cabeceira (f) | **galvturis** (v) | [galvturis] |
| cinto (m) de segurança | **drošības josta** (s) | [drɔʃi:bas jɔsta] |
| apertar o cinto | **piesprādzēt jostu** | [piɛspra:dze:t jɔstu] |
| ajuste (m) | **regulēšana** (s) | [rɛgule:ʃana] |
| | | |
| airbag (m) | **gaisa spilvens** (v) | [gaisa spilvens] |
| ar (m) condicionado | **kondicionētājs** (v) | [kɔnditsiɔnɛ:ta:js] |
| | | |
| rádio (m) | **radio** (v) | [radiɔ] |
| leitor (m) de CD | **CD atskaņotājs** (v) | [tsd atskaɲɔta:js] |
| ligar (vt) | **ieslēgt** | [iɛsle:gt] |
| antena (f) | **antena** (s) | [antɛna] |
| porta-luvas (m) | **cimdu nodalījums** (v) | [tsimdu nɔdali:jums] |
| cinzeiro (m) | **pelnu trauks** (v) | [pelnu trauks] |

## 149. Carros. Motor

| | | |
|---|---|---|
| motor (m) | **motors** (v) | [mɔtɔrs] |
| a diesel | **dīzeļ-** | [di:zelʲ-] |
| a gasolina | **benzīna** | [benzi:na] |
| | | |
| cilindrada (f) | **dzinēja apjoms** (v) | [dzine:ja apjɔms] |
| potência (f) | **jauda** (s) | [jauda] |
| cavalo (m) de potência | **zirgspēks** (v) | [zirgspe:ks] |
| pistão (m) | **virzulis** (v) | [virzulis] |
| cilindro (m) | **cilindrs** (v) | [tsilindrs] |
| válvula (f) | **vārsts** (v) | [va:rsts] |
| | | |
| injetor (m) | **inžektors** (v) | [inʒektɔrs] |
| gerador (m) | **ģenerators** (v) | [dʲɛnɛratɔrs] |
| carburador (m) | **karburators** (v) | [karburatɔrs] |
| óleo (m) de motor | **motoreļļa** (s) | [mɔtɔrelʲa] |
| | | |
| radiador (m) | **radiators** (v) | [radiatɔrs] |
| líquido (m) de arrefecimento | **dzesēšanas šķidrums** (v) | [dzɛse:ʃanas ʃtʲidrums] |
| ventilador (m) | **ventilators** (v) | [ventilatɔrs] |
| | | |
| bateria (f) | **akumulators** (v) | [akumulatɔrs] |
| dispositivo (m) de arranque | **starteris** (v) | [starteris] |

| | | |
|---|---|---|
| ignição (f) | aizdedze (s) | [aizdedze] |
| vela (f) de ignição | aizdedzes svece (s) | [aizdedzes svetse] |
| | | |
| terminal (m) | pieslēgs (v) | [piɛsle:gs] |
| terminal (m) positivo | pluss (v) | [plus] |
| terminal (m) negativo | mīnuss (v) | [mi:nus] |
| fusível (m) | drošinātājs (v) | [drɔʃina:ta:js] |
| | | |
| filtro (m) de ar | gaisa filtrs (v) | [gaisa filtrs] |
| filtro (m) de óleo | eļļas filtrs (v) | [elʲas filtrs] |
| filtro (m) de combustível | degvielas filtrs (v) | [degviɛlas filtrs] |

## 150. Carros. Batidas. Reparação

| | | |
|---|---|---|
| acidente (m) de carro | avārija (s) | [ava:rija] |
| acidente (m) rodoviário | ceļa negadījums (v) | [tsɛlʲa nɛgadi:jums] |
| bater (~ num muro) | ietriekties | [iɛtriɛktiɛs] |
| sofrer um acidente | sasisties | [sasistiɛs] |
| dano (m) | bojājums (v) | [bɔja:jums] |
| intato | vesels | [vɛsɛls] |
| | | |
| pane (f) | bojājums (v) | [bɔja:jums] |
| avariar (vi) | salūzt | [salu:zt] |
| cabo (m) de reboque | trose (s) | [trɔse] |
| | | |
| furo (m) | caurums (v) | [tsaurums] |
| estar furado | izlaist gaisu | [izlaist gaisu] |
| encher (vt) | piesūknēt | [piɛsu:kne:t] |
| pressão (f) | spiediens (v) | [spiɛdiɛns] |
| verificar (vt) | pārbaudīt | [pa:rbaudi:t] |
| | | |
| reparo (m) | remonts (v) | [remɔnts] |
| oficina (f) automotiva | remontdarbnīca (s) | [remɔntdarbni:tsa] |
| peça (f) de reposição | rezerves daļa (s) | [rɛzerves dalʲa] |
| peça (f) | detaļa (s) | [dɛtalʲa] |
| | | |
| parafuso (com porca) | skrūve (s) | [skru:ve] |
| parafuso (m) | skrūve (s) | [skru:ve] |
| porca (f) | uzgrieznis (v) | [uzgriɛznis] |
| arruela (f) | paplāksne (s) | [papla:ksne] |
| rolamento (m) | gultnis (v) | [gultnis] |
| | | |
| tubo (m) | caurulīte (s) | [tsauruli:te] |
| junta, gaxeta (f) | paplāksne (s) | [papla:ksne] |
| fio, cabo (m) | vads (v) | [vads] |
| | | |
| macaco (m) | domkrats (v) | [dɔmkrats] |
| chave (f) de boca | uzgriežņu atslēga (s) | [uzgriɛʒɲu atslɛ:ga] |
| martelo (m) | āmurs (v) | [a:murs] |
| | | |
| bomba (f) | sūknis (v) | [su:knis] |
| chave (f) de fenda | skrūvgriezis (v) | [skru:vgriɛzis] |
| extintor (m) | ugunsdzēšamais aparāts (v) | [ugunsdze:ʃamais apara:ts] |

| | | |
|---|---|---|
| triângulo (m) de emergência | avārijas trīsstūris (v) | [ava:rijas tri:stu:ris] |
| morrer (motor) | slāpt | [sla:pt] |
| paragem, "morte" (f) | apturēšana (s) | [apture:ʃana] |
| estar quebrado | būt salauztam | [bu:t salauztam] |
| | | |
| superaquecer-se (vr) | pārkarst | [pa:rkarst] |
| entupir-se (vr) | aizsērēt | [aizsɛ:re:t] |
| congelar-se (vr) | sasalt | [sasalt] |
| rebentar (vi) | pārplīst | [pa:rpli:st] |
| | | |
| pressão (f) | spiediens (v) | [spiɛdiɛns] |
| nível (m) | līmenis (v) | [li:menis] |
| frouxo (adj) | vājš | [va:jʃ] |
| | | |
| batida (f) | iespiedums (v) | [iɛspiɛdums] |
| ruído (m) | klaudzēšana (s) | [klaudze:ʃana] |
| fissura (f) | plaisa (s) | [plaisa] |
| arranhão (m) | ieskrambājums (v) | [iɛskramba:jums] |

## 151. Carros. Estrada

| | | |
|---|---|---|
| estrada (f) | ceļš (v) | [tselʲʃ] |
| autoestrada (f) | automaģistrāle (s) | [automadʲistra:le] |
| rodovia (f) | šoseja (s) | [ʃoseja] |
| direção (f) | virziens (v) | [virziɛns] |
| distância (f) | attālums (v) | [atta:lums] |
| | | |
| ponte (f) | tilts (v) | [tilts] |
| parque (m) de estacionamento | auto novietne (s) | [auto noviɛtne] |
| praça (f) | laukums (v) | [laukums] |
| nó (m) rodoviário | autoceļu šķērsojuma mezgls (v) | [autotsɛlʲu ʃtʲɛ:rsɔjuma mezgls] |
| túnel (m) | tunelis (v) | [tunelis] |
| | | |
| posto (m) de gasolina | degvielas uzpildes stacija (s) | [degviɛlas uzpildes statsija] |
| parque (m) de estacionamento | autostāvvieta (s) | [autɔsta:vviɛta] |
| bomba (f) de gasolina | benzīntanks (v) | [benzi:ntanks] |
| oficina (f) automotiva | remontdarbnīca (s) | [remɔntdarbni:tsa] |
| abastecer (vt) | uzpildīt | [uzpildi:t] |
| combustível (m) | degviela (s) | [degviɛla] |
| galão (m) de gasolina | kanna (s) | [kanna] |
| | | |
| asfalto (m) | asfalts (v) | [asfalts] |
| marcação (f) de estradas | brauktuves apzīmējumi (v dsk) | [brauktuves apzi:me:jumi] |
| meio-fio (m) | apmale (s) | [apmale] |
| guard-rail (m) | nožogojums (v) | [nɔʒɔgɔjums] |
| valeta (f) | ceļa grāvis (v) | [tsɛlʲa gra:vis] |
| acostamento (m) | ceļmala (s) | [tselʲmala] |
| poste (m) de luz | stabs (v) | [stabs] |
| | | |
| dirigir (vt) | vadīt | [vadi:t] |
| virar (~ para a direita) | pagriezties | [pagriɛztiɛs] |

| dar retorno | apgriezties | [apgriɛztiɛs] |
| ré (f) | atpakaļgaita (s) | [atpakalˈgaita] |

| buzinar (vi) | signalizēt | [signalize:t] |
| buzina (f) | skaņas signāls (v) | [skaɲas signa:ls] |
| atolar-se (vr) | iestrēgt | [iɛstre:gt] |
| patinar (na lama) | buksēt | [bukse:t] |
| desligar (vt) | apturēt | [apture:t] |

| velocidade (f) | ātrums (v) | [a:trums] |
| exceder a velocidade | pārsniegt ātrumu | [pa:rsniɛgt a:trumu] |
| multar (vt) | uzlikt sodu | [uzlikt sɔdu] |
| semáforo (m) | luksofors (v) | [luksɔfɔrs] |
| carteira (f) de motorista | vadītāja apliecība (s) | [vadi:ta:ja apliɛtsi:ba] |

| passagem (f) de nível | pārbrauktuve (s) | [pa:rbrauktuve] |
| cruzamento (m) | krustojums (v) | [krustɔjums] |
| faixa (f) | gājēju pāreja (s) | [ga:je:ju pa:reja] |
| curva (f) | pagrieziens (v) | [pagriɛziɛns] |
| zona (f) de pedestres | gājēju zona (s) | [ga:je:ju zɔna] |

# PESSOAS. EVENTOS

## Eventos

### 152. Férias. Evento

| | | |
|---|---|---|
| festa (f) | **svētki** (v dsk) | [sve:tki] |
| feriado (m) nacional | **tautas svētki** (v dsk) | [tautas sve:tki] |
| feriado (m) | **svētku diena** (s) | [sve:tku diɛna] |
| festejar (vt) | **svinēt** | [svine:t] |
| | | |
| evento (festa, etc.) | **notikums** (v) | [nɔtikums] |
| evento (banquete, etc.) | **pasākums** (v) | [pasa:kums] |
| banquete (m) | **bankets** (v) | [bankets] |
| recepção (f) | **pieņemšana** (s) | [piɛɲemʃana] |
| festim (m) | **mielasts** (v) | [miɛlasts] |
| | | |
| aniversário (m) | **gadadiena** (s) | [gadadiɛna] |
| jubileu (m) | **jubileja** (s) | [jubileja] |
| celebrar (vt) | **atzīmēt** | [atzi:me:t] |
| | | |
| Ano (m) Novo | **Jaungads** (v) | [jauŋgads] |
| Feliz Ano Novo! | **Laimīgu Jauno gadu!** | [laimi:gu jaunɔ gadu!] |
| | | |
| Natal (m) | **Ziemassvētki** (v dsk) | [ziɛmasve:tki] |
| Feliz Natal! | **Priecīgus Ziemassvētkus!** | [priɛtsi:gus ziɛmasve:tkus!] |
| árvore (f) de Natal | **Ziemassvētku eglīte** (s) | [ziɛmasve:tku egli:te] |
| fogos (m pl) de artifício | **salūts** (v) | [salu:ts] |
| | | |
| casamento (m) | **kāzas** (s dsk) | [ka:zas] |
| noivo (m) | **līgavainis** (v) | [li:gavainis] |
| noiva (f) | **līgava** (s) | [li:gava] |
| | | |
| convidar (vt) | **ielūgt** | [iɛlu:gt] |
| convite (m) | **ielūgums** (v) | [iɛlu:gums] |
| | | |
| convidado (m) | **viesis** (v) | [viɛsis] |
| visitar (vt) | **iet ciemos** | [iɛt tsiɛmɔs] |
| receber os convidados | **sagaidīt viesus** | [sagaidi:t viɛsus] |
| | | |
| presente (m) | **dāvana** (s) | [da:vana] |
| oferecer, dar (vt) | **dāvināt** | [da:vina:t] |
| receber presentes | **saņemt dāvanu** | [saɲemt da:vanu] |
| buquê (m) de flores | **ziedu pušķis** (v) | [ziɛdu puʃtʲis] |
| | | |
| felicitações (f pl) | **apsveikums** (v) | [apsvɛikums] |
| felicitar (vt) | **apsveikt** | [apsvɛikt] |
| cartão (m) de parabéns | **apsveikuma atklātne** (s) | [apsvɛikuma atkla:tne] |
| enviar um cartão postal | **nosūtīt atklātni** | [nɔsu:ti:t atkla:tni] |

| receber um cartão postal | saņemt atklātni | [saņemt atkla:tni] |
| brinde (m) | tosts (v) | [tɔsts] |
| oferecer (vt) | uzcienāt | [uztsiɛna:t] |
| champanhe (m) | šampanietis (v) | [ʃampaniɛtis] |

| divertir-se (vr) | līksmot | [li:ksmɔt] |
| diversão (f) | jautrība (s) | [jautri:ba] |
| alegria (f) | prieks (v) | [priɛks] |

| dança (f) | deja (s) | [deja] |
| dançar (vi) | dejot | [dejɔt] |

| valsa (f) | valsis (v) | [valsis] |
| tango (m) | tango (v) | [taŋgɔ] |

## 153. Funerais. Enterro

| cemitério (m) | kapsēta (s) | [kapsɛ:ta] |
| sepultura (f), túmulo (m) | kaps (v) | [kaps] |
| cruz (f) | krusts (v) | [krusts] |
| lápide (f) | kapakmens (v) | [kapakmens] |
| cerca (f) | žogs (v) | [ʒɔgs] |
| capela (f) | kapela (s) | [kapɛla] |

| morte (f) | nāve (s) | [na:ve] |
| morrer (vi) | nomirt | [nɔmirt] |
| defunto (m) | nelaiķis (v) | [nɛlaitʲis] |
| luto (m) | sēras (s dsk) | [sɛ:ras] |

| enterrar, sepultar (vt) | apglabāt | [apglaba:t] |
| funerária (f) | apbedīšanas birojs (v) | [apbedi:ʃanas birɔjs] |
| funeral (m) | bēres (s dsk) | [bɛ:res] |

| coroa (f) de flores | vainags (v) | [vainags] |
| caixão (m) | zārks (v) | [za:rks] |
| carro (m) funerário | katafalks (v) | [katafalks] |
| mortalha (f) | līķauts (v) | [li:tʲauts] |

| procissão (f) funerária | bēru procesija (s) | [bɛ:ru prɔtsesija] |
| urna (f) funerária | urna (s) | [urna] |
| crematório (m) | krematorija (s) | [krɛmatɔrija] |

| obituário (m), necrologia (f) | nekrologs (v) | [nekrɔlogs] |
| chorar (vi) | raudāt | [rauda:t] |
| soluçar (vi) | skaļi raudāt | [skalʲi rauda:t] |

## 154. Guerra. Soldados

| pelotão (m) | vads (v) | [vads] |
| companhia (f) | rota (s) | [rɔta] |
| regimento (m) | pulks (v) | [pulks] |
| exército (m) | armija (s) | [armija] |

| | | |
|---|---|---|
| divisão (f) | **divīzija** (s) | [divi:zija] |
| esquadrão (m) | **vienība** (s) | [viɛni:ba] |
| hoste (f) | **karaspēks** (v) | [karaspe:ks] |

| | | |
|---|---|---|
| soldado (m) | **karavīrs** (v) | [karavi:rs] |
| oficial (m) | **virsnieks** (v) | [virsniɛks] |

| | | |
|---|---|---|
| soldado (m) raso | **ierindnieks** (v) | [iɛrindniɛks] |
| sargento (m) | **seržants** (v) | [serʒants] |
| tenente (m) | **leitnants** (v) | [lɛitnants] |
| capitão (m) | **kapteinis** (v) | [kaptɛinis] |
| major (m) | **majors** (v) | [majɔrs] |
| coronel (m) | **pulkvedis** (v) | [pulkvedis] |
| general (m) | **ģenerālis** (v) | [dʲɛnɛra:lis] |

| | | |
|---|---|---|
| marujo (m) | **jūrnieks** (v) | [ju:rniɛks] |
| capitão (m) | **kapteinis** (v) | [kaptɛinis] |
| contramestre (m) | **bocmanis** (v) | [bɔtsmanis] |
| artilheiro (m) | **artilērists** (v) | [artile:rists] |
| soldado (m) paraquedista | **desantnieks** (v) | [dɛsantniɛks] |
| piloto (m) | **lidotājs** (v) | [lidɔta:js] |
| navegador (m) | **stūrmanis** (v) | [stu:rmanis] |
| mecânico (m) | **mehāniķis** (v) | [mexa:nitʲis] |

| | | |
|---|---|---|
| sapador-mineiro (m) | **sapieris** (v) | [sapiɛris] |
| paraquedista (m) | **izpletņa lēcējs** (v) | [izpletņa le:tse:js] |
| explorador (m) | **izlūks** (v) | [izlu:ks] |
| atirador (m) de tocaia | **snaiperis** (v) | [snaiperis] |

| | | |
|---|---|---|
| patrulha (f) | **patruļa** (s) | [patrulʲa] |
| patrulhar (vt) | **patrulēt** | [patrule:t] |
| sentinela (f) | **sargs** (v) | [sargs] |
| guerreiro (m) | **karavīrs** (v) | [karavi:rs] |
| patriota (m) | **patriots** (v) | [patriɔts] |
| herói (m) | **varonis** (v) | [varɔnis] |
| heroína (f) | **varone** (s) | [varɔne] |

| | | |
|---|---|---|
| traidor (m) | **nodevējs** (v) | [nɔdɛve:js] |
| trair (vt) | **nodot** | [nɔdot] |
| desertor (m) | **dezertieris** (v) | [dɛzertiɛris] |
| desertar (vt) | **dezertēt** | [dɛzerte:t] |

| | | |
|---|---|---|
| mercenário (m) | **algotnis** (v) | [algɔtnis] |
| recruta (m) | **jauniesauktais** (v) | [jauniɛsauktais] |
| voluntário (m) | **brīvprātīgais** (v) | [bri:vpra:ti:gais] |

| | | |
|---|---|---|
| morto (m) | **bojā gājušais** (v) | [bɔja: ga:juʃais] |
| ferido (m) | **ievainotais** (v) | [iɛvainotais] |
| prisioneiro (m) de guerra | **gūsteknis** (v) | [gu:steknis] |

## 155. Guerra. Ações militares. Parte 1

| | | |
|---|---|---|
| guerra (f) | **karš** (v) | [karʃ] |
| guerrear (vt) | **karot** | [karɔt] |

| | | |
|---|---|---|
| guerra (f) civil | **pilsoņu karš** (v) | [pilsoɲu karʃ] |
| perfidamente | **nodevīgi** | [nɔdevi:gi] |
| declaração (f) de guerra | **kara pieteikšana** (s) | [kara piɛtɛikʃana] |
| declarar guerra | **pieteikt karu** | [piɛtɛikt karu] |
| agressão (f) | **agresija** (s) | [agresija] |
| atacar (vt) | **uzbrukt** | [uzbrukt] |

| | | |
|---|---|---|
| invadir (vt) | **iebrukt** | [iɛbrukt] |
| invasor (m) | **iebrucējs** (v) | [iɛbrutse:js] |
| conquistador (m) | **iekarotājs** (v) | [iɛkarɔta:js] |

| | | |
|---|---|---|
| defesa (f) | **aizsardzība** (s) | [aizsardzi:ba] |
| defender (vt) | **aizsargāt** | [aizsarga:t] |
| defender-se (vr) | **aizsargāties** | [aizsarga:tiɛs] |

| | | |
|---|---|---|
| inimigo (m) | **ienaidnieks** (v) | [iɛnaidniɛks] |
| adversário (m) | **pretinieks** (v) | [pretiniɛks] |
| inimigo (adj) | **ienaidnieku** | [iɛnaidniɛku] |

| | | |
|---|---|---|
| estratégia (f) | **stratēģija** (s) | [strate:dʲija] |
| tática (f) | **taktika** (s) | [taktika] |

| | | |
|---|---|---|
| ordem (f) | **pavēle** (s) | [pavɛ:le] |
| comando (m) | **komanda** (s) | [kɔmanda] |
| ordenar (vt) | **pavēlēt** | [pavɛ:le:t] |
| missão (f) | **kara uzdevums** (v) | [kara uzdɛvums] |
| secreto (adj) | **slepens** | [slɛpens] |

| | | |
|---|---|---|
| batalha (f) | **kauja** (s) | [kauja] |
| combate (m) | **cīņa** (s) | [tsi:ɲa] |

| | | |
|---|---|---|
| ataque (m) | **uzbrukums** (v) | [uzbrukums] |
| assalto (m) | **trieciens** (v) | [triɛtsiɛns] |
| assaltar (vt) | **doties triecienā** | [dɔties triɛtsiɛna:] |
| assédio, sítio (m) | **aplenkums** (v) | [aplenkums] |

| | | |
|---|---|---|
| ofensiva (f) | **uzbrukums** (v) | [uzbrukums] |
| tomar à ofensiva | **uzbrukt** | [uzbrukt] |

| | | |
|---|---|---|
| retirada (f) | **atkāpšanās** (s dsk) | [atka:pʃana:s] |
| retirar-se (vr) | **atkāpties** | [atka:ptiɛs] |

| | | |
|---|---|---|
| cerco (m) | **aplenkums** (v) | [aplenkums] |
| cercar (vt) | **aplenkt** | [aplenkt] |

| | | |
|---|---|---|
| bombardeio (m) | **bombardēšana** (s) | [bɔmbarde:ʃana] |
| lançar uma bomba | **nomest bumbu** | [nɔmest bumbu] |
| bombardear (vt) | **bombardēt** | [bɔmbarde:t] |
| explosão (f) | **sprādziens** (v) | [spra:dziɛns] |

| | | |
|---|---|---|
| tiro (m) | **šāviens** (v) | [ʃa:viɛns] |
| dar um tiro | **izšaut** | [izʃaut] |
| tiroteio (m) | **šaušana** (s) | [ʃauʃana] |

| | | |
|---|---|---|
| apontar para ... | **tēmēt uz ...** | [tɛ:me:t uz ...] |
| apontar (vt) | **tēmēt** | [tɛ:me:t] |

| | | |
|---|---|---|
| acertar (vt) | **trāpīt** | [tra:pi:t] |
| afundar (~ um navio, etc.) | **nogremdēt** | [nɔgremde:t] |
| brecha (f) | **caurums** (v) | [tsaurums] |
| afundar-se (vr) | **grimt dibenā** | [grimt dibɛna:] |
| | | |
| frente (m) | **fronte** (s) | [frɔnte] |
| evacuação (f) | **evakuācija** (s) | [ɛvakua:tsija] |
| evacuar (vt) | **evakuēt** | [ɛvakue:t] |
| | | |
| trincheira (f) | **tranšeja** (s) | [tranʃeja] |
| arame (m) enfarpado | **dzeloņstieple** (s) | [dzelɔɲstiɛple] |
| barreira (f) anti-tanque | **nožogojums** (v) | [nɔʒɔgɔjums] |
| torre (f) de vigia | **tornis** (v) | [tɔrnis] |
| | | |
| hospital (m) militar | **slimnīca** (s) | [slimni:tsa] |
| ferir (vt) | **ievainot** | [iɛvainɔt] |
| ferida (f) | **ievainojums** (v) | [iɛvainɔjums] |
| ferido (m) | **ievainotais** (v) | [iɛvainɔtais] |
| ficar ferido | **gūt ievainojumu** | [gu:t iɛvainɔjumu] |
| grave (ferida ~) | **smags ievainojums** | [smags iɛvainɔjums] |

## 156. Armas

| | | |
|---|---|---|
| arma (f) | **ieroči** (v dsk) | [iɛrɔtʃi] |
| arma (f) de fogo | **šaujamieroči** (v dsk) | [ʃaujamiɛrɔtʃi] |
| arma (f) branca | **aukstie ieroči** (v dsk) | [aukstiɛ iɛrɔtʃi] |
| | | |
| arma (f) química | **ķīmiskie ieroči** (v dsk) | [tʲi:miskiɛ iɛrɔtʃi] |
| nuclear (adj) | **kodolu** | [kɔdɔlu] |
| arma (f) nuclear | **kodolieroči** (v dsk) | [kɔdɔliɛrɔtʃi] |
| | | |
| bomba (f) | **bumba** (s) | [bumba] |
| bomba (f) atômica | **atombumba** (s) | [atɔmbumba] |
| | | |
| pistola (f) | **pistole** (s) | [pistɔle] |
| rifle (m) | **šautene** (s) | [ʃautɛne] |
| semi-automática (f) | **automāts** (v) | [autɔma:ts] |
| metralhadora (f) | **ložmetējs** (v) | [lɔʒmɛte:js] |
| | | |
| boca (f) | **stops** (v) | [stɔps] |
| cano (m) | **stobrs** (v) | [stɔbrs] |
| calibre (m) | **kalibrs** (v) | [kalibrs] |
| | | |
| gatilho (m) | **gailis** (v) | [gailis] |
| mira (f) | **tēmeklis** (v) | [tɛ:meklis] |
| carregador (m) | **magazīna** (s) | [magazi:na] |
| coronha (f) | **laide** (s) | [laide] |
| | | |
| granada (f) de mão | **granāta** (s) | [grana:ta] |
| explosivo (m) | **sprāgstviela** (s) | [spra:gstviɛla] |
| | | |
| bala (f) | **lode** (s) | [lɔde] |
| cartucho (m) | **patrona** (s) | [patrɔna] |
| carga (f) | **lādiņš** (v) | [la:diɲʃ] |

| munições (f pl) | munīcija (s) | [muni:tsija] |
| bombardeiro (m) | bombardētājs (v) | [bɔmbardɛ:ta:js] |
| avião (m) de caça | iznīcinātājs (v) | [izni:tsina:ta:js] |
| helicóptero (m) | helikopters (v) | [xelikɔptɛrs] |

| canhão (m) antiaéreo | zenītlielgabals (v) | [zeni:tliɛlgabals] |
| tanque (m) | tanks (v) | [tanks] |
| canhão (de um tanque) | lielgabals (v) | [liɛlgabals] |

| artilharia (f) | artilērija (s) | [artile:rija] |
| canhão (m) | lielgabals (v) | [liɛlgabals] |
| fazer a pontaria | tēmēt | [tɛ:me:t] |

| projétil (m) | šāviņš (v) | [ʃa:viɲʃ] |
| granada (f) de morteiro | mīna (s) | [mi:na] |
| morteiro (m) | mīnmetējs (v) | [mi:nmɛte:js] |
| estilhaço (m) | šķemba (s) | [ʃtʲemba] |

| submarino (m) | zemūdene (s) | [zɛmu:dɛne] |
| torpedo (m) | torpēda (s) | [tɔrpɛ:da] |
| míssil (m) | raķete (s) | [ratʲɛte] |

| carregar (uma arma) | ielādēt | [iɛla:de:t] |
| disparar, atirar (vi) | šaut | [ʃaut] |
| apontar para ... | tēmēt uz ... | [tɛ:me:t uz ...] |
| baioneta (f) | durklis (v) | [durklis] |

| espada (f) | zobens (v) | [zɔbens] |
| sabre (m) | līkais zobens (v) | [li:kais zɔbens] |
| lança (f) | šķēps (v) | [ʃtʲe:ps] |
| arco (m) | loks (v) | [lɔks] |
| flecha (f) | bulta (s) | [bulta] |
| mosquete (m) | muskete (s) | [muskɛte] |
| besta (f) | arbalets (v) | [arbalets] |

## 157. Povos da antiguidade

| primitivo (adj) | pirmatnējs | [pirmatne:js] |
| pré-histórico (adj) | aizvēsturisks | [aizve:sturisks] |
| antigo (adj) | sens | [sens] |

| Idade (f) da Pedra | akmens laikmets (v) | [akmens laikmets] |
| Idade (f) do Bronze | bronzas laikmets (v) | [brɔnzas laikmets] |
| Era (f) do Gelo | ledus periods (v) | [lɛdus periɔds] |

| tribo (f) | cilts (s) | [tsilts] |
| canibal (m) | kanibāls (v) | [kaniba:ls] |
| caçador (m) | mednieks (v) | [medniɛks] |
| caçar (vi) | medīt | [medi:t] |
| mamute (m) | mamuts (v) | [mamuts] |

| caverna (f) | ala (s) | [ala] |
| fogo (m) | uguns (v) | [uguns] |
| fogueira (f) | ugunskurs (v) | [ugunskurs] |

| | | |
|---|---|---|
| pintura (f) rupestre | klinšu gleznojums (v) | [klinʃu gleznɔjums] |
| ferramenta (f) | darbarīks (v) | [darbari:ks] |
| lança (f) | šķēps (v) | [ʃtⁱe:ps] |
| machado (m) de pedra | akmens cirvis (v) | [akmens tsirvis] |
| guerrear (vt) | karot | [karɔt] |
| domesticar (vt) | pieradināt dzīvniekus | [piɛradina:t dzi:vniɛkus] |

| | | |
|---|---|---|
| ídolo (m) | elks (v) | [elks] |
| adorar, venerar (vt) | pielūgt | [piɛlu:gt] |
| superstição (f) | māņticība (s) | [ma:ɲtitsi:ba] |
| ritual (m) | rituāls (v) | [ritua:ls] |

| | | |
|---|---|---|
| evolução (f) | evolūcija (s) | [ɛvɔlu:tsija] |
| desenvolvimento (m) | attīstība (s) | [atti:sti:ba] |
| extinção (f) | izzušana (s) | [izzuʃana] |
| adaptar-se (vr) | pielāgoties | [piɛla:gɔtiɛs] |

| | | |
|---|---|---|
| arqueologia (f) | arheoloģija (s) | [arxeɔlɔdⁱija] |
| arqueólogo (m) | arheologs (v) | [arxeɔlɔgs] |
| arqueológico (adj) | arheoloģisks | [arxeɔlɔdⁱisks] |

| | | |
|---|---|---|
| escavação (sítio) | izrakumu vieta (s) | [izrakumu viɛta] |
| escavações (f pl) | izrakšanas darbi (v dsk) | [izrakʃanas darbi] |
| achado (m) | atradums (v) | [atradums] |
| fragmento (m) | fragments (v) | [fragments] |

## 158. Idade média

| | | |
|---|---|---|
| povo (m) | tauta (s) | [tauta] |
| povos (m pl) | tautas (s dsk) | [tautas] |
| tribo (f) | cilts (s) | [tsilts] |
| tribos (f pl) | ciltis (s dsk) | [tsiltis] |

| | | |
|---|---|---|
| bárbaros (pl) | barbari (v dsk) | [barbari] |
| galeses (pl) | galli (v dsk) | [galli] |
| godos (pl) | goti (v dsk) | [gɔti] |
| eslavos (pl) | slāvi (v dsk) | [sla:vi] |
| viquingues (pl) | vikingi (v dsk) | [vikiŋgi] |

| | | |
|---|---|---|
| romanos (pl) | romieši (v dsk) | [rɔmiɛʃi] |
| romano (adj) | Romas | [rɔmas] |

| | | |
|---|---|---|
| bizantinos (pl) | bizantieši (v dsk) | [bizantiɛʃi] |
| Bizâncio | Bizantija (s) | [bizantija] |
| bizantino (adj) | bizantiešu | [bizantiɛʃu] |

| | | |
|---|---|---|
| imperador (m) | imperators (v) | [impɛratɔrs] |
| líder (m) | vadonis (v) | [vadɔnis] |
| poderoso (adj) | varens | [varens] |
| rei (m) | karalis (v) | [karalis] |
| governante (m) | valdnieks (v) | [valdniɛks] |

| | | |
|---|---|---|
| cavaleiro (m) | bruņinieks (v) | [bruɲiniɛks] |
| senhor feudal (m) | feodālis (v) | [feɔda:lis] |

| feudal (adj) | feodāļu | [feɔda:lʲu] |
| vassalo (m) | vasalis (v) | [vasalis] |

| duque (m) | hercogs (v) | [xertsɔgs] |
| conde (m) | grāfs (v) | [gra:fs] |
| barão (m) | barons (v) | [barɔns] |
| bispo (m) | bīskaps (v) | [bi:skaps] |

| armadura (f) | bruņas (s dsk) | [bruɲas] |
| escudo (m) | vairogs (v) | [vairɔgs] |
| espada (f) | šķēps (v) | [ʃtʲe:ps] |
| viseira (f) | sejsegs (v) | [sejsegs] |
| cota (f) de malha | bruņu krekls (v) | [bruɲu krekls] |

| cruzada (f) | krusta gājiens (v) | [krusta ga:jiɛns] |
| cruzado (m) | krustnesis (v) | [krustnesis] |

| território (m) | teritorija (s) | [teritɔrija] |
| atacar (vt) | uzbrukt | [uzbrukt] |
| conquistar (vt) | iekarot | [iɛkarɔt] |
| ocupar, invadir (vt) | sagrābt | [sagra:bt] |

| assédio, sítio (m) | aplenkums (v) | [aplenkums] |
| sitiado (adj) | aplenkts | [aplenkts] |
| assediar, sitiar (vt) | aplenkt | [aplenkt] |

| inquisição (f) | inkvizīcija (s) | [inkvizi:tsija] |
| inquisidor (m) | inkvizitors (v) | [inkvizitɔrs] |
| tortura (f) | spīdzināšana (s) | [spi:dzina:ʃana] |
| cruel (adj) | nežēlīgs | [neʒe:li:gs] |
| herege (m) | ķecerība (s) | [tʲetseri:ba] |
| heresia (f) | ķeceris (v) | [tʲetseris] |

| navegação (f) marítima | jūrniecība (s) | [ju:rniɛtsi:ba] |
| pirata (m) | pirāts (v) | [pira:ts] |
| pirataria (f) | pirātisms (v) | [pira:tisms] |
| abordagem (f) | abordāža (s) | [abɔrda:ʒa] |
| presa (f), butim (m) | laupījums (v) | [laupi:jums] |
| tesouros (m pl) | dārgumi (v dsk) | [da:rgumi] |

| descobrimento (m) | atklāšana (s) | [atkla:ʃana] |
| descobrir (novas terras) | atklāt | [atkla:t] |
| expedição (f) | ekspedīcija (s) | [ekspedi:tsija] |

| mosqueteiro (m) | musketieris (v) | [musketiɛris] |
| cardeal (m) | kardināls (v) | [kardina:ls] |
| heráldica (f) | heraldika (s) | [xɛraldika] |
| heráldico (adj) | heraldisks | [xɛraldisks] |

## 159. Líder. Chefe. Autoridades

| rei (m) | karalis (v) | [karalis] |
| rainha (f) | karaliene (s) | [karaliɛne] |
| real (adj) | karalisks | [karalisks] |

| | | |
|---|---|---|
| reino (m) | karaliste (s) | [karaliste] |
| príncipe (m) | princis (v) | [printsis] |
| princesa (f) | princese (s) | [printsɛse] |

| | | |
|---|---|---|
| presidente (m) | prezidents (v) | [prezidents] |
| vice-presidente (m) | viceprezidents (v) | [vitseprezidents] |
| senador (m) | senators (v) | [sɛnatɔrs] |

| | | |
|---|---|---|
| monarca (m) | monarhs (v) | [mɔnarxs] |
| governante (m) | valdnieks (v) | [valdniɛks] |
| ditador (m) | diktators (v) | [diktatɔrs] |
| tirano (m) | tirāns (v) | [tira:ns] |
| magnata (m) | magnāts (v) | [magna:ts] |

| | | |
|---|---|---|
| diretor (m) | direktors (v) | [direktɔrs] |
| chefe (m) | šefs (v) | [ʃefs] |
| gerente (m) | pārvaldnieks (v) | [pa:rvaldniɛks] |
| patrão (m) | boss (v) | [bɔs] |
| dono (m) | saimnieks (v) | [saimniɛks] |

| | | |
|---|---|---|
| líder (m) | vadītājs, līderis (v) | [vadi:ta:js], [li:deris] |
| chefe (m) | galva (s) | [galva] |
| autoridades (f pl) | vara (s) | [vara] |
| superiores (m pl) | priekšniecība (s) | [priɛkʃniɛtsi:ba] |

| | | |
|---|---|---|
| governador (m) | gubernators (v) | [gubernatɔrs] |
| cônsul (m) | konsuls (v) | [kɔnsuls] |
| diplomata (m) | diplomāts (v) | [diplɔma:ts] |
| Presidente (m) da Câmara | mērs (v) | [mɛ:rs] |
| xerife (m) | šerifs (v) | [ʃerifs] |

| | | |
|---|---|---|
| imperador (m) | imperators (v) | [impɛratɔrs] |
| czar (m) | cars (v) | [tsars] |
| faraó (m) | faraons (v) | [faraɔns] |
| cã, khan (m) | hans (v) | [xans] |

## 160. Violação da lei. Criminosos. Parte 1

| | | |
|---|---|---|
| bandido (m) | bandīts (v) | [bandi:ts] |
| crime (m) | noziegums (v) | [nɔziɛgums] |
| criminoso (m) | noziedznieks (v) | [nɔziɛdzniɛks] |

| | | |
|---|---|---|
| ladrão (m) | zaglis (v) | [zaglis] |
| roubar (vt) | zagt | [zagt] |
| roubo (atividade) | zagšana (s) | [zagʃana] |
| furto (m) | zādzība (s) | [za:dzi:ba] |

| | | |
|---|---|---|
| raptar, sequestrar (vt) | nolaupīt | [nɔlaupi:t] |
| sequestro (m) | nolaupīšana (s) | [nɔlaupi:ʃana] |
| sequestrador (m) | laupītājs (v) | [laupi:ta:js] |

| | | |
|---|---|---|
| resgate (m) | izpirkums (v) | [izpirkums] |
| pedir resgate | prasīt izpirkumu | [prasi:t izpirkumu] |
| roubar (vt) | aplaupīt | [aplaupi:t] |

| | | |
|---|---|---|
| assalto, roubo (m) | aplaupīšana (s) | [aplaupi:ʃana] |
| assaltante (m) | laupītājs (v) | [laupi:ta:js] |
| extorquir (vt) | izspiest | [izspiɛst] |
| extorsionário (m) | izspiedējs (v) | [izspiɛde:js] |
| extorsão (f) | izspiešana (s) | [izspiɛʃana] |
| matar, assassinar (vt) | noslepkavot | [nɔslepkavɔt] |
| homicídio (m) | slepkavība (s) | [slepkavi:ba] |
| homicida, assassino (m) | slepkava (v) | [slepkava] |
| tiro (m) | šāviens (v) | [ʃa:viɛns] |
| dar um tiro | izšaut | [izʃaut] |
| matar a tiro | nošaut | [nɔʃaut] |
| disparar, atirar (vi) | šaut | [ʃaut] |
| tiroteio (m) | šaušana (s) | [ʃauʃana] |
| incidente (m) | notikums (v) | [nɔtikums] |
| briga (~ de rua) | kautiņš (v) | [kautiɲʃ] |
| Socorro! | Palīgā! | [pali:ga:!] |
| vítima (f) | upuris (v) | [upuris] |
| danificar (vt) | sabojāt | [sabɔja:t] |
| dano (m) | kaitējums (v) | [kaite:jums] |
| cadáver (m) | līķis (v) | [li:tʲis] |
| grave (adj) | smags noziegums | [smags nɔziɛgums] |
| atacar (vt) | uzbrukt | [uzbrukt] |
| bater (espancar) | sist | [sist] |
| espancar (vt) | piekaut | [piɛkaut] |
| tirar, roubar (dinheiro) | atņemt | [atɲemt] |
| esfaquear (vt) | nodurt | [nɔdurt] |
| mutilar (vt) | sakropļot | [sakrɔplʲɔt] |
| ferir (vt) | ievainot | [iɛvainɔt] |
| chantagem (f) | šantāža (s) | [ʃanta:ʒa] |
| chantagear (vt) | šantažēt | [ʃantaʒe:t] |
| chantagista (m) | šantāžists (v) | [ʃanta:ʒists] |
| extorsão (f) | rekets (v) | [rɛkets] |
| extorsionário (m) | reketieris (v) | [rɛketiɛris] |
| gângster (m) | gangsteris (v) | [gaŋgsteris] |
| máfia (f) | mafija (s) | [mafija] |
| punguista (m) | kabatzaglis (v) | [kabatzaglis] |
| assaltante, ladrão (m) | kramplauzis (v) | [kramplauzis] |
| contrabando (m) | kontrabanda (s) | [kɔntrabanda] |
| contrabandista (m) | kontrabandists (v) | [kɔntrabandists] |
| falsificação (f) | viltojums (v) | [viltɔjums] |
| falsificar (vt) | viltot | [viltɔt] |
| falsificado (adj) | viltots | [viltɔts] |

## 161. Violação da lei. Criminosos. Parte 2

| | | |
|---|---|---|
| estupro (m) | izvarošana (s) | [izvarɔʃana] |
| estuprar (vt) | izvarot | [izvarɔt] |
| estuprador (m) | izvarotājs (v) | [izvarɔta:js] |
| maníaco (m) | maniaks (v) | [maniaks] |

| | | |
|---|---|---|
| prostituta (f) | prostitūta (s) | [prɔstitu:ta] |
| prostituição (f) | prostitūcija (s) | [prɔstitu:tsija] |
| cafetão (m) | suteners (v) | [sutɛnɛrs] |

| | | |
|---|---|---|
| drogado (m) | narkomāns (v) | [narkɔma:ns] |
| traficante (m) | narkotiku tirgotājs (v) | [narkɔtiku tirgɔta:js] |

| | | |
|---|---|---|
| explodir (vt) | uzspridzināt | [uzspridzina:t] |
| explosão (f) | sprādziens (v) | [spra:dziɛns] |
| incendiar (vt) | aizdedzināt | [aizdedzina:t] |
| incendiário (m) | dedzinātājs (v) | [dedzina:ta:js] |

| | | |
|---|---|---|
| terrorismo (m) | terorisms (v) | [terɔrisms] |
| terrorista (m) | terorists (v) | [terɔrists] |
| refém (m) | ķīlnieks (v) | [tʲi:lniɛks] |

| | | |
|---|---|---|
| enganar (vt) | piekrāpt | [piɛkra:pt] |
| engano (m) | krāpšana (s) | [kra:pʃana] |
| vigarista (m) | krāpnieks (v) | [kra:pniɛks] |

| | | |
|---|---|---|
| subornar (vt) | piekukuļot | [piɛkukulʲɔt] |
| suborno (atividade) | piekukuļošana (s) | [piɛkukulʲɔʃana] |
| suborno (dinheiro) | kukulis (v) | [kukulis] |

| | | |
|---|---|---|
| veneno (m) | inde (s) | [inde] |
| envenenar (vt) | noindēt | [nɔinde:t] |
| envenenar-se (vr) | noindēties | [nɔinde:tiɛs] |

| | | |
|---|---|---|
| suicídio (m) | pašnāvība (s) | [paʃna:vi:ba] |
| suicida (m) | pašnāvnieks (v) | [paʃna:vniɛks] |

| | | |
|---|---|---|
| ameaçar (vt) | draudēt | [draude:t] |
| ameaça (f) | drauds (v) | [drauds] |
| atentar contra a vida de ... | mēģinājums | [me:dʲina:jums] |
| atentado (m) | slepkavības mēģinājums (v) | [slepkavi:bas me:dʲina:jums] |

| | | |
|---|---|---|
| roubar (um carro) | aizdzīt | [aizdzi:t] |
| sequestrar (um avião) | aizdzīt | [aizdzi:t] |

| | | |
|---|---|---|
| vingança (f) | atriebība (s) | [atriɛbi:ba] |
| vingar (vt) | atriebties | [atriɛbtiɛs] |

| | | |
|---|---|---|
| torturar (vt) | spīdzināt | [spi:dzina:t] |
| tortura (f) | spīdzināšana (s) | [spi:dzina:ʃana] |
| atormentar (vt) | mocīt | [mɔtsi:t] |

| | | |
|---|---|---|
| pirata (m) | pirāts (v) | [pira:ts] |
| desordeiro (m) | huligāns (v) | [xuliga:ns] |

| armado (adj) | apbruņots | [apbruņots] |
| violência (f) | varmācība (s) | [varma:tsi:ba] |
| ilegal (adj) | nelikumīgs | [nelikumi:gs] |

| espionagem (f) | spiegošana (s) | [spiɛgoʃana] |
| espionar (vi) | spiegot | [spiɛgot] |

## 162. Polícia. Lei. Parte 1

| justiça (sistema de ~) | tiesas spriešana (s) | [tiɛsas spriɛʃana] |
| tribunal (m) | tiesa (s) | [tiɛsa] |

| juiz (m) | tiesnesis (v) | [tiɛsnesis] |
| jurados (m pl) | zvērinātie (v dsk) | [zve:rina:tiɛ] |
| tribunal (m) do júri | zvērināto tiesa (s) | [zve:rina:to tiɛsa] |
| julgar (vt) | spriest | [spriɛst] |

| advogado (m) | advokāts (v) | [advɔka:ts] |
| réu (m) | tiesājamais (v) | [tiɛsa:jamais] |
| banco (m) dos réus | apsūdzēto sols (v) | [apsu:dze:to sols] |

| acusação (f) | apsūdzība (s) | [apsu:dzi:ba] |
| acusado (m) | apsūdzētais (v) | [apsu:dzɛ:tais] |

| sentença (f) | spriedums (v) | [spriɛdums] |
| sentenciar (vt) | piespriest | [piɛspriɛst] |

| culpado (m) | vaininieks (v) | [vaininiɛks] |
| punir (vt) | sodīt | [sodi:t] |
| punição (f) | sods (v) | [sɔds] |

| multa (f) | soda nauda (s) | [sɔda nauda] |
| prisão (f) perpétua | mūža ieslodzījums (v) | [mu:ʒa iɛslodzi:jums] |
| pena (f) de morte | nāves sods (v) | [na:ves sɔds] |
| cadeira (f) elétrica | elektriskais krēsls (v) | [ɛlektriskais kre:sls] |
| forca (f) | karātavas (s dsk) | [kara:tavas] |

| executar (vt) | sodīt ar nāvi | [sodi:t ar na:vi] |
| execução (f) | nāves soda izpilde (s) | [na:ves sɔda izpilde] |

| prisão (f) | cietums (v) | [tsiɛtums] |
| cela (f) de prisão | kamera (s) | [kamɛra] |

| escolta (f) | konvojs (v) | [kɔnvojs] |
| guarda (m) prisional | uzraugs (v) | [uzraugs] |
| preso, prisioneiro (m) | ieslodzītais (v) | [iɛslodzi:tais] |

| algemas (f pl) | roku dzelži (v dsk) | [rɔku dzelʒi] |
| algemar (vt) | ieslēgt roku dzelžos | [iɛsle:gt rɔku dzelʒos] |

| fuga, evasão (f) | izbēgšana no cietuma (s) | [izbe:gʃana nɔ tsiɛtuma] |
| fugir (vi) | bēgt no cietuma | [be:gt nɔ tsiɛtuma] |
| desaparecer (vi) | pazust | [pazust] |
| soltar, libertar (vt) | atbrīvot | [atbri:vot] |

| | | |
|---|---|---|
| anistia (f) | amnestija (s) | [amnestija] |
| polícia (instituição) | policija (s) | [polïtsija] |
| polícia (m) | policists (v) | [polïtsists] |
| delegacia (f) de polícia | policijas iecirknis (v) | [polïtsijas iɛtsirknis] |
| cassetete (m) | gumijas nūja (s) | [gumijas nu:ja] |
| megafone (m) | rupors (v) | [rupɔrs] |

| | | |
|---|---|---|
| carro (m) de patrulha | patruļa mašīna (s) | [patruļa maʃi:na] |
| sirene (f) | sirēna (s) | [sirɛ:na] |
| ligar a sirene | ieslēgt sirēnu | [iɛsle:gt sirɛ:nu] |
| toque (m) da sirene | sirēnas gaudošana (s) | [sirɛ:nas gaudoʃana] |

| | | |
|---|---|---|
| cena (f) do crime | notikuma vieta (s) | [nɔtikuma viɛta] |
| testemunha (f) | liecinieks (v) | [liɛtsiniɛks] |
| liberdade (f) | brīvība (s) | [bri:vi:ba] |
| cúmplice (m) | līdzzinātājs (v) | [li:dzzina:ta:js] |
| escapar (vi) | paslēpties | [pasle:ptiɛs] |
| traço (não deixar ~s) | pēda (s) | [pɛ:da] |

## 163. Polícia. Lei. Parte 2

| | | |
|---|---|---|
| procura (f) | meklēšana (s) | [mekle:ʃana] |
| procurar (vt) | meklēt ... | [mekle:t ...] |
| suspeita (f) | aizdomas (s dsk) | [aizdomas] |
| suspeito (adj) | aizdomīgs | [aizdɔmi:gs] |
| parar (veículo, etc.) | apturēt | [apture:t] |
| deter (fazer parar) | aizturēt | [aizture:t] |

| | | |
|---|---|---|
| caso (~ criminal) | lieta (s) | [liɛta] |
| investigação (f) | izmeklēšana (s) | [izmekle:ʃana] |
| detetive (m) | detektīvs (v) | [dɛtekti:vs] |
| investigador (m) | izmeklētājs (v) | [izmeklɛ:ta:js] |
| versão (f) | versija (s) | [vɛrsija] |

| | | |
|---|---|---|
| motivo (m) | motīvs (v) | [mɔti:vs] |
| interrogatório (m) | pratināšana (s) | [pratina:ʃana] |
| interrogar (vt) | pratināt | [pratina:t] |
| questionar (vt) | aptaujāt | [aptauja:t] |
| verificação (f) | pārbaude (s) | [pa:rbaude] |

| | | |
|---|---|---|
| batida (f) policial | tvarstīšana (s) | [tvarsti:ʃana] |
| busca (f) | kratīšana (s) | [krati:ʃana] |
| perseguição (f) | pakaļdzīšanās (s) | [pakaļdzi:ʃana:s] |
| perseguir (vt) | vajāt | [vaja:t] |
| seguir, rastrear (vt) | atsekot | [atsekɔt] |

| | | |
|---|---|---|
| prisão (f) | arests (v) | [arests] |
| prender (vt) | arestēt | [areste:t] |
| pegar, capturar (vt) | noķert | [nɔtʲert] |
| captura (f) | satveršana (s) | [satverʃana] |

| | | |
|---|---|---|
| documento (m) | dokuments (v) | [dokuments] |
| prova (f) | pierādījums (v) | [piɛra:di:jums] |
| provar (vt) | pierādīt | [piɛra:di:t] |

| | | |
|---|---|---|
| pegada (f) | **pēda** (s) | [pɛ:da] |
| impressões (f pl) digitais | **pirkstu nospiedumi** (v dsk) | [pirkstu nɔspiɛdumi] |
| prova (f) | **pierādījums** (v) | [piɛra:di:jums] |
| | | |
| álibi (m) | **alibi** (v) | [alibi] |
| inocente (adj) | **nevainīgais** | [nɛvaini:gais] |
| injustiça (f) | **netaisnība** (s) | [nɛtaisni:ba] |
| injusto (adj) | **netaisnīgs** | [nɛtaisni:gs] |
| | | |
| criminal (adj) | **kriminālais** | [krimina:lais] |
| confiscar (vt) | **konfiscēt** | [kɔnfistse:t] |
| droga (f) | **narkotiska viela** (s) | [narkɔtiska viɛla] |
| arma (f) | **ierocis** (v) | [iɛrɔtsis] |
| desarmar (vt) | **atbruņot** | [atbruɲɔt] |
| ordenar (vt) | **pavēlēt** | [pavɛ:le:t] |
| desaparecer (vi) | **pazust** | [pazust] |
| | | |
| lei (f) | **likums** (v) | [likums] |
| legal (adj) | **likumīgs** | [likumi:gs] |
| ilegal (adj) | **nelikumīgs** | [nelikumi:gs] |
| | | |
| responsabilidade (f) | **atbildība** (s) | [atbildi:ba] |
| responsável (adj) | **atbildīgais** | [atbildi:gais] |

# NATUREZA

# A Terra. Parte 1

## 164. Espaço sideral

| | | |
|---|---|---|
| espaço, cosmo (m) | **kosmoss** (v) | [kɔsmɔs] |
| espacial, cósmico (adj) | **kosmiskais** | [kɔsmiskais] |
| espaço (m) cósmico | **kosmiskā telpa** (s) | [kɔsmiska: telpa] |
| mundo (m) | **visums** (v) | [visums] |
| universo (m) | **pasaule** (s) | [pasaule] |
| galáxia (f) | **galaktika** (s) | [galaktika] |
| estrela (f) | **zvaigzne** (s) | [zvaigzne] |
| constelação (f) | **zvaigznājs** (v) | [zvaigzna:js] |
| planeta (m) | **planēta** (s) | [planɛ:ta] |
| satélite (m) | **pavadonis** (v) | [pavadɔnis] |
| meteorito (m) | **meteorīts** (v) | [mɛteɔri:ts] |
| cometa (m) | **komēta** (s) | [kɔmɛ:ta] |
| asteroide (m) | **asteroīds** (v) | [asterɔi:ds] |
| órbita (f) | **orbīta** (s) | [ɔrbi:ta] |
| girar (vi) | **griezties ap** | [griɛzties ap] |
| atmosfera (f) | **atmosfēra** (s) | [atmɔsfɛ:ra] |
| Sol (m) | **Saule** (s) | [saule] |
| Sistema (m) Solar | **Saules sistēma** (s) | [saules sistɛ:ma] |
| eclipse (m) solar | **Saules aptumsums** (v) | [saules aptumsums] |
| Terra (f) | **Zeme** (s) | [zɛme] |
| Lua (f) | **Mēness** (v) | [mɛ:nes] |
| Marte (m) | **Marss** (v) | [mars] |
| Vênus (f) | **Venēra** (s) | [vɛnɛ:ra] |
| Júpiter (m) | **Jupiters** (v) | [jupitɛrs] |
| Saturno (m) | **Saturns** (v) | [saturns] |
| Mercúrio (m) | **Merkus** (v) | [merkus] |
| Urano (m) | **Urāns** (v) | [ura:ns] |
| Netuno (m) | **Neptūns** (v) | [neptu:ns] |
| Plutão (m) | **Plutons** (v) | [plutɔns] |
| Via Láctea (f) | **Piena ceļš** (v) | [piɛna tseljʃ] |
| Ursa Maior (f) | **Lielais Lācis** (v) | [liɛlais la:tsis] |
| Estrela Polar (f) | **Polārzvaigzne** (s) | [pola:rzvaigzne] |
| marciano (m) | **marsietis** (v) | [marsiɛtis] |
| extraterrestre (m) | **citplanētietis** (v) | [tsitplane:tiɛtis] |

| | | |
|---|---|---|
| alienígena (m) | atnācējs (v) | [atna:tse:js] |
| disco (m) voador | lidojošais šķīvis (v) | [lidɔjɔʃais ʃ'i:vis] |
| | | |
| espaçonave (f) | kosmiskais kuģis (v) | [kɔsmiskais kud'is] |
| estação (f) orbital | orbitālā stacija (s) | [ɔrbita:la: statsija] |
| lançamento (m) | starts (v) | [starts] |
| | | |
| motor (m) | dzinējs (v) | [dzine:js] |
| bocal (m) | sprausla (s) | [sprausla] |
| combustível (m) | degviela (s) | [degviɛla] |
| | | |
| cabine (f) | kabīne (s) | [kabi:ne] |
| antena (f) | antena (s) | [antɛna] |
| vigia (f) | iluminators (v) | [iluminatɔrs] |
| bateria (f) solar | saules baterija (s) | [saules baterija] |
| traje (m) espacial | skafandrs (v) | [skafandrs] |
| | | |
| imponderabilidade (f) | bezsvara stāvoklis (v) | [bezsvara sta:vɔklis] |
| oxigênio (m) | skābeklis (v) | [ska:beklis] |
| | | |
| acoplagem (f) | savienošanās (s) | [saviɛnɔʃana:s] |
| fazer uma acoplagem | savienoties | [saviɛnɔtiɛs] |
| | | |
| observatório (m) | observatorija (s) | [ɔbservatɔrija] |
| telescópio (m) | teleskops (v) | [tɛleskɔps] |
| observar (vt) | novērot | [nɔve:rɔt] |
| explorar (vt) | pētīt | [pe:ti:t] |

## 165. A Terra

| | | |
|---|---|---|
| Terra (f) | Zeme (s) | [zɛme] |
| globo terrestre (Terra) | zemeslode (s) | [zɛmeslɔde] |
| planeta (m) | planēta (s) | [planɛ:ta] |
| | | |
| atmosfera (f) | atmosfēra (s) | [atmɔsfɛ:ra] |
| geografia (f) | ģeogrāfija (s) | [d'eɔgra:fija] |
| natureza (f) | daba (s) | [daba] |
| | | |
| globo (mapa esférico) | globuss (v) | [glɔbus] |
| mapa (m) | karte (s) | [karte] |
| atlas (m) | atlants (v) | [atlants] |
| | | |
| Europa (f) | Eiropa (s) | [ɛirɔpa] |
| Ásia (f) | Āzija (s) | [a:zija] |
| | | |
| África (f) | Āfrika (s) | [a:frika] |
| Austrália (f) | Austrālija (s) | [austra:lija] |
| | | |
| América (f) | Amerika (s) | [amerika] |
| América (f) do Norte | Ziemeļamerika (s) | [ziɛmɛl'amerika] |
| América (f) do Sul | Dienvidamerika (s) | [diɛnvidamerika] |
| | | |
| Antártida (f) | Antarktīda (s) | [antarkti:da] |
| Ártico (m) | Arktika (s) | [arktika] |

## 166. Pontos cardeais

| | | |
|---|---|---|
| norte (m) | ziemeļi (v dsk) | [ziɛmelʲi] |
| para norte | uz ziemeļiem | [uz ziɛmelʲiɛm] |
| no norte | ziemeļos | [ziɛmelʲɔs] |
| do norte (adj) | ziemeļu | [ziɛmɛlʲu] |
| | | |
| sul (m) | dienvidi (v dsk) | [diɛnvidi] |
| para sul | uz dienvidiem | [uz diɛnvidiɛm] |
| no sul | dienvidos | [diɛnvidɔs] |
| do sul (adj) | dienvidu | [diɛnvidu] |
| | | |
| oeste, ocidente (m) | rietumi (v dsk) | [riɛtumi] |
| para oeste | uz rietumiem | [uz riɛtumiɛm] |
| no oeste | rietumos | [riɛtumɔs] |
| ocidental (adj) | rietumu | [riɛtumu] |
| | | |
| leste, oriente (m) | austrumi (v dsk) | [austrumi] |
| para leste | uz austrumiem | [uz austrumiɛm] |
| no leste | austrumos | [austrumɔs] |
| oriental (adj) | austrumu | [austrumu] |

## 167. Mar. Oceano

| | | |
|---|---|---|
| mar (m) | jūra (s) | [ juːra] |
| oceano (m) | okeāns (v) | [ɔkeaːns] |
| golfo (m) | jūras līcis (v) | [juːras liːtsis] |
| estreito (m) | jūras šaurums (v) | [juːras ʃaurums] |
| | | |
| terra (f) firme | sauszeme (s) | [sauszɛme] |
| continente (m) | kontinents (v) | [kɔntinents] |
| ilha (f) | sala (s) | [sala] |
| península (f) | pussala (s) | [pusala] |
| arquipélago (m) | arhipelāgs (v) | [arxipɛlaːgs] |
| | | |
| baía (f) | līcis (v) | [liːtsis] |
| porto (m) | osta (s) | [ɔsta] |
| lagoa (f) | lagūna (s) | [laguːna] |
| cabo (m) | zemesrags (v) | [zɛmesrags] |
| | | |
| atol (m) | atols (v) | [atɔls] |
| recife (m) | rifs (v) | [rifs] |
| coral (m) | korallis (v) | [kɔrallis] |
| recife (m) de coral | koraļļu rifs (v) | [kɔrallʲu rifs] |
| | | |
| profundo (adj) | dziļš | [dzilʲʃ] |
| profundidade (f) | dziļums (v) | [dzilʲums] |
| abismo (m) | dzelme (s) | [dzelme] |
| fossa (f) oceânica | ieplaka (s) | [iɛplaka] |
| | | |
| corrente (f) | straume (s) | [straume] |
| banhar (vt) | apskalot | [apskalɔt] |
| litoral (m) | krasts (v) | [krasts] |

| costa (f) | piekraste (s) | [piɛkraste] |
| maré (f) alta | paisums (v) | [paisums] |
| refluxo (m) | bēgums (v) | [bɛ:gums] |
| restinga (f) | sēklis (v) | [se:klis] |
| fundo (m) | gultne (s) | [gultne] |

| onda (f) | vilnis (v) | [vilnis] |
| crista (f) da onda | viļņa mugura (s) | [viļņa mugura] |
| espuma (f) | putas (s) | [putas] |

| tempestade (f) | vētra (s) | [ve:tra] |
| furacão (m) | viesulis (v) | [viɛsulis] |
| tsunami (m) | cunami (v) | [tsunami] |
| calmaria (f) | bezvējš (v) | [bezve:jʃ] |
| calmo (adj) | mierīgs | [miɛri:gs] |

| polo (m) | pols (v) | [pɔls] |
| polar (adj) | polārais | [pɔla:rais] |

| latitude (f) | platums (v) | [platums] |
| longitude (f) | garums (v) | [garums] |
| paralela (f) | paralēle (s) | [paralɛ:le] |
| equador (m) | ekvators (v) | [ekvatɔrs] |

| céu (m) | debess (s) | [dɛbes] |
| horizonte (m) | horizonts (v) | [xɔrizɔnts] |
| ar (m) | gaiss (v) | [gais] |

| farol (m) | bāka (s) | [ba:ka] |
| mergulhar (vi) | nirt | [nirt] |
| afundar-se (vr) | nogrimt | [nɔgrimt] |
| tesouros (m pl) | dārgumi (v dsk) | [da:rgumi] |

## 168. Montanhas

| montanha (f) | kalns (v) | [kalns] |
| cordilheira (f) | kalnu virkne (s) | [kalnu virkne] |
| serra (f) | kalnu grēda (s) | [kalnu grɛ:da] |

| cume (m) | virsotne (s) | [virsɔtne] |
| pico (m) | smaile (s) | [smaile] |
| pé (m) | pakāje (s) | [paka:je] |
| declive (m) | nogāze (s) | [nɔga:ze] |

| vulcão (m) | vulkāns (v) | [vulka:ns] |
| vulcão (m) ativo | darvojošais vulkāns (v) | [darvojoʃais vulka:ns] |
| vulcão (m) extinto | nodzisušais vulkāns (v) | [nɔdzisuʃais vulka:ns] |

| erupção (f) | izvirdums (v) | [izvirdums] |
| cratera (f) | krāteris (v) | [kra:teris] |
| magma (m) | magma (s) | [magma] |
| lava (f) | lava (s) | [lava] |
| fundido (lava ~a) | karstais | [karstais] |
| cânion, desfiladeiro (m) | kanjons (v) | [kanjɔns] |

| | | |
|---|---|---|
| garganta (f) | aiza (s) | [aiza] |
| fenda (f) | plaisa (s) | [plaisa] |
| precipício (m) | bezdibenis (v) | [bezdibenis] |
| | | |
| passo, colo (m) | pāreja (s) | [pa:reja] |
| planalto (m) | plato (v) | [platɔ] |
| falésia (f) | klints (s) | [klints] |
| colina (f) | pakalns (v) | [pakalns] |
| | | |
| geleira (f) | ledājs (v) | [lɛda:js] |
| cachoeira (f) | ūdenskritums (v) | [u:denskritums] |
| gêiser (m) | geizers (v) | [gɛizɛrs] |
| lago (m) | ezers (v) | [ɛzɛrs] |
| | | |
| planície (f) | līdzenums (v) | [li:dzenums] |
| paisagem (f) | ainava (s) | [ainava] |
| eco (m) | atbalss (s) | [atbals] |
| | | |
| alpinista (m) | alpīnists (v) | [alpi:nists] |
| escalador (m) | klinšu kāpējs (v) | [klinʃu ka:pe:js] |
| conquistar (vt) | iekarot | [iɛkarɔt] |
| subida, escalada (f) | uzkāpšana (s) | [uzka:pʃana] |

## 169. Rios

| | | |
|---|---|---|
| rio (m) | upe (s) | [upe] |
| fonte, nascente (f) | ūdens avots (v) | [u:dens avɔts] |
| leito (m) de rio | gultne (s) | [gultne] |
| bacia (f) | upes baseins (v) | [upes basɛins] |
| desaguar no ... | ieplūst ... | [iɛplu:st ...] |
| | | |
| afluente (m) | pieteka (s) | [piɛtɛka] |
| margem (do rio) | krasts (v) | [krasts] |
| | | |
| corrente (f) | straume (s) | [straume] |
| rio abaixo | plūsmas lejtecē | [plu:smas lejtetse:] |
| rio acima | plūsmas augštecē | [plu:smas augʃtetse:] |
| | | |
| inundação (f) | plūdi (v dsk) | [plu:di] |
| cheia (f) | pali (v dsk) | [pali] |
| transbordar (vi) | pārplūst | [pa:rplu:st] |
| inundar (vt) | appludināt | [appludina:t] |
| | | |
| banco (m) de areia | sēklis (v) | [se:klis] |
| corredeira (f) | krāce (s) | [kra:tse] |
| | | |
| barragem (f) | dambis (v) | [dambis] |
| canal (m) | kanāls (v) | [kana:ls] |
| reservatório (m) de água | ūdenskrātuve (s) | [u:denskra:tuve] |
| eclusa (f) | slūžas (s) | [slu:ʒas] |
| | | |
| corpo (m) de água | ūdenstilpe (s) | [u:denstilpe] |
| pântano (m) | purvs (v) | [purvs] |
| lamaçal (m) | staignājs (v) | [staigna:js] |

| | | |
|---|---|---|
| redemoinho (m) | **virpulis** (v) | [virpulis] |
| riacho (m) | **strauts** (v) | [strauts] |
| potável (adj) | **dzeramais** | [dzɛramais] |
| doce (água) | **sājš** | [saːjʃ] |

| | | |
|---|---|---|
| gelo (m) | **ledus** (v) | [lɛdus] |
| congelar-se (vr) | **aizsalt** | [aizsalt] |

## 170. Floresta

| | | |
|---|---|---|
| floresta (f), bosque (m) | **mežs** (v) | [meʒs] |
| florestal (adj) | **meža** | [meʒa] |

| | | |
|---|---|---|
| mata (f) fechada | **meža biezoknis** (v) | [meʒa biɛzɔknis] |
| arvoredo (m) | **birze** (s) | [birze] |
| clareira (f) | **nora** (s) | [nɔra] |

| | | |
|---|---|---|
| matagal (m) | **krūmājs** (v) | [kruːmaːjs] |
| mato (m), caatinga (f) | **krūmi** (v dsk) | [kruːmi] |

| | | |
|---|---|---|
| pequena trilha (f) | **taciņa** (s) | [tatsiɲa] |
| ravina (f) | **grava** (s) | [grava] |

| | | |
|---|---|---|
| árvore (f) | **koks** (v) | [kɔks] |
| folha (f) | **lapa** (s) | [lapa] |
| folhagem (f) | **lapas** (s dsk) | [lapas] |

| | | |
|---|---|---|
| queda (f) das folhas | **lapkritis** (v) | [lapkritis] |
| cair (vi) | **lapas krīt** | [lapas kriːt] |
| topo (m) | **virsotne** (s) | [virsɔtne] |

| | | |
|---|---|---|
| ramo (m) | **zariņš** (v) | [zariɲʃ] |
| galho (m) | **zars** (v) | [zars] |
| botão (m) | **pumpurs** (v) | [pumpurs] |
| agulha (f) | **skuja** (s) | [skuja] |
| pinha (f) | **čiekurs** (v) | [tʃiɛkurs] |

| | | |
|---|---|---|
| buraco (m) de árvore | **dobums** (v) | [dɔbums] |
| ninho (m) | **ligzda** (s) | [ligzda] |
| toca (f) | **ala** (s) | [ala] |

| | | |
|---|---|---|
| tronco (m) | **stumbrs** (v) | [stumbrs] |
| raiz (f) | **sakne** (s) | [sakne] |
| casca (f) de árvore | **miza** (s) | [miza] |
| musgo (m) | **sūna** (s) | [suːna] |

| | | |
|---|---|---|
| arrancar pela raiz | **atcelmot** | [attselmɔt] |
| cortar (vt) | **cirst** | [tsirst] |
| desflorestar (vt) | **izcirst** | [iztsirst] |
| toco, cepo (m) | **celms** (v) | [tselms] |

| | | |
|---|---|---|
| fogueira (f) | **ugunskurs** (v) | [ugunskurs] |
| incêndio (m) florestal | **ugunsgrēks** (v) | [ugunsgreːks] |
| apagar (vt) | **dzēst** | [dzeːst] |

| guarda-parque (m) | mežinieks (v) | [meʒiniɛks] |
| proteção (f) | augu aizsargāšana (s) | [augu aizsarga:ʃana] |
| proteger (a natureza) | dabas aizsardzība | [dabas aizsardzi:ba] |
| caçador (m) furtivo | malumednieks (v) | [malumedniɛks] |
| armadilha (f) | lamatas (s dsk) | [lamatas] |

| colher (cogumelos) | sēņot | [se:ɲɔt] |
| colher (bagas) | ogot | [ɔgɔt] |
| perder-se (vr) | apmaldīties | [apmaldi:tiɛs] |

## 171. Recursos naturais

| recursos (m pl) naturais | dabas resursi (v dsk) | [dabas rɛsursi] |
| minerais (m pl) | derīgie izrakteņi (v dsk) | [deri:giɛ izrakteɲi] |
| depósitos (m pl) | iegulumi (v dsk) | [iɛgulumi] |
| jazida (f) | atradne (s) | [atradne] |

| extrair (vt) | iegūt rūdu | [iɛgu:t ru:du] |
| extração (f) | ieguve (s) | [iɛguve] |
| minério (m) | rūda (s) | [ru:da] |
| mina (f) | raktuve (s) | [raktuve] |
| poço (m) de mina | šahta (s) | [ʃaxta] |
| mineiro (m) | ogļracis (v) | [ɔglʲratsis] |

| gás (m) | gāze (s) | [ga:ze] |
| gasoduto (m) | gāzes vads (v) | [ga:zes vads] |

| petróleo (m) | nafta (s) | [nafta] |
| oleoduto (m) | naftas vads (v) | [naftas vads] |
| poço (m) de petróleo | naftas tornis (v) | [naftas tɔrnis] |
| torre (f) petrolífera | urbjtornis (v) | [urbjtornis] |
| petroleiro (m) | tankkuģis (v) | [tankkudʲis] |
| areia (f) | smiltis (s dsk) | [smiltis] |
| calcário (m) | kaļķakmens (v) | [kalʲtʲakmens] |
| cascalho (m) | grants (s) | [grants] |
| turfa (f) | kūdra (s) | [ku:dra] |
| argila (f) | māls (v) | [ma:ls] |
| carvão (m) | ogles (s dsk) | [ɔgles] |

| ferro (m) | dzelzs (s) | [dzelzs] |
| ouro (m) | zelts (v) | [zelts] |
| prata (f) | sudrabs (v) | [sudrabs] |
| níquel (m) | niķelis (v) | [nitʲelis] |
| cobre (m) | varš (v) | [varʃ] |

| zinco (m) | cinks (v) | [tsinks] |
| manganês (m) | mangāns (v) | [maŋga:ns] |
| mercúrio (m) | dzīvsudrabs (v) | [dzi:vsudrabs] |
| chumbo (m) | svins (v) | [svins] |

| mineral (m) | minerāls (v) | [minɛra:ls] |
| cristal (m) | kristāls (v) | [krista:ls] |
| mármore (m) | marmors (v) | [marmɔrs] |
| urânio (m) | urāns (v) | [ura:ns] |

# A Terra. Parte 2

## 172. Tempo

| tempo (m) | laiks (v) | [laiks] |
| previsão (f) do tempo | laika prognoze (s) | [laika prognoze] |
| temperatura (f) | temperatūra (s) | [tempɛratu:ra] |
| termômetro (m) | termometrs (v) | [termɔmetrs] |
| barômetro (m) | barometrs (v) | [barɔmetrs] |
| | | |
| úmido (adj) | mitrs | [mitrs] |
| umidade (f) | mitrums (v) | [mitrums] |
| calor (m) | tveice (s) | [tvɛitse] |
| tórrido (adj) | karsts | [karsts] |
| está muito calor | karsts laiks | [karsts laiks] |
| | | |
| está calor | silts laiks | [silts laiks] |
| quente (morno) | silts | [silts] |
| | | |
| está frio | auksts laiks | [auksts laiks] |
| frio (adj) | auksts | [auksts] |
| | | |
| sol (m) | saule (s) | [saule] |
| brilhar (vi) | spīd saule | [spi:d saule] |
| de sol, ensolarado | saulains | [saulains] |
| nascer (vi) | uzlēkt | [uzle:kt] |
| pôr-se (vr) | rietēt | [riɛte:t] |
| | | |
| nuvem (f) | mākonis (v) | [ma:kɔnis] |
| nublado (adj) | mākoņains | [ma:koɲains] |
| nuvem (f) preta | melns mākonis (v) | [melns ma:kɔnis] |
| escuro, cinzento (adj) | apmācies | [apma:tsiɛs] |
| | | |
| chuva (f) | lietus (v) | [liɛtus] |
| está a chover | līst lietus | [li:st liɛtus] |
| | | |
| chuvoso (adj) | lietains | [liɛtains] |
| chuviscar (vi) | smidzina | [smidzina] |
| | | |
| chuva (f) torrencial | stiprs lietus (v) | [stiprs liɛtus] |
| aguaceiro (m) | lietusgāze (s) | [liɛtusga:ze] |
| forte (chuva, etc.) | stiprs | [stiprs] |
| | | |
| poça (f) | peļķe (s) | [peḷt�offline] |
| molhar-se (vr) | samirkt | [samirkt] |
| | | |
| nevoeiro (m) | migla (s) | [migla] |
| de nevoeiro | miglains | [miglains] |
| neve (f) | sniegs (v) | [sniɛgs] |
| está nevando | krīt sniegs | [kri:t sniɛgs] |

## 173. Tempo extremo. Catástrofes naturais

| | | |
|---|---|---|
| trovoada (f) | pērkona negaiss (v) | [pe:rkɔna nɛgais] |
| relâmpago (m) | zibens (v) | [zibens] |
| relampejar (vi) | zibēt | [zibe:t] |
| | | |
| trovão (m) | pērkons (v) | [pe:rkɔns] |
| trovejar (vi) | dārdēt | [da:rde:t] |
| está trovejando | dārd pērkons | [da:rd pe:rkɔns] |
| | | |
| granizo (m) | krusa (s) | [krusa] |
| está caindo granizo | krīt krusa | [kri:t krusa] |
| | | |
| inundar (vt) | appludināt | [appludina:t] |
| inundação (f) | ūdens plūdi (v dsk) | [u:dens plu:di] |
| | | |
| terremoto (m) | zemestrīce (s) | [zɛmestri:tse] |
| abalo, tremor (m) | trieciens (v) | [triɛtsiɛns] |
| epicentro (m) | epicentrs (v) | [epitsentrs] |
| | | |
| erupção (f) | izvirdums (v) | [izvirdums] |
| lava (f) | lava (s) | [lava] |
| | | |
| tornado (m) | virpuļvētra (s) | [virpulʲve:tra] |
| tornado (m) | tornado (v) | [tɔrnadɔ] |
| tufão (m) | taifūns (v) | [taifu:ns] |
| | | |
| furacão (m) | viesulis (v) | [viɛsulis] |
| tempestade (f) | vētra (s) | [ve:tra] |
| tsunami (m) | cunami (v) | [tsunami] |
| | | |
| ciclone (m) | ciklons (v) | [tsiklɔns] |
| mau tempo (m) | slikts laiks (v) | [slikts laiks] |
| incêndio (m) | ugunsgrēks (v) | [ugunsgre:ks] |
| catástrofe (f) | katastrofa (s) | [katastrɔfa] |
| meteorito (m) | meteorīts (v) | [mɛteɔri:ts] |
| | | |
| avalanche (f) | lavīna (s) | [lavi:na] |
| deslizamento (m) de neve | sniega gāze (s) | [sniɛga ga:ze] |
| nevasca (f) | sniegputenis (v) | [sniɛgputenis] |
| tempestade (f) de neve | sniega vētra (s) | [sniɛga ve:tra] |

# Fauna

## 174. Mamíferos. Predadores

| | | |
|---|---|---|
| predador (m) | plēsoņa (s) | [ple:sɔɲa] |
| tigre (m) | tīģeris (v) | [ti:dʲeris] |
| leão (m) | lauva (s) | [lauva] |
| lobo (m) | vilks (v) | [vilks] |
| raposa (f) | lapsa (s) | [lapsa] |

| | | |
|---|---|---|
| jaguar (m) | jaguārs (v) | [jagua:rs] |
| leopardo (m) | leopards (v) | [leɔpards] |
| chita (f) | gepards (v) | [gɛpards] |

| | | |
|---|---|---|
| pantera (f) | pantera (s) | [pantɛra] |
| puma (m) | puma (s) | [puma] |
| leopardo-das-neves (m) | sniega leopards (v) | [sniɛga leɔpards] |
| lince (m) | lūsis (v) | [lu:sis] |

| | | |
|---|---|---|
| coiote (m) | koijots (v) | [kɔijots] |
| chacal (m) | šakālis (v) | [ʃaka:lis] |
| hiena (f) | hiēna (s) | [xiɛ:na] |

## 175. Animais selvagens

| | | |
|---|---|---|
| animal (m) | dzīvnieks (v) | [dzi:vniɛks] |
| besta (f) | zvērs (v) | [zvɛ:rs] |

| | | |
|---|---|---|
| esquilo (m) | vāvere (s) | [va:vɛre] |
| ouriço (m) | ezis (v) | [ɛzis] |
| lebre (f) | zaķis (v) | [zatʲis] |
| coelho (m) | trusis (v) | [trusis] |

| | | |
|---|---|---|
| texugo (m) | āpsis (v) | [a:psis] |
| guaxinim (m) | jenots (v) | [jenɔts] |
| hamster (m) | kāmis (v) | [ka:mis] |
| marmota (f) | murkšķis (v) | [murkʃtʲis] |

| | | |
|---|---|---|
| toupeira (f) | kurmis (v) | [kurmis] |
| rato (m) | pele (s) | [pɛle] |
| ratazana (f) | žurka (s) | [ʒurka] |
| morcego (m) | sikspārnis (v) | [sikspa:rnis] |

| | | |
|---|---|---|
| arminho (m) | sermulis (v) | [sermulis] |
| zibelina (f) | sabulis (v) | [sabulis] |
| marta (f) | cauna (s) | [tsauna] |
| doninha (f) | zebiekste (s) | [zebiɛkste] |
| visom (m) | ūdele (s) | [u:dɛle] |

| | | |
|---|---|---|
| castor (m) | **bebrs** (v) | [bebrs] |
| lontra (f) | **ūdrs** (v) | [u:drs] |

| | | |
|---|---|---|
| cavalo (m) | **zirgs** (v) | [zirgs] |
| alce (m) | **alnis** (v) | [alnis] |
| veado (m) | **briedis** (v) | [briɛdis] |
| camelo (m) | **kamielis** (v) | [kamiɛlis] |

| | | |
|---|---|---|
| bisão (m) | **bizons** (v) | [bizɔns] |
| auroque (m) | **sumbrs** (v) | [sumbrs] |
| búfalo (m) | **bifelis** (v) | [bifelis] |

| | | |
|---|---|---|
| zebra (f) | **zebra** (s) | [zebra] |
| antílope (m) | **antilope** (s) | [antilɔpe] |
| corça (f) | **stirna** (s) | [stirna] |
| gamo (m) | **dambriedis** (v) | [dambriɛdis] |
| camurça (f) | **kalnu kaza** (s) | [kalnu kaza] |
| javali (m) | **mežacūka** (s) | [meʒatsu:ka] |

| | | |
|---|---|---|
| baleia (f) | **valis** (v) | [valis] |
| foca (f) | **ronis** (v) | [rɔnis] |
| morsa (f) | **valzirgs** (v) | [valzirgs] |
| urso-marinho (m) | **kotiks** (v) | [kɔtiks] |
| golfinho (m) | **delfīns** (v) | [delfi:ns] |

| | | |
|---|---|---|
| urso (m) | **lācis** (v) | [la:tsis] |
| urso (m) polar | **baltais lācis** (v) | [baltais la:tsis] |
| panda (m) | **panda** (s) | [panda] |

| | | |
|---|---|---|
| macaco (m) | **pērtiķis** (v) | [pe:rtitʲis] |
| chimpanzé (m) | **šimpanze** (s) | [ʃimpanze] |
| orangotango (m) | **orangutāns** (v) | [ɔraŋguta:ns] |
| gorila (m) | **gorilla** (s) | [gɔrilla] |
| macaco (m) | **makaks** (v) | [makaks] |
| gibão (m) | **gibons** (v) | [gibɔns] |

| | | |
|---|---|---|
| elefante (m) | **zilonis** (v) | [zilɔnis] |
| rinoceronte (m) | **degunradzis** (v) | [dɛgunradzis] |
| girafa (f) | **žirafe** (s) | [ʒirafe] |
| hipopótamo (m) | **nīlzirgs** (v) | [ni:lzirgs] |

| | | |
|---|---|---|
| canguru (m) | **ķengurs** (v) | [tʲeŋgurs] |
| coala (m) | **koala** (s) | [kɔala] |

| | | |
|---|---|---|
| mangusto (m) | **mangusts** (v) | [maŋgusts] |
| chinchila (f) | **šinšilla** (s) | [ʃinʃilla] |
| cangambá (f) | **skunkss** (v) | [skunks] |
| porco-espinho (m) | **dzeloņcūka** (s) | [dzelɔntsu:ka] |

## 176. Animais domésticos

| | | |
|---|---|---|
| gata (f) | **kaķis** (v) | [katʲis] |
| gato (m) macho | **runcis** (v) | [runtsis] |
| cão (m) | **suns** (v) | [suns] |

| | | |
|---|---|---|
| cavalo (m) | **zirgs** (v) | [zirgs] |
| garanhão (m) | **ērzelis** (v) | [e:rzelis] |
| égua (f) | **ķēve** (s) | [tʲɛ:ve] |

| | | |
|---|---|---|
| vaca (f) | **govs** (s) | [gɔvs] |
| touro (m) | **bullis** (v) | [bullis] |
| boi (m) | **vērsis** (v) | [vɛ:rsis] |

| | | |
|---|---|---|
| ovelha (f) | **aita** (s) | [aita] |
| carneiro (m) | **auns** (v) | [auns] |
| cabra (f) | **kaza** (s) | [kaza] |
| bode (m) | **āzis** (v) | [a:zis] |

| | | |
|---|---|---|
| burro (m) | **ēzelis** (v) | [ɛ:zelis] |
| mula (f) | **mūlis** (v) | [mu:lis] |

| | | |
|---|---|---|
| porco (m) | **cūka** (s) | [tsu:ka] |
| leitão (m) | **sivēns** (v) | [sive:ns] |
| coelho (m) | **trusis** (v) | [trusis] |

| | | |
|---|---|---|
| galinha (f) | **vista** (s) | [vista] |
| galo (m) | **gailis** (v) | [gailis] |

| | | |
|---|---|---|
| pata (f), pato (m) | **pīle** (s) | [pi:le] |
| pato (m) | **pīļtēviņš** (v) | [pi:lʲte:viɲʃ] |
| ganso (m) | **zoss** (s) | [zɔs] |

| | | |
|---|---|---|
| peru (m) | **tītars** (v) | [ti:tars] |
| perua (f) | **tītaru mātīte** (s) | [ti:taru ma:ti:te] |

| | | |
|---|---|---|
| animais (m pl) domésticos | **mājdzīvnieki** (v dsk) | [ma:jdzi:vniɛki] |
| domesticado (adj) | **pieradināts** | [piɛradina:ts] |
| domesticar (vt) | **pieradināt** | [piɛradina:t] |
| criar (vt) | **audzēt** | [audze:t] |

| | | |
|---|---|---|
| fazenda (f) | **saimniecība** (s) | [saimniɛtsi:ba] |
| aves (f pl) domésticas | **mājputni** (v dsk) | [ma:jputni] |
| gado (m) | **liellopi** (v dsk) | [liɛllɔpi] |
| rebanho (m), manada (f) | **ganāmpulks** (v) | [gana:mpulks] |

| | | |
|---|---|---|
| estábulo (m) | **zirgu stallis** (v) | [zirgu stallis] |
| chiqueiro (m) | **cūkkūts** (s) | [tsu:kku:ts] |
| estábulo (m) | **kūts** (s) | [ku:ts] |
| coelheira (f) | **trušu būda** (s) | [truʃu bu:da] |
| galinheiro (m) | **vistu kūts** (s) | [vistu ku:ts] |

## 177. Cães. Raças de cães

| | | |
|---|---|---|
| cão (m) | **suns** (v) | [suns] |
| cão pastor (m) | **aitu suns** (v) | [aitu suns] |
| pastor-alemão (m) | **vācu aitu suns** (v) | [va:tsu̯ aitu suns] |
| poodle (m) | **pūdelis** (v) | [pu:delis] |
| linguicinha (m) | **taksis** (v) | [taksis] |
| buldogue (m) | **buldogs** (v) | [buldɔgs] |

| | | |
|---|---|---|
| boxer (m) | **bokseris** (v) | [bokseris] |
| mastim (m) | **mastifs** (v) | [mastifs] |
| rottweiler (m) | **rotveilers** (v) | [rotvɛilɛrs] |
| dóberman (m) | **dobermanis** (v) | [dobermanis] |

| | | |
|---|---|---|
| basset (m) | **basets** (v) | [basets] |
| pastor inglês (m) | **bobteils** (v) | [bobtɛils] |
| dálmata (m) | **dalmācietis** (v) | [dalma:tsiɛtis] |
| cocker spaniel (m) | **kokerspaniels** (v) | [kɔkɛrspaniɛls] |

| | | |
|---|---|---|
| terra-nova (m) | **ņūfaundlends** (v) | [ɲu:faundlends] |
| são-bernardo (m) | **sanbernārs** (v) | [sanberna:rs] |

| | | |
|---|---|---|
| husky (m) siberiano | **haskijs** (v) | [xaskijs] |
| Chow-chow (m) | **čau-čau** (v) | [tʃau-tʃau] |
| spitz alemão (m) | **špics** (v) | [ʃpits] |
| pug (m) | **mopsis** (v) | [mopsis] |

## 178. Sons produzidos pelos animais

| | | |
|---|---|---|
| latido (m) | **riešana** (s) | [riɛʃana] |
| latir (vi) | **riet** | [riɛt] |
| miar (vi) | **ņaudēšana** | [ɲaude:ʃana] |
| ronronar (vi) | **ņaudēt** | [ɲaude:t] |

| | | |
|---|---|---|
| mugir (vaca) | **maurot** | [maurɔt] |
| bramir (touro) | **aurot** | [aurɔt] |
| rosnar (vi) | **rūkt** | [ru:kt] |

| | | |
|---|---|---|
| uivo (m) | **kauciens** (v) | [kautsiɛns] |
| uivar (vi) | **kaukt** | [kaukt] |
| ganir (vi) | **smilkstēt** | [smilkste:t] |

| | | |
|---|---|---|
| balir (vi) | **mēt** | [me:t] |
| grunhir (vi) | **rukšķēt** | [rukʃtʲe:t] |
| guinchar (vi) | **kviekt** | [kviɛkt] |

| | | |
|---|---|---|
| coaxar (sapo) | **kurkstēt** | [kurkste:t] |
| zumbir (inseto) | **dūkt** | [du:kt] |
| ziziar (vi) | **sisināt** | [sisina:t] |

## 179. Pássaros

| | | |
|---|---|---|
| pássaro (m), ave (f) | **putns** (v) | [putns] |
| pombo (m) | **balodis** (v) | [balɔdis] |
| pardal (m) | **zvirbulis** (v) | [zvirbulis] |
| chapim-real (m) | **zīlīte** (s) | [zi:li:te] |
| pega-rabuda (f) | **žagata** (s) | [ʒagata] |

| | | |
|---|---|---|
| corvo (m) | **krauklis** (v) | [krauklis] |
| gralha-cinzenta (f) | **vārna** (s) | [va:rna] |
| gralha-de-nuca-cinzenta (f) | **kovārnis** (v) | [kɔva:rnis] |

| gralha-calva (f) | krauķis (v) | [krautʲis] |
| pato (m) | pīle (s) | [pi:le] |
| ganso (s) | zoss (s) | [zɔs] |
| faisão (m) | fazāns (v) | [faza:ns] |

| águia (f) | ērglis (v) | [e:rglis] |
| açor (m) | vanags (v) | [vanags] |
| falcão (m) | piekūns (v) | [piɛku:ns] |

| abutre (m) | grifs (v) | [grifs] |
| condor (m) | kondors (v) | [kɔndɔrs] |

| cisne (m) | gulbis (v) | [gulbis] |
| grou (m) | dzērve (s) | [dze:rve] |
| cegonha (f) | stārķis (v) | [sta:rtʲis] |

| papagaio (m) | papagailis (v) | [papagailis] |
| beija-flor (m) | kolibri (v) | [kɔlibri] |
| pavão (m) | pāvs (v) | [pa:vs] |

| avestruz (m) | strauss (v) | [straus] |
| garça (f) | gārnis (v) | [ga:rnis] |

| flamingo (m) | flamings (v) | [flamiŋgs] |
| pelicano (m) | pelikāns (v) | [pelika:ns] |

| rouxinol (m) | lakstīgala (s) | [laksti:gala] |
| andorinha (f) | bezdelīga (s) | [bezdeli:ga] |

| tordo-zornal (m) | strazds (v) | [strazds] |
| tordo-músico (m) | dziedātājstrazds (v) | [dziɛda:ta:jstrazds] |
| melro-preto (m) | melnais strazds (v) | [melnais strazds] |

| andorinhão (m) | svīre (s) | [svi:re] |
| cotovia (f) | cīrulis (v) | [tsi:rulis] |
| codorna (f) | paipala (s) | [paipala] |

| pica-pau (m) | dzenis (v) | [dzenis] |
| cuco (m) | dzeguze (s) | [dzɛguze] |
| coruja (f) | pūce (s) | [pu:tse] |
| bufo-real (m) | ūpis (v) | [u:pis] |
| tetraz-grande (m) | mednis (v) | [mednis] |

| tetraz-lira (m) | rubenis (v) | [rubenis] |
| perdiz-cinzenta (f) | irbe (s) | [irbe] |

| estorninho (m) | mājas strazds (v) | [ma:jas strazds] |
| canário (m) | kanārijputniņš (v) | [kana:rijputniɲʃ] |
| galinha-do-mato (f) | meža irbe (s) | [meʒa irbe] |

| tentilhão (m) | žubīte (s) | [ʒubi:te] |
| dom-fafe (m) | svilpis (v) | [svilpis] |

| gaivota (f) | kaija (s) | [kaija] |
| albatroz (m) | albatross (v) | [albatrɔs] |
| pinguim (m) | pingvīns (v) | [piŋgvi:ns] |

## 180. Pássaros. Canto e sons

| | | |
|---|---|---|
| cantar (vi) | **dziedāt** | [dziɛda:t] |
| gritar, chamar (vi) | **klaigāt** | [klaiga:t] |
| cantar (o galo) | **dziedāt** | [dziɛda:t] |
| cocorocó (m) | **kikerigī** | [kikerigi:] |
| cacarejar (vi) | **kladzināt** | [kladzina:t] |
| crocitar (vi) | **ķērkt** | [tʲe:rkt] |
| grasnar (vi) | **pēkšķēt** | [pe:kʃtʲe:t] |
| piar (vi) | **čiepstēt** | [tʃiɛpste:t] |
| chilrear, gorjear (vi) | **čivināt** | [tʃivina:t] |

## 181. Peixes. Animais marinhos

| | | |
|---|---|---|
| brema (f) | **plaudis** (v) | [plaudis] |
| carpa (f) | **karpa** (s) | [karpa] |
| perca (f) | **asaris** (v) | [asaris] |
| siluro (m) | **sams** (v) | [sams] |
| lúcio (m) | **līdaka** (s) | [li:daka] |
| salmão (m) | **lasis** (v) | [lasis] |
| esturjão (m) | **store** (s) | [stɔre] |
| arenque (m) | **siļķe** (s) | [silʲtʲe] |
| salmão (m) do Atlântico | **lasis** (v) | [lasis] |
| cavala, sarda (f) | **skumbrija** (s) | [skumbrija] |
| solha (f), linguado (m) | **bute** (s) | [bute] |
| lúcio perca (m) | **zandarts** (v) | [zandarts] |
| bacalhau (m) | **menca** (s) | [mentsa] |
| atum (m) | **tuncis** (v) | [tuntsis] |
| truta (f) | **forele** (s) | [fɔrɛle] |
| enguia (f) | **zutis** (v) | [zutis] |
| raia (f) elétrica | **elektriskā raja** (s) | [ɛlektriska: raja] |
| moreia (f) | **murēna** (s) | [murɛ:na] |
| piranha (f) | **piraija** (s) | [piraija] |
| tubarão (m) | **haizivs** (s) | [xaizivs] |
| golfinho (m) | **delfīns** (v) | [delfi:ns] |
| baleia (f) | **valis** (v) | [valis] |
| caranguejo (m) | **krabis** (v) | [krabis] |
| água-viva (f) | **medūza** (s) | [mɛdu:za] |
| polvo (m) | **astoņkājis** (v) | [astɔŋka:jis] |
| estrela-do-mar (f) | **jūras zvaigzne** (s) | [ju:ras zvaigzne] |
| ouriço-do-mar (m) | **jūras ezis** (v) | [ju:ras ezis] |
| cavalo-marinho (m) | **jūras zirdziņš** (v) | [ju:ras zirdziɳʃ] |
| ostra (f) | **austere** (s) | [austɛre] |
| camarão (m) | **garnele** (s) | [garnɛle] |

| lagosta (f) | omārs (v) | [ɔmaːrs] |
| lagosta (f) | langusts (v) | [laŋgusts] |

## 182. Anfíbios. Répteis

| cobra (f) | čūska (s) | [tʃuːska] |
| venenoso (adj) | indīga | [indiːga] |

| víbora (f) | odze (s) | [ɔdze] |
| naja (f) | kobra (s) | [kɔbra] |
| píton (m) | pitons (v) | [pitɔns] |
| jiboia (f) | žņaudzējčūska (s) | [ʒɲaudzeːjtʃuːska] |

| cobra-de-água (f) | zalktis (v) | [zalktis] |
| cascavel (f) | klaburčūska (s) | [klaburtʃuːska] |
| anaconda (f) | anakonda (s) | [anakɔnda] |

| lagarto (m) | ķirzaka (s) | [tʲirzaka] |
| iguana (f) | iguāna (s) | [iguaːna] |
| varano (m) | varāns (v) | [varaːns] |
| salamandra (f) | salamandra (s) | [salamandra] |
| camaleão (m) | hameleons (v) | [xamɛleɔns] |
| escorpião (m) | skorpions (v) | [skɔrpiɔns] |

| tartaruga (f) | bruņurupucis (v) | [bruɲuruputsis] |
| rã (f) | varde (s) | [varde] |
| sapo (m) | krupis (v) | [krupis] |
| crocodilo (m) | krokodils (v) | [krɔkɔdils] |

## 183. Insetos

| inseto (m) | kukainis (v) | [kukainis] |
| borboleta (f) | taurenis (v) | [taurenis] |
| formiga (f) | skudra (s) | [skudra] |
| mosca (f) | muša (s) | [muʃa] |
| mosquito (m) | ods (v) | [ɔds] |
| escaravelho (m) | vabole (s) | [vabɔle] |

| vespa (f) | lapsene (s) | [lapsɛne] |
| abelha (f) | bite (s) | [bite] |
| mamangaba (f) | kamene (s) | [kamɛne] |
| moscardo (m) | dundurs (v) | [dundurs] |

| aranha (f) | zirneklis (v) | [zirneklis] |
| teia (f) de aranha | zirnekļtīkls (v) | [zirneklʲtiːkls] |

| libélula (f) | spāre (s) | [spaːre] |
| gafanhoto (m) | sienāzis (v) | [siɛnaːzis] |
| traça (f) | tauriņš (v) | [tauriɲʃ] |

| barata (f) | prusaks (v) | [prusaks] |
| carrapato (m) | ērce (s) | [eːrtse] |

| | | |
|---|---|---|
| pulga (f) | blusa (s) | [blusa] |
| borrachudo (m) | knislis (v) | [knislis] |

| | | |
|---|---|---|
| gafanhoto (m) | sisenis (v) | [sisenis] |
| caracol (m) | gliemezis (v) | [gliɛmezis] |
| grilo (m) | circenis (v) | [tsirtsenis] |
| pirilampo, vaga-lume (m) | jāņtārpiņš (v) | [ja:ɲta:rpiɲʃ] |
| joaninha (f) | mārīte (s) | [ma:ri:te] |
| besouro (m) | maijvabole (s) | [maijvabɔle] |

| | | |
|---|---|---|
| sanguessuga (f) | dēle (s) | [dɛ:le] |
| lagarta (f) | kāpurs (v) | [ka:purs] |
| minhoca (f) | tārps (v) | [ta:rps] |
| larva (f) | kāpurs (v) | [ka:purs] |

## 184. Animais. Partes do corpo

| | | |
|---|---|---|
| bico (m) | knābis (v) | [kna:bis] |
| asas (f pl) | spārni (v dsk) | [spa:rni] |
| pata (f) | putna kāja (s) | [putna ka:ja] |
| plumagem (f) | apspalvojums (v) | [apspalvɔjums] |
| pena, pluma (f) | putna spalva (s) | [putna spalva] |
| crista (f) | cekuliņš (v) | [tsɛkuliɲʃ] |

| | | |
|---|---|---|
| brânquias, guelras (f pl) | žaunas (s dsk) | [ʒaunas] |
| ovas (f pl) | ikri (v dsk) | [ikri] |
| larva (f) | kāpurs (v) | [ka:purs] |
| barbatana (f) | spura (s) | [spura] |
| escama (f) | zvīņas (s dsk) | [zvi:ɲas] |

| | | |
|---|---|---|
| presa (f) | ilknis (v) | [ilknis] |
| pata (f) | ķepa (s) | [tʲɛpa] |
| focinho (m) | purns (v) | [purns] |
| boca (f) | rīkle (s) | [ri:kle] |
| cauda (f), rabo (m) | aste (s) | [aste] |
| bigodes (m pl) | ūsas (s dsk) | [u:sas] |

| | | |
|---|---|---|
| casco (m) | nags (v) | [nags] |
| corno (m) | rags (v) | [rags] |

| | | |
|---|---|---|
| carapaça (f) | bruņas (s dsk) | [bruɲas] |
| concha (f) | gliemežvāks (v) | [gliɛmeʒva:ks] |
| casca (f) de ovo | čaula (s) | [tʃaula] |

| | | |
|---|---|---|
| pelo (m) | vilna (s) | [vilna] |
| pele (f), couro (m) | āda (s) | [a:da] |

## 185. Animais. Habitats

| | | |
|---|---|---|
| hábitat (m) | dabiskā vide (s) | [dabiska: vide] |
| migração (f) | migrācija (s) | [migra:tsija] |
| montanha (f) | kalns (v) | [kalns] |

| | | |
|---|---|---|
| recife (m) | **rifs** (v) | [rifs] |
| falésia (f) | **klints** (s) | [klints] |
| | | |
| floresta (f) | **mežs** (v) | [meʒs] |
| selva (f) | **džungļi** (v dsk) | [dʒunglʲi] |
| savana (f) | **savanna** (s) | [savanna] |
| tundra (f) | **tundra** (s) | [tundra] |
| | | |
| estepe (f) | **stepe** (s) | [stɛpe] |
| deserto (m) | **tuksnesis** (v) | [tuksnesis] |
| oásis (m) | **oāze** (s) | [ɔaːze] |
| | | |
| mar (m) | **jūra** (s) | [juːra] |
| lago (m) | **ezers** (v) | [ɛzɛrs] |
| oceano (m) | **okeāns** (v) | [ɔkeaːns] |
| | | |
| pântano (m) | **purvs** (v) | [purvs] |
| de água doce | **saldūdens** | [salduːdens] |
| lagoa (f) | **dīķis** (v) | [diːtʲis] |
| rio (m) | **upe** (s) | [upe] |
| | | |
| toca (f) do urso | **midzenis** (v) | [midzenis] |
| ninho (m) | **ligzda** (s) | [ligzda] |
| buraco (m) de árvore | **dobums** (v) | [dɔbums] |
| toca (f) | **ala** (s) | [ala] |
| formigueiro (m) | **skudru pūznis** (v) | [skudru puːznis] |

# Flora

## 186. Árvores

| | | |
|---|---|---|
| árvore (f) | **koks** (v) | [kɔks] |
| decídua (adj) | **lapu koks** | [lapu kɔks] |
| conífera (adj) | **skujkoks** | [skujkɔks] |
| perene (adj) | **mūžzaļš** | [mu:ʒzalʲʃ] |

| | | |
|---|---|---|
| macieira (f) | **ābele** (s) | [a:bɛle] |
| pereira (f) | **bumbiere** (s) | [bumbiɛre] |
| cerejeira (f) | **saldais ķirsis** (v) | [saldais tʲirsis] |
| ginjeira (f) | **skābais ķirsis** (v) | [ska:bais tʲirsis] |
| ameixeira (f) | **plūme** (s) | [plu:me] |

| | | |
|---|---|---|
| bétula (f) | **bērzs** (v) | [be:rzs] |
| carvalho (m) | **ozols** (v) | [ɔzɔls] |
| tília (f) | **liepa** (s) | [liɛpa] |
| choupo-tremedor (m) | **apse** (s) | [apse] |
| bordo (m) | **kļava** (s) | [klʲava] |
| espruce (m) | **egle** (s) | [egle] |
| pinheiro (m) | **priede** (s) | [priɛde] |
| alerce, lariço (m) | **lapegle** (s) | [lapegle] |
| abeto (m) | **dižegle** (s) | [diʒegle] |
| cedro (m) | **ciedrs** (v) | [tsiɛdrs] |

| | | |
|---|---|---|
| choupo, álamo (m) | **papele** (s) | [papɛle] |
| tramazeira (f) | **pīlādzis** (v) | [pi:la:dzis] |
| salgueiro (m) | **vītols** (v) | [vi:tɔls] |
| amieiro (m) | **alksnis** (v) | [alksnis] |
| faia (f) | **dižskābardis** (v) | [diʒska:bardis] |
| ulmeiro, olmo (m) | **vīksna** (s) | [vi:ksna] |
| freixo (m) | **osis** (v) | [ɔsis] |
| castanheiro (m) | **kastaņa** (s) | [kastaɲa] |

| | | |
|---|---|---|
| magnólia (f) | **magnolija** (s) | [magnɔlija] |
| palmeira (f) | **palma** (s) | [palma] |
| cipreste (m) | **ciprese** (s) | [tsiprɛse] |

| | | |
|---|---|---|
| mangue (m) | **mango koks** (v) | [maɲgɔ kɔks] |
| embondeiro, baobá (m) | **baobabs** (v) | [baɔbabs] |
| eucalipto (m) | **eikalipts** (v) | [ɛikalipts] |
| sequoia (f) | **sekvoja** (s) | [sekvɔja] |

## 187. Arbustos

| | | |
|---|---|---|
| arbusto (m) | **Krūms** (v) | [kru:ms] |
| arbusto (m), moita (f) | **krūmājs** (v) | [kru:ma:js] |

| | | |
|---|---|---|
| videira (f) | **vīnogas** (v) | [vi:nɔgas] |
| vinhedo (m) | **vīnogulājs** (v) | [vi:nɔgula:js] |

| | | |
|---|---|---|
| framboeseira (f) | **avenājs** (v) | [avɛna:js] |
| groselheira-negra (f) | **upeņu krūms** (v) | [upɛɲu kru:ms] |
| groselheira-vermelha (f) | **sarkano jāņogu krūms** (v) | [sarkanɔ ja:ɲɔgu kru:ms] |
| groselheira (f) espinhosa | **ērkšķogu krūms** (v) | [e:rkʃtʲɔgu kru:ms] |

| | | |
|---|---|---|
| acácia (f) | **akācija** (s) | [aka:tsija] |
| bérberis (f) | **bārbele** (s) | [ba:rbɛle] |
| jasmim (m) | **jasmīns** (v) | [jasmi:ns] |

| | | |
|---|---|---|
| junípero (m) | **kadiķis** (v) | [kaditʲis] |
| roseira (f) | **rožu krūms** (v) | [rɔʒu kru:ms] |
| roseira (f) brava | **mežroze** (s) | [meʒrɔze] |

## 188. Cogumelos

| | | |
|---|---|---|
| cogumelo (m) | **sēne** (s) | [sɛ:ne] |
| cogumelo (m) comestível | **ēdama sēne** (s) | [ɛ:dama sɛ:ne] |
| cogumelo (m) venenoso | **indīga sēne** (s) | [indi:ga sɛ:ne] |
| chapéu (m) | **sēnes galviņa** (s) | [sɛ:nes galviɲa] |
| pé, caule (m) | **sēnes kājiņa** (s) | [sɛ:nes ka:jiɲa] |

| | | |
|---|---|---|
| boleto, porcino (m) | **baravika** (s) | [baravika] |
| boleto (m) alaranjado | **apšu beka** (s) | [apʃu bɛka] |
| boleto (m) de bétula | **bērzu beka** (s) | [be:rzu bɛka] |
| cantarelo (m) | **gailene** (s) | [gailɛne] |
| rússula (f) | **bērzlape** (s) | [be:rzlape] |

| | | |
|---|---|---|
| morchella (f) | **lāčpurnis** (v) | [la:tʃpurnis] |
| agário-das-moscas (m) | **mušmire** (s) | [muʃmire] |
| cicuta (f) verde | **suņu sēne** (s) | [suɲu sɛ:ne] |

## 189. Frutos. Bagas

| | | |
|---|---|---|
| fruta (f) | **auglis** (v) | [auglis] |
| frutas (f pl) | **augļi** (v dsk) | [auglʲi] |
| maçã (f) | **ābols** (v) | [a:bɔls] |
| pera (f) | **bumbieris** (v) | [bumbiɛris] |
| ameixa (f) | **plūme** (s) | [plu:me] |

| | | |
|---|---|---|
| morango (m) | **zemene** (s) | [zɛmɛne] |
| ginja (f) | **skābais ķirsis** (v) | [ska:bais tʲirsis] |
| cereja (f) | **saldais ķirsis** (v) | [saldais tʲirsis] |
| uva (f) | **vīnoga** (s) | [vi:nɔga] |

| | | |
|---|---|---|
| framboesa (f) | **avene** (s) | [avɛne] |
| groselha (f) negra | **upene** (s) | [upɛne] |
| groselha (f) vermelha | **sarkanā jāņoga** (s) | [sarkana: ja:ɲɔga] |
| groselha (f) espinhosa | **ērkšķoga** (s) | [e:rkʃtʲɔga] |
| oxicoco (m) | **dzērvene** (s) | [dze:rvɛne] |

| laranja (f) | apelsīns (v) | [apɛlsi:ns] |
| tangerina (f) | mandarīns (v) | [mandari:ns] |
| abacaxi (m) | ananāss (v) | [anana:s] |
| banana (f) | banāns (v) | [bana:ns] |
| tâmara (f) | datele (s) | [datɛle] |

| limão (m) | citrons (v) | [tsitrɔns] |
| damasco (m) | aprikoze (s) | [aprikɔze] |
| pêssego (m) | persiks (v) | [pɛrsiks] |
| quiuí (m) | kivi (v) | [kivi] |
| toranja (f) | greipfrūts (v) | [grɛipfru:ts] |

| baga (f) | oga (s) | [ɔga] |
| bagas (f pl) | ogas (s dsk) | [ɔgas] |
| arando (m) vermelho | brūklene (s) | [bru:klɛne] |
| morango-silvestre (m) | meža zemene (s) | [meʒa zɛmɛne] |
| mirtilo (m) | mellene (s) | [mellɛne] |

## 190. Flores. Plantas

| flor (f) | zieds (v) | [ziɛds] |
| buquê (m) de flores | ziedu pušķis (v) | [ziɛdu puʃḱis] |

| rosa (f) | roze (s) | [rɔze] |
| tulipa (f) | tulpe (s) | [tulpe] |
| cravo (m) | neļķe (s) | [neḻ'ḱ'e] |
| gladíolo (m) | gladiola (s) | [gladiola] |

| centáurea (f) | rudzupuķīte (s) | [rudzuput'i:te] |
| campainha (f) | pulkstenīte (s) | [pulksteni:te] |
| dente-de-leão (m) | pienenīte (s) | [piɛneni:te] |
| camomila (f) | kumelīte (s) | [kumeli:te] |

| aloé (m) | alveja (s) | [alveja] |
| cacto (m) | kaktuss (v) | [kaktus] |
| fícus (m) | gumijkoks (v) | [gumijkɔks] |

| lírio (m) | lilija (s) | [lilija] |
| gerânio (m) | ģerānija (s) | [dʲɛra:nija] |
| jacinto (m) | hiacinte (s) | [xiatsinte] |

| mimosa (f) | mimoza (s) | [mimɔza] |
| narciso (m) | narcise (s) | [nartsise] |
| capuchinha (f) | krese (s) | [krɛse] |

| orquídea (f) | orhideja (s) | [ɔrxideja] |
| peônia (f) | pujene (s) | [pujene] |
| violeta (f) | vijolīte (s) | [vijɔli:te] |

| amor-perfeito (m) | atraitnītes (s dsk) | [atraitni:tes] |
| não-me-esqueças (m) | neaizmirstule (s) | [neaizmirstule] |
| margarida (f) | margrietiņa (s) | [margriɛtiɲa] |
| papoula (f) | magone (s) | [magɔne] |
| cânhamo (m) | kaņepe (s) | [kaɲɛpe] |

| hortelã, menta (f) | mētra (s) | [me:tra] |
| lírio-do-vale (m) | maijpuķīte (s) | [maijputⁱi:te] |
| campânula-branca (f) | sniegpulkstenīte (s) | [sniεgpulksteni:te] |

| urtiga (f) | nātre (s) | [na:tre] |
| azedinha (f) | skābene (s) | [ska:bεne] |
| nenúfar (m) | ūdensroze (s) | [u:densrɔze] |
| samambaia (f) | paparde (s) | [paparde] |
| líquen (m) | ķērpis (v) | [tⁱe:rpis] |

| estufa (f) | oranžērija (s) | [ɔranʒe:rija] |
| gramado (m) | zālājs (v) | [za:la:js] |
| canteiro (m) de flores | puķu dobe (s) | [putⁱu dɔbe] |

| planta (f) | augs (v) | [augs] |
| grama (f) | zāle (s) | [za:le] |
| folha (f) de grama | zālīte (s) | [za:li:te] |

| folha (f) | lapa (s) | [lapa] |
| pétala (f) | lapiņa (s) | [lapiɲa] |
| talo (m) | stiebrs (v) | [stiεbrs] |
| tubérculo (m) | bumbulis (v) | [bumbulis] |

| broto, rebento (m) | dīglis (v) | [di:glis] |
| espinho (m) | ērkšķis (v) | [e:rkʃtⁱis] |

| florescer (vi) | ziedēt | [ziεde:t] |
| murchar (vi) | novīt | [nɔvi:t] |
| cheiro (m) | smarža (s) | [smarʒa] |
| cortar (flores) | nogriezt | [nɔgriεzt] |
| colher (uma flor) | noplūkt | [nɔplu:kt] |

## 191. Cereais, grãos

| grão (m) | graudi (v dsk) | [graudi] |
| cereais (plantas) | graudaugi (v dsk) | [graudaugi] |
| espiga (f) | vārpa (s) | [va:rpa] |

| trigo (m) | kvieši (v dsk) | [kviεʃi] |
| centeio (m) | rudzi (v dsk) | [rudzi] |
| aveia (f) | auzas (s dsk) | [auzas] |

| painço (m) | prosa (s) | [prɔsa] |
| cevada (f) | mieži (v dsk) | [miεʒi] |

| milho (m) | kukurūza (s) | [kukuru:za] |
| arroz (m) | rīsi (v dsk) | [ri:si] |
| trigo-sarraceno (m) | griķi (v dsk) | [gritⁱi] |

| ervilha (f) | zirnis (v) | [zirnis] |
| feijão (m) roxo | pupiņas (s dsk) | [pupiɲas] |
| soja (f) | soja (s) | [sɔja] |
| lentilha (f) | lēcas (s dsk) | [le:tsas] |
| feijão (m) | pupas (s dsk) | [pupas] |

# GEOGRAFIA REGIONAL

## Países. Nacionalidades

### 192. Política. Governo. Parte 1

| | | |
|---|---|---|
| política (f) | politika (s) | [politika] |
| político (adj) | politiskais | [politiskais] |
| político (m) | politiķis (v) | [polititʲis] |
| | | |
| estado (m) | valsts (s) | [valsts] |
| cidadão (m) | pilsonis (v) | [pilsonis] |
| cidadania (f) | pilsonība (s) | [pilsoni:ba] |
| | | |
| brasão (m) de armas | valsts ģerbonis (v) | [valsts dʲerbonis] |
| hino (m) nacional | valsts himna (s) | [valsts ximna] |
| | | |
| governo (m) | valdība (s) | [valdi:ba] |
| Chefe (m) de Estado | valsts vadītājs (v) | [valsts vadi:ta:js] |
| parlamento (m) | parlaments (v) | [parlaments] |
| partido (m) | partija (s) | [partija] |
| | | |
| capitalismo (m) | kapitālisms (v) | [kapita:lisms] |
| capitalista (adj) | kapitālistiskais | [kapita:listiskais] |
| | | |
| socialismo (m) | sociālisms (v) | [sotsia:lisms] |
| socialista (adj) | sociālistiskais | [sotsia:listiskais] |
| | | |
| comunismo (m) | komunisms (v) | [komunisms] |
| comunista (adj) | komunistiskais | [komunistiskais] |
| comunista (m) | komunists (v) | [komunists] |
| | | |
| democracia (f) | demokrātija (s) | [demokra:tija] |
| democrata (m) | demokrāts (v) | [demokra:ts] |
| democrático (adj) | demokrātiskais | [demokra:tiskais] |
| Partido (m) Democrático | demokrātiskā partija (s) | [demokra:tiska: partija] |
| | | |
| liberal (m) | liberālis (v) | [libɛra:lis] |
| liberal (adj) | liberāls | [libɛra:ls] |
| | | |
| conservador (m) | konservatīvais (v) | [konservati:vais] |
| conservador (adj) | konservatīvs | [konservati:vs] |
| | | |
| república (f) | republika (s) | [rɛpublika] |
| republicano (m) | republikānis (v) | [rɛpublika:nis] |
| Partido (m) Republicano | republikāniskā partija (s) | [rɛpublika:niska: partija] |
| | | |
| eleições (f pl) | vēlēšanas (s dsk) | [vɛ:le:ʃanas] |
| eleger (vt) | vēlēt | [vɛ:le:t] |

| eleitor (m) | vēlētājs (v) | [vɛ:lɛ:ta:js] |
| campanha (f) eleitoral | vēlēšanu kampaņa (s) | [vɛ:le:ʃanu kampaɲa] |

| votação (f) | balsošana (s) | [balsɔʃana] |
| votar (vi) | balsot | [balsɔt] |
| sufrágio (m) | balsstiesības (s dsk) | [balstiɛsi:bas] |

| candidato (m) | kandidāts (v) | [kandida:ts] |
| candidatar-se (vi) | kandidēt | [kandide:t] |
| campanha (f) | kampaņa (s) | [kampaɲa] |

| da oposição | opozīcijas | [ɔpozi:tsijas] |
| oposição (f) | opozīcija (s) | [ɔpozi:tsija] |

| visita (f) | vizīte (s) | [vizi:te] |
| visita (f) oficial | oficiālā vizīte (s) | [ɔfitsia:la: vizi:te] |
| internacional (adj) | starptautisks | [starptautisks] |

| negociações (f pl) | sarunas (s dsk) | [sarunas] |
| negociar (vi) | vest pārrunas | [vest pa:rrunas] |

## 193. Política. Governo. Parte 2

| sociedade (f) | sabiedrība (s) | [sabiɛdri:ba] |
| constituição (f) | konstitūcija (s) | [kɔnstitu:tsija] |
| poder (ir para o ~) | vara (s) | [vara] |
| corrupção (f) | korupcija (s) | [kɔruptsija] |

| lei (f) | likums (v) | [likums] |
| legal (adj) | likumīgs | [likumi:gs] |

| justeza (f) | taisnība (s) | [taisni:ba] |
| justo (adj) | taisnīgs | [taisni:gs] |

| comitê (m) | komiteja (s) | [kɔmiteja] |
| projeto-lei (m) | likumprojekts (v) | [likumprɔjekts] |
| orçamento (m) | budžets (v) | [budʒets] |
| política (f) | politika (s) | [pɔlitika] |
| reforma (f) | reforma (s) | [refɔrma] |
| radical (adj) | radikāls | [radika:ls] |

| força (f) | spēks (v) | [spe:ks] |
| poderoso (adj) | varens | [varens] |
| partidário (m) | piekritējs (v) | [piɛkrite:js] |
| influência (f) | ietekme (s) | [iɛtekme] |

| regime (m) | režīms (v) | [reʒi:ms] |
| conflito (m) | konflikts (v) | [kɔnflikts] |
| conspiração (f) | sazvērestība (s) | [sazvɛ:resti:ba] |
| provocação (f) | provokācija (s) | [prɔvɔka:tsija] |

| derrubar (vt) | nogāzt | [nɔga:zt] |
| derrube (m), queda (f) | gāšana (s) | [ga:ʃana] |
| revolução (f) | revolūcija (s) | [revɔlu:tsija] |

| golpe (m) de Estado | apvērsums (v) | [apvɛ:rsums] |
| golpe (m) militar | militārais apvērsums (v) | [milita:rais apvɛ:rsums] |

| crise (f) | krīze (s) | [kri:ze] |
| recessão (f) econômica | ekonomikas lejupeja (s) | [ekonɔmikas lejupeja] |
| manifestante (m) | demonstrants (v) | [demɔnstrants] |
| manifestação (f) | demonstrācija (s) | [demɔnstra:tsija] |
| lei (f) marcial | kara stāvoklis (v) | [kara sta:vɔklis] |
| base (f) militar | kara bāze (s) | [kara ba:ze] |

| estabilidade (f) | stabilitāte (s) | [stabilita:te] |
| estável (adj) | stabils | [stabils] |

| exploração (f) | ekspluatācija (s) | [ekspluata:tsija] |
| explorar (vt) | ekspluatēt | [ekspluate:t] |

| racismo (m) | rasisms (v) | [rasisms] |
| racista (m) | rasists (v) | [rasists] |
| fascismo (m) | fašisms (v) | [faʃisms] |
| fascista (m) | fašists (v) | [faʃists] |

## 194. Países. Diversos

| estrangeiro (m) | ārzemnieks (v) | [a:rzemniɛks] |
| estrangeiro (adj) | ārzemju | [a:rzemju] |
| no estrangeiro | ārzemēs | [a:rzɛme:s] |

| emigrante (m) | emigrants (v) | [emigrants] |
| emigração (f) | emigrācija (s) | [emigra:tsija] |
| emigrar (vi) | emigrēt | [emigre:t] |

| Ocidente (m) | Rietumi (v dsk) | [riɛtumi] |
| Oriente (m) | Austrumi (v dsk) | [austrumi] |
| Extremo Oriente (m) | Tālie Austrumi (v dsk) | [ta:liɛ austrumi] |

| civilização (f) | civilizācija (s) | [tsiviliza:tsija] |
| humanidade (f) | cilvēce (s) | [tsilve:tse] |
| mundo (m) | pasaule (s) | [pasaule] |
| paz (f) | miers (v) | [miɛrs] |
| mundial (adj) | pasaules | [pasaules] |

| pátria (f) | dzimtene (s) | [dzimtɛne] |
| povo (população) | tauta (s) | [tauta] |
| população (f) | iedzīvotāji (v dsk) | [iɛdzi:vɔta:ji] |
| gente (f) | cilvēki (v dsk) | [tsilve:ki] |
| nação (f) | nācija (s) | [na:tsija] |
| geração (f) | paaudze (s) | [paaudze] |

| território (m) | teritorija (s) | [teritɔrija] |
| região (f) | reģions (v) | [redʲiɔns] |
| estado (m) | štats (v) | [ʃtats] |

| tradição (f) | tradīcija (s) | [tradi:tsija] |
| costume (m) | paraža (s) | [paraʒa] |

| ecologia (f) | ekoloģija (s) | [ekɔlɔdʲija] |
| índio (m) | indiānis (v) | [india:nis] |
| cigano (m) | čigāns (v) | [tʃiga:ns] |
| cigana (f) | čigāniete (s) | [tʃiga:niɛte] |
| cigano (adj) | čigānu | [tʃiga:nu] |

| império (m) | impērija (s) | [impe:rija] |
| colônia (f) | kolonija (s) | [kɔlɔnija] |
| escravidão (f) | verdzība (s) | [verdzi:ba] |
| invasão (f) | iebrukums (v) | [iɛbrukums] |
| fome (f) | bads (v) | [bads] |

## 195. Grupos religiosos mais importantes. Confissões

| religião (f) | reliģija (s) | [relidʲija] |
| religioso (adj) | reliģiozs | [relidʲiɔzs] |

| crença (f) | ticība (s) | [titsi:ba] |
| crer (vt) | ticēt | [titse:t] |
| crente (m) | ticīgais (v) | [titsi:gais] |

| ateísmo (m) | ateisms (v) | [atɛisms] |
| ateu (m) | ateists (v) | [atɛists] |

| cristianismo (m) | kristiānisms (v) | [kristia:nisms] |
| cristão (m) | kristietis (v) | [kristiɛtis] |
| cristão (adj) | kristīgs | [kristi:gs] |

| catolicismo (m) | Katolicisms (v) | [katɔlitsisms] |
| católico (m) | katolis (v) | [katɔlis] |
| católico (adj) | katoļu | [katɔlʲu] |

| protestantismo (m) | Protestantisms (v) | [prɔtestantisms] |
| Igreja (f) Protestante | Protestantu baznīca (s) | [prɔtestantu bazni:tsa] |
| protestante (m) | protestants (v) | [prɔtestants] |

| ortodoxia (f) | Pareizticība (s) | [parɛiztitsi:ba] |
| Igreja (f) Ortodoxa | Pareizticīgo baznīca (s) | [parɛiztitsi:gɔ bazni:tsa] |
| ortodoxo (m) | pareizticīgais | [parɛiztitsi:gais] |

| presbiterianismo (m) | Prezbiteriānisms (v) | [prezbiteria:nisms] |
| Igreja (f) Presbiteriana | Prezbiteriāņu baznīca (s) | [prezbiteria:ɲu bazni:tsa] |
| presbiteriano (m) | prezbiteriānis (v) | [prezbiteria:nis] |

| luteranismo (m) | Luteriskā baznīca (s) | [luteriska: bazni:tsa] |
| luterano (m) | luterānis (v) | [lutɛra:nis] |

| Igreja (f) Batista | Baptisms (v) | [baptisms] |
| batista (m) | baptists (v) | [baptists] |

| Igreja (f) Anglicana | Anglikāņu baznīca (s) | [aŋglika:ɲu bazni:tsa] |
| anglicano (m) | anglikānis (v) | [aŋglika:nis] |
| mormonismo (m) | Mormonisms (v) | [mɔrmɔnisms] |
| mórmon (m) | mormonis (v) | [mɔrmɔnis] |

| | | |
|---|---|---|
| Judaísmo (m) | **Jūdaisms** (v) | [ju:daisms] |
| judeu (m) | **jūds** (v) | [ju:ds] |
| | | |
| budismo (m) | **Budisms** (v) | [budisms] |
| budista (m) | **budists** (v) | [budists] |
| | | |
| hinduísmo (m) | **Hinduisms** (v) | [xinduisms] |
| hindu (m) | **hinduists** (v) | [xinduists] |
| | | |
| Islã (m) | **Islāms** (v) | [isla:ms] |
| muçulmano (m) | **musulmanis** (v) | [musulmanis] |
| muçulmano (adj) | **musulmaņu** | [musulmaɲu] |
| | | |
| xiismo (m) | **Šiisms** (v) | [ʃiisms] |
| xiita (m) | **šiīts** (v) | [ʃii:ts] |
| | | |
| sunismo (m) | **Sunnisms** (v) | [sunnisms] |
| sunita (m) | **sunnīts** (v) | [sunni:ts] |

## 196. Religiões. Padres

| | | |
|---|---|---|
| padre (m) | **priesteris** (v) | [priɛsteris] |
| Papa (m) | **Romas pāvests** (v) | [rɔmas pa:vests] |
| | | |
| monge (m) | **mūks** (v) | [mu:ks] |
| freira (f) | **mūķene** (s) | [mu:tʲɛne] |
| pastor (m) | **mācītājs** (v) | [ma:tsi:ta:js] |
| | | |
| abade (m) | **abats** (v) | [abats] |
| vigário (m) | **vikārs** (v) | [vika:rs] |
| bispo (m) | **bīskaps** (v) | [bi:skaps] |
| cardeal (m) | **kardināls** (v) | [kardina:ls] |
| | | |
| pregador (m) | **sprediķotājs** (v) | [spreditʲɔta:js] |
| sermão (m) | **sprediķis** (v) | [spreditʲis] |
| paroquianos (pl) | **draudze** (s) | [draudze] |
| | | |
| crente (m) | **ticīgais** (v) | [titsi:gais] |
| ateu (m) | **ateists** (v) | [atɛists] |

## 197. Fé. Cristianismo. Islão

| | | |
|---|---|---|
| Adão | **Ādams** (v) | [a:dams] |
| Eva | **Ieva** (s) | [iɛva] |
| | | |
| Deus (m) | **Dievs** (v) | [diɛvs] |
| Senhor (m) | **Dievs Kungs** (v) | [diɛvs kuŋgs] |
| Todo Poderoso (m) | **Dievs Visvarens** (v) | [diɛvs visvarens] |
| | | |
| pecado (m) | **grēks** (v) | [gre:ks] |
| pecar (vi) | **grēkot** | [gre:kɔt] |
| pecador (m) | **grēcinieks** (v) | [gre:tsiniɛks] |

| | | |
|---|---|---|
| pecadora (f) | grēciniece (s) | [gre:tsiniɛtse] |
| inferno (m) | elle (s) | [elle] |
| paraíso (m) | paradīze (s) | [paradi:ze] |

| | | |
|---|---|---|
| Jesus | Jēzus (v) | [je:zus] |
| Jesus Cristo | Jēzus Kristus (v) | [je:zus kristus] |

| | | |
|---|---|---|
| Espírito (m) Santo | Svētais Gars (v) | [svɛ:tais gars] |
| Salvador (m) | Pestītājs (v) | [pesti:ta:js] |
| Virgem Maria (f) | Dievmāte (s) | [diɛvma:te] |

| | | |
|---|---|---|
| Diabo (m) | Velns (v) | [velns] |
| diabólico (adj) | velnišķīgs | [velniʃʨi:gs] |
| Satanás (m) | Sātans (v) | [sa:tans] |
| satânico (adj) | sātanisks | [sa:tanisks] |

| | | |
|---|---|---|
| anjo (m) | eņģelis (v) | [eɲdʲelis] |
| anjo (m) da guarda | sargeņģelis (v) | [sargeɲdʲelis] |
| angelical | eņģelisks | [eɲdʲelisks] |

| | | |
|---|---|---|
| apóstolo (m) | apustulis (v) | [apustulis] |
| arcanjo (m) | erceņģelis (v) | [ertsendʲelis] |
| anticristo (m) | antikrists (v) | [antikrists] |

| | | |
|---|---|---|
| Igreja (f) | Baznīca (s) | [bazni:tsa] |
| Bíblia (f) | Bībele (s) | [bi:bɛle] |
| bíblico (adj) | Bībeles | [bi:bɛles] |

| | | |
|---|---|---|
| Velho Testamento (m) | Vecā derība (s) | [vetsa: deri:ba] |
| Novo Testamento (m) | Jaunā derība (s) | [jauna: deri:ba] |
| Evangelho (m) | Evaņģēlijs (v) | [ɛvaɲdʲe:lijs] |
| Sagradas Escrituras (f pl) | Svētie raksti (v dsk) | [sve:tiɛ raksti] |
| Céu (sete céus) | Debesu Valstība (s) | [dɛbɛsu valsti:ba] |

| | | |
|---|---|---|
| mandamento (m) | bauslis (v) | [bauslis] |
| profeta (m) | pareģis (v) | [paredʲis] |
| profecia (f) | pareģojums (v) | [paredʲojums] |

| | | |
|---|---|---|
| Alá (m) | Allāhs (v) | [alla:xs] |
| Maomé (m) | Muhameds (v) | [muxameds] |
| Alcorão (m) | Korāns (v) | [kɔra:ns] |

| | | |
|---|---|---|
| mesquita (f) | mošeja (s) | [mɔʃeja] |
| mulá (m) | mulla (v) | [mulla] |
| oração (f) | lūgšana (s) | [lu:gʃana] |
| rezar, orar (vi) | lūgties | [lu:gtiɛs] |

| | | |
|---|---|---|
| peregrinação (f) | svētceļojums (v) | [sve:ttselʲojums] |
| peregrino (m) | svētceļotājs (v) | [sve:ttselʲota:js] |
| Meca (f) | Meka (s) | [mɛka] |

| | | |
|---|---|---|
| igreja (f) | baznīca (s) | [bazni:tsa] |
| templo (m) | dievnams (v) | [diɛvnams] |
| catedral (f) | katedrāle (s) | [katedra:le] |
| gótico (adj) | gotisks | [gɔtisks] |
| sinagoga (f) | sinagoga (s) | [sinagɔga] |

| | | |
|---|---|---|
| mesquita (f) | mošeja (s) | [mɔʃeja] |
| capela (f) | kapela (s) | [kapɛla] |
| abadia (f) | abatija (s) | [abatija] |
| convento (m) | klosteris (v) | [klɔsteris] |
| monastério (m) | klosteris (v) | [klɔsteris] |
| | | |
| sino (m) | zvans (v) | [zvans] |
| campanário (m) | zvanu tornis (v) | [zvanu tɔrnis] |
| repicar (vi) | zvanīt zvanus | [zvani:t zvanus] |
| | | |
| cruz (f) | krusts (v) | [krusts] |
| cúpula (f) | kupols (v) | [kupɔls] |
| ícone (m) | svētbilde (s) | [sve:tbilde] |
| | | |
| alma (f) | dvēsele (s) | [dve:sɛle] |
| destino (m) | liktenis (v) | [liktenis] |
| mal (m) | ļaunums (v) | [lʲaunums] |
| bem (m) | labums (v) | [labums] |
| | | |
| vampiro (m) | vampīrs (v) | [vampi:rs] |
| bruxa (f) | ragana (s) | [ragana] |
| demônio (m) | dēmons (v) | [de:mɔns] |
| espírito (m) | gars (v) | [gars] |
| | | |
| redenção (f) | vainas izpirkšana (s) | [vainas izpirkʃana] |
| redimir (vt) | izpirkt | [izpirkt] |
| | | |
| missa (f) | kalpošana (s) | [kalpɔʃana] |
| celebrar a missa | kalpot | [kalpɔt] |
| confissão (f) | grēksūdze (s) | [gre:ksu:dze] |
| confessar-se (vr) | sūdzēt grēkus | [su:dze:t grɛ:kus] |
| | | |
| santo (m) | svētais (v) | [svɛ:tais] |
| sagrado (adj) | svēts | [sve:ts] |
| água (f) benta | svētais ūdens (v) | [svɛ:tais u:dens] |
| | | |
| ritual (m) | rituāls (v) | [ritua:ls] |
| ritual (adj) | rituāls | [ritua:ls] |
| sacrifício (m) | upurēšana (s) | [upure:ʃana] |
| | | |
| superstição (f) | māņticība (s) | [ma:ɲtitsi:ba] |
| supersticioso (adj) | māņticīgs | [ma:ɲtitsi:gs] |
| vida (f) após a morte | aizkapa dzīve (s) | [aizkapa dzi:ve] |
| vida (f) eterna | mūžīga dzīve (s) | [mu:ʒi:ga dzi:ve] |

# TEMAS DIVERSOS

## 198. Várias palavras úteis

| | | |
|---|---|---|
| ajuda (f) | **palīdzība** (s) | [pali:dzi:ba] |
| barreira (f) | **šķērslis** (v) | [ʃʲɛ:rslis] |
| base (f) | **bāze** (s) | [ba:ze] |
| categoria (f) | **kategorija** (s) | [kategɔrija] |
| causa (f) | **iemesls** (v) | [iɛmesls] |

| | | |
|---|---|---|
| coincidência (f) | **sakritība** (s) | [sakriti:ba] |
| coisa (f) | **lieta** (s) | [liɛta] |
| começo, início (m) | **sākums** (v) | [sa:kums] |
| cômodo (ex. poltrona ~a) | **ērts** | [e:rts] |
| comparação (f) | **salīdzināšana** (s) | [sali:dzina:ʃana] |

| | | |
|---|---|---|
| compensação (f) | **kompensācija** (s) | [kɔmpensa:tsija] |
| crescimento (m) | **augšana** (s) | [augʃana] |
| desenvolvimento (m) | **attīstība** (s) | [atti:sti:ba] |
| diferença (f) | **atšķirība** (s) | [atʃʲiri:ba] |
| efeito (m) | **efekts** (v) | [efekts] |

| | | |
|---|---|---|
| elemento (m) | **elements** (v) | [ɛlɛments] |
| equilíbrio (m) | **bilance** (s) | [bilantse] |
| erro (m) | **kļūda** (s) | [klʲu:da] |
| esforço (m) | **spēks** (v) | [spe:ks] |
| estilo (m) | **stils** (v) | [stils] |

| | | |
|---|---|---|
| exemplo (m) | **paraugs** (v) | [paraugs] |
| fato (m) | **fakts** (v) | [fakts] |
| fim (m) | **beigas** (s dsk) | [bɛigas] |
| forma (f) | **forma** (s) | [fɔrma] |

| | | |
|---|---|---|
| frequente (adj) | **biežs** | [biɛʒs] |
| fundo (ex. ~ verde) | **fons** (v) | [fɔns] |
| gênero (tipo) | **veids** (v) | [vɛids] |
| grau (m) | **pakāpe** (s) | [paka:pe] |
| ideal (m) | **ideāls** (v) | [idea:ls] |

| | | |
|---|---|---|
| labirinto (m) | **labirints** (v) | [labirints] |
| modo (m) | **veids** (v) | [vɛids] |
| momento (m) | **brīdis** (v) | [bri:dis] |
| objeto (m) | **objekts** (v) | [ɔbjekts] |
| obstáculo (m) | **šķērslis** (v) | [ʃʲɛ:rslis] |

| | | |
|---|---|---|
| original (m) | **oriģināls** (v) | [ɔridʲina:ls] |
| padrão (adj) | **standarta** | [standarta] |
| padrão (m) | **standarts** (v) | [standarts] |
| paragem (pausa) | **apstāšanās** (s) | [apsta:ʃana:s] |
| parte (f) | **daļa** (s) | [dalʲa] |

| partícula (f) | **daļiņa** (s) | [daļiŋa] |
| pausa (f) | **pauze** (s) | [pauze] |
| posição (f) | **pozīcija** (s) | [pozi:tsija] |
| princípio (m) | **princips** (v) | [printsips] |

| problema (m) | **problēma** (s) | [problɛ:ma] |
| processo (m) | **process** (v) | [protses] |
| progresso (m) | **progress** (v) | [progres] |
| propriedade (qualidade) | **īpašība** (s) | [i:paʃi:ba] |

| reação (f) | **reakcija** (s) | [reaktsija] |
| risco (m) | **risks** (v) | [risks] |
| ritmo (m) | **temps** (v) | [temps] |
| segredo (m) | **noslēpums** (v) | [noslɛ:pums] |
| série (f) | **sērija** (s) | [se:rija] |

| sistema (m) | **sistēma** (s) | [sistɛ:ma] |
| situação (f) | **situācija** (s) | [situa:tsija] |
| solução (f) | **risinājums** (v) | [risina:jums] |
| tabela (f) | **tabula** (s) | [tabula] |
| termo (ex. ~ técnico) | **termins** (v) | [termins] |

| tipo (m) | **tips** (v) | [tips] |
| urgente (adj) | **steidzams** | [stɛidzams] |
| urgentemente | **steidzami** | [stɛidzami] |
| utilidade (f) | **labums** (v) | [labums] |

| variante (f) | **variants** (v) | [variants] |
| variedade (f) | **izvēle** (s) | [izvɛ:le] |
| verdade (f) | **patiesība** (s) | [patiɛsi:ba] |
| vez (f) | **rinda** (s) | [rinda] |
| zona (f) | **zona** (s) | [zona] |